楼兰遗址

楼兰吟

周烈夫 著

中国大百科全书出版社

图书在版编目（CIP）数据

楼兰吟 / 周烈夫著. —北京：中国大百科全书出版社，2021.6

ISBN 978-7-5202-0997-7

Ⅰ. ①楼… Ⅱ. ①周… Ⅲ. ①楼兰—文化史—文集 Ⅳ. ① K928.6-53

中国版本图书馆CIP数据核字（2021）第112290号

作　　者　周烈夫

出 版 人　刘国辉
策　　划　刘　嘉
责任编辑　陈　光
责任印制　邹景峰
装帧设计　今亮後聲 HOPESOUND 2580590616@qq.com · 赵晓冉
出版发行　中国大百科全书出版社
地　　址　北京阜成门北大街 17 号
邮　　编　100037
网　　址　http://www.ecph.com.cn
印　　刷　北京汇瑞嘉合文化发展有限公司
开　　本　170 毫米 ×230 毫米　1/16
字　　数　229 千字
印　　张　24.75
版　　次　2021 年 10 月第 1 版
印　　次　2021 年 10 月第 1 次印刷
定　　价　59.00 元

序

深情的西域游吟

有些地名就像有魔力，不用亲往长住，仅是听听就忘不掉。比如云梦泽、睡虎地、短松冈、杀虎口、大散关、星宿海；比如良渚、朝歌、蓝田、河朔、敦煌、阳关、瓜州……还有一些新鲜的音译地名，像从地里刚冒出来嫩芽，远远地传来一脉青葱之意，比如阿拉斯加、耶路撒冷、枫丹白露、的黎波里、撒哈拉、翡冷翠，让人过耳不忘。新疆的一些很有意思的地名，龟兹、伊吾、精绝、于阗、米兰、婼羌、乌孙、葱岭、楼兰等，如风如旗，飘闪天际。

每个人心中都有一个属于自己的楼兰。烈夫

不是楼兰历史文化的专家学者，用他自己的话说是一个漫游在文化艺术边缘的行吟歌者。他在天山以南那片雄浑苍茫土地上的坎坷经历，铸成了他生命意识的基本原色和人格特征，他用自己的思辨和语言对楼兰文化作了一番精彩诠释，写出了《楼兰吟》这样一本值得推荐的好书！可喜可贺！

烈夫出生在天山托木尔峰下一个群山环抱的蝶谷里，向西瞭望，一条毛绳似的小路伸向远方，一直伸到了国境线上，对面就是吉尔吉斯斯坦。而向东沿着托什干河一路行吟，就和塔里木河连在一起了！他早年写的《红痣》《风浪》这两部长篇小说，说的就是这方水土上一群人爱恨情仇、啼血豪歌的故事。从新疆到湖南，又从湖南资水河畔到新疆托什干河岸边；从偏远的南疆再到京城闯荡。他在北京定居也快二十年了，但回环在生命深处的还是南疆岁月的奔流不息！散文随笔集《天鹅飞过大地》2020年由中国文史出版社出版发行，2021年又出版了文化散文集《楼兰吟》，天鹅、楼兰，多么美好的意象呀！字里行间，血总是热的，饱含着对这片土地的深深眷恋。他又在筹谋下一本书，应该还会继续他的南疆故事。

他曾长期从事新闻工作，所以对新时代是敏感的。《楼兰吟》这本散文集写的虽然是一片久已消逝的绿洲，但写出了一个当代人对楼兰文化的诗与思。写作就是这样，你可以把一个人的内心铺展成宇宙，更可以把楼兰放在宇宙银河这样一个没有边际的时空加以透视。把楼兰的历史和昆仑山、阿尔金山、罗布泊、若羌有机融合叠加在一起，纵横捭阖，上天入地，写出了一方水土的神韵和独具魅力的个性。写作、书法、绘画，烈夫在多种艺术形式相互借力的过程中，实现对人生的攀援竞渡，立体多元地交汇出一种生命的茂盛状态和丰盈的美感，相信他会不断有新的作品问世，把他的文学艺术创作不断推向新境界。

韩子勇

2021 年 7 月 7 日

序文作者系中国艺术研究院院长、党委书记，研究员。曾获第二届鲁迅文学奖。

自序

剪不断理还乱，万年沧桑话楼兰

一

这个世界没有什么，只有幻影居住。

写完散文集《天鹅飞过大地》之后，楼兰，这个迷梦般的幻影一直在我脑海里萦回。

二〇二〇年春节前夕，我们一家人去了欧洲四国，定调就是看博物馆，见证一下他们从楼兰拿走的究竟是一些什么东西。

一边踩在意大利的土地上，一边在通过喜马拉雅 APP 收听日本作家井上靖写的关于楼兰的小说；一边在各大博物馆用审视的眼光寻觅着心中的楼兰文物，一边在遥想楼兰文化发祥于石器时期的鸿蒙开篇。万山之祖莽昆仑，罗布湖水孕楼兰。在楼兰文化的童年时代，欧洲文明也许还在胎腹中，这些遥接千载、萌明幽暗的影像总是若隐若现地在天地间遨游。

小女儿依依的英语口语很棒，她当向导带路，每天在各大博物馆的徒步距离都在两万步以上。

在马可·波罗的故乡水城威尼斯和法国的卢浮宫，我总是在试图找到楼兰文化的记忆与世界的混响。楼兰文化在欧洲兴风作浪，马可·波罗的游记显然也起到了一定的推波助澜的作用。这个威尼斯商人来到了元朝疆域后，注意力主要在若羌和罗布荒原，那是一段长达千年的晦暗难明的岁月，不得不佩服马可·波罗走向荒原的勇气。他的东方之行，一走就是二十四年，据说曾因离家太久而被亲人拒之门外。

欧美大部分国家的博物馆，都视收藏到楼兰出土的文物为极高荣耀，客观上也成了扩大楼兰文化影响力的一种方式。到了德国，自然想起了李希霍芬这个人，“丝绸之路”这个概念最早是由他提出来的，而发现楼兰的斯文·赫定就是他的学生，而且是受他的委派来到楼兰的，最终形成了轰动世界的重大发现。

楼兰这个亦真亦幻的名字，投射到我的记忆里还是三十多年前的事了，那时候也是无知者无畏，非常吃力地和同道曹玲、纪林合作拍了一部叫《龟兹石窟》的纪录片。当时中央电视台有个《华厦掠影》栏目，播出后人们慨叹这件事怎么会是几个小青年做的。我也就是在收集整理史料过程中，触及楼兰这个耐人寻味的名字的。也就是一个幻影，可越是幻影越心醉神迷，越是幻影越浸入骨髓，说不清这样的记忆密码是怎么回事。

一晃三十多年过去了，各种缘分把我和楼兰深深扭结在了一起。在写散文集《天鹅飞过大地》的时候，原本计划是要把楼兰作为压轴重点写，资料也都收集了一些，而一回到北京，我的生活发生了一些意外，再也不允许持续这本书的写作，便匆匆把稿子交给了出版社。这样就导致我的内心有了一个极大的缺失和遗憾，如果不把我心中的楼兰写出来，再这样发酵下去，就会成为心灵的硬伤。

怎样把这个幻影固化为文字，的确让我黯然神伤。从来没有一种写作像我写楼兰一样，酝酿了几十年都不敢动笔。甚至多次去了若羌，有时天天围着楼兰博物馆和这座小城转，但只有翻飞的思绪，没有落笔的冲动。

直到我二进米兰河水库，每天望着星空，望着昆仑，听着米兰河的声响在山谷回荡，仿佛从浩渺的宇宙间传来阵阵轰响，我突然回眸，一下触摸到了楼兰的内核，她弥漫开的云蒸霞蔚铺天盖地，如幻如梦。她再也不属于某个地域，而是属于世界的楼兰。

我在为这本书确定情感基调时，想到了一个“殇”字，有点英年早逝的意味在里面。在整个写作过程中我都拿不定主意，这本书是不是就叫《楼兰殇》。就楼兰历史上的那样一群男人，杀的被杀、阉的被阉、骑墙的骑墙、迁都的迁都，根本就没有办法把楼兰的历史写成一部壮怀激烈的历史。但是，如果用了这个“殇”字，感觉会影响楼兰文化的光辉灿烂。一旦殇了，难道还会生生不息、光焰四射吗？这种理智和情感的违拗在我内心煎熬摆宕了很长时间。

二

在欧亚大陆的交流中，楼兰的地理位置具有无法替代的枢纽作用，为什么楼兰能够经久不衰，我感觉这个地缘优势是她的一个基本盘。

大地山河赐予楼兰这样的禀赋，使之成为一个东西方各色人种的汇聚地。有了天南海北的人，也就有了各种文化习俗等方面的交汇融合。俗话说，“一方水土养一方人”，而在楼兰，自她兴起时就是一方水土养四面八方人。楼兰融合各种文明的这个特征，也许就是直到今天楼兰文化让人心心念念的根本原因。

对楼兰文化的追寻，其实就是一个拨开历史迷雾，去摹画一方水土文明轮廓和脉络的过程。楼兰古城在罗布泊腹地的一个长宽约三百多米的一个点上，而要说一个宽泛的地域概念，在一个特定的时期，应该指敦煌以西、尼雅以东这一带。汉代织锦护臂“五星出东方利中国”的出土，就是最好的例证。

“楼兰”其实就是一方水土的造化。说一万年以前就有楼兰的祖先在这方水土上繁衍生息是有依据的，相对西域三十六城邦之一的楼兰这个只有几百年历史的小邦国来说，我写这本书的注意力显然在前者。我会把一些有意思的事件和人物，放到楼兰文化这个大框架里面来考量。每个人都有自己看待事物的方式和视角，也就有了文学艺术样式的个性化和多样性。

关于她的能指和泛指，无论是从史书中出现，还是后来各种出土的石器和钱币的证明，她一直是飘悬在中外文明史上的一个媚惑力的存在。

楼兰的影响力，实际上并不在于她的人口有多少，而是在于她的外化能力和世界对她的注意力。

像楼兰美女这样的发现，如果不是楼兰这方水土的特质，仅凭当时的科学水平怎么可能几千年后完好如初？这样的水土，何止是养了一方人，就算把她埋在了土里，也和中华民族古老文明的历史一样，以惊艳的姿容奇迹般地绵延到了今天。在她入土为安的时候，作为一个城邦的楼兰还没有诞生。

三

有一种观点认为，楼兰学的研究在国外。这样的说法确实很让人憋屈，但也有些许无奈。

二十世纪初，西方人冒险对楼兰大肆挖掘，正是在大清王朝比较衰弱的时期。凭借着他们的海上优势和坚船利炮，恃强凌弱，同时用最野蛮、最无耻的手段把最有文明价值的楼兰文物给盗走了。从这个意义上说，他们的研究有一定的成果也不是完全没有道理，这当然更是楼兰的悲哀。

我在写楼兰的过程中，一直在思考一个问题。为什么斯文·赫定对楼兰的发现会掀起整个欧美的楼兰热。二十世纪初，相约有四十多支国外考察队到过楼兰，几乎把罗布泊的所有古城翻了一遍又一遍。几乎发达一点的欧美国家乃至日本都派人来了。

一个是他们认为楼兰这个地方是欧罗巴人最先抵达的，从精神层面来说他们是有荣耀感的，显然他们也有对土地的觊觎，有的人甚至有军方和特工背景。

还有就是他们正处在上升时期，无论是从市场还是土地的意义上，他们都或多或少地带有扩张掠夺的野心，其实那些在中国有重大发现的家伙，没有一个是省油的灯。

再就是把中国领土上的东西搬回家，这些流失海外的文物美其名曰得到了保护，实际上就是巧取豪夺。他们标榜的考古研究，更大程度上成了利益交换的筹码，没有比黑幕背后的勾当更肮脏可耻的了。

那一大批文物大盗们回国以后，都享有了极高的国家尊严，名利双收，名垂青史。我在这本书里还要说到这些人，只是会更多地从人文的角度来考量，可能会更加贴近人的本体本性。

在若羌县楼兰博物馆门前的广场上，矗立斯文·赫定与奥尔德克的一组雕塑。我想这也是主流意识形态对斯文·赫定发现楼兰的一种肯定吧！博物馆里不但有他的大量图片和文字，还专门给他塑了雕像。中国文化是包容厚道的，只要你曾经为中国人民做了一点好事，中国人民会记住这些人。在他瑞典的家里，办公椅子上迄今还铺了一张虎皮，有人说就是从罗布泊地区狩猎所获而带回去的。

四

楼兰消失的含义是指楼兰从地理上和史书中的消失。消失的原因有七种说法，却没有一种定论，我琢磨着永远也不会有什么定论，也无须定论。

在我看来，楼兰作为中华文明的一部分，从来就没有消失过。楼兰作为一种精神，在中国人的心中一直顽强地存在着，而且曾是中国人内心的精神长城。一度从皇帝到庶民、从文人到武士，也可以理解为我们这个民族的最高理想就是到西域去建功立业，而楼兰就是这样一种精神的象征。

“不破楼兰终不还”的千古名句，隐喻的就是傅介子杀楼兰王安归这件事。

在中华民族的历史上，每逢国势强盛的时代，治国安邦的成就往往会在西部得到充分体现。譬如说汉唐，就具备了这样的气概：“犯我中华者，虽远必诛！”“不破楼兰终不还。”这都是回荡在历史长空的永恒绝响，也是今天楼兰文化生生不息的最好佐证。整个唐朝的边塞诗人写楼兰的诗，流传至今的就有近三十首。文人是这样，武士更是如此。从古至今，楼兰有多少文人骚客为之咏叹、多少英雄在这里建功立业。楼兰这个谜梦一般的名字，惊艳了时光，温柔了岁月！

生命总是在一定的水土上生发出来的，在楼兰这方水土上发生的故事，为我们这个民族铭记，这能说楼兰消失了吗？

树挪死，人挪活，就说当下，你可以把你的国籍迁到国外去，但你若出卖自己的祖国甚至把祖国的土地割让出去，那你的命运肯定也会如同楼兰王安归那样，会被千千万万的“傅介子”斩首。

不仅是作为一种精神，楼兰一直有人在守望。难道“阿不旦”真的就消失了吗？回答是肯定的：“没有！”我在若羌、尉犁、兵团三十六团都见到了楼兰人的后裔，他们总是以独特的方式表达着自己对楼兰的理解和楼兰文化的传承，他们就是楼兰文化的活化石。

我们的国运走到今天，楼兰精神在砥砺我们戮力前行。假如有一天，我们强大到让这些域外国家把楼兰宝藏给咱们送回来，如果不送就拿回来，那将是怎样一番日月同辉、普天同庆的景象呢！我想这一天一定会到来！

我们对楼兰的研究与发现是远远不够的。楼兰文化一直在沉睡，虽然西方列强盗取了大量文物，但对于这种文明的认知和阐释只是浅尝辄止的。虽然楼兰城消失了，罗布泊干涸了，但楼兰文化的延伸和传扬从来都没有停止过。

人类历史上从未有一个民族像今天的中华民族这样，吸纳了多种“文化因子”但又坚守自我，不移根本，形成一个强大的“精神共同体”。构成这个精神共同体的，首先是五千年传承，形成了我们与生俱来的民族基因。

近现代以来，我们这个民族所遭际的凌辱和伤害，一直在砥砺着无数仁人志士。经历了几代人的努力，积淀成为一种强大的精神势能，继续影响着今天中国前行的步伐。

其实我们很需要非常坚定地来认识自己。如此复杂的精神共同体，驾驭起来是有风险的，稍有不慎，前功尽弃。我们在解读西方的同时，更需要正确地解读自己，问题是我们是不是有了这把钥匙。

五

在当下，楼兰就是若羌，若羌就是楼兰，包括罗布泊、阿尔金山、米兰，这些惊艳世界的名字，也都庇荫在了若羌的无边无际里。

说到楼兰文化的传承，最不应该忽略的就是当下的若羌县。若羌是中国的第一大县。以楼兰为中心的罗布泊地区的众多西域古城，就在现在的若羌县境内。

狭义地说，古楼兰在现在的若羌辖地范围内，这个结论应该是没有问题的。楼兰曾经繁盛的时候，若羌作为一个小国与楼兰并行存在，只不过那时候的若羌的若带个女字旁。我问了一些史家，为什么要把这个女字取消？大约应该还是基于简单汉字的需要，当下也有很多人提出，应该恢复女字旁的“婼”。现在这个若字有那么点犹豫的意思在里面，而加上一个女字旁，就会有楼兰出美女的隐喻。对于若羌发展文化旅游业来说，会有很大的想象和提升空间。

历史走到今天，若羌县一直承载延伸着楼兰文化。就像历史上的楼兰曾迁都并更名为鄯善，作为考古研究，至今还有许多疑虑需要考证，但是作为中华文明重要组成部分的楼兰，若羌县一直在担着，只不过她的光焰并没有楼兰那么灿烂。

在楼兰文化的显性特征中，最有代表性的符号当属楼兰美女。走进若羌，楼兰美女无疑是若羌县一道靓丽的风景，特别是那尊进入若羌县城入口处的雕塑，已经成为若羌县的一张视觉名片，与众多的雕塑、浮雕、躺在楼兰博物馆的众多美女木乃伊一道，对楼兰文化进行了最生动的现代演绎和诠释。仅此一点，来若羌也不虚此行。如果你还要寻找，楼兰歌舞团的美女们，还会给你表演一曲曼妙撩人的楼兰舞蹈。

楼兰是一个弥漫在历史长空中的庞大的叙述主体，任何叙述者很容易陷入盲人摸象的困局。在若羌的日子里，我对稗官野史、街谈巷议都极感兴趣。每天一大早起来到穷街陋巷闲逛，寻找街边美食，打探一下针头线脑的市井生活，再学几句方言歇后语之类，于烟火气中感受一方水土的真实滋味。这也使我感受到了若羌人的真性情。也就是说，是他们一代一代，绵延着不朽的楼兰文化，楼兰文化在若羌。

从行政区划上，若羌似乎是个孤岛，距离周边的县市都有三百公里的路程。若羌的偏僻和楼兰的神秘似乎并没有有机地融合在一起。若羌县人口不多，但人均收入连续十二年排在西部第一。而它的楼兰博物馆，无论从设计还是馆藏，在全国都是名列前茅的。

这座城市很小，但凡的情形走上几圈也就知道个大概了。每天重复着那几条街道，看到的也是那些街景，但是每一次的感觉是不一样的。如果你要真正品味一个城市的味道，首先你要让心境真正地安静下来，要有一种特别专注的当下感。譬如说你在城乡交界处，看到的都是满目的枣园，你溜进去以后慢慢转才会发现这座城市蕴涵的独特味道。

一条巨大的中国龙，龙头已经朝向若羌这个方向，无论是从政治、经济、文化任何一个视角，我们都能感受到楼兰文化将要雄浑崛起。

六

米兰河发轫于昆仑山、阿尔金山，她的母体是沉睡万年的古冰川，无论斗转星移还是物竞天择，它总是一滴一滴慢慢滴着，流经岩缝、雪海、沼泽、沙漠，穿越漫长的无人区，哺育喂养了成群的珍奇动物，经过沸腾的新能源富地和依香布拉克人间仙境，最终汇入米兰水库。汉代西域屯垦第一城伊循城，也就是后来的米兰古城，就是这条河水孕育的。

米兰河携泥夹沙，浑黄浊拙；一经流入蔚蓝色库区，刹那间湛蓝碧秀，澄澈温柔。把有史以来最精彩的人类故事蕴藉于胸，把最稀有的珍贵元素带入其中，使人类繁衍得到了最佳优化，把天人合一的梦想落入凡尘。

其实，罗布泊并没有枯死。米兰河的水一直都在注入罗布泊，那里有我国最大的钾盐生产基地。想象一下，如果没有水将会是怎样的情形。罗钾一个项目的税收就占了若羌县财政收入的一半还要多。

楼兰文化一直就在那里，就看我们如何更深层次地把她唤起。其实我们每个人的心中都有一个楼兰，如果继续追问，我相信当下的若羌大地，一定会用更加炽热的深情拥抱你。

总有一些人，他们一直在孜孜不倦地试图破解楼兰文化的密码。当斯文·赫定发现楼兰的那一年，梁启超先生于一九〇一年在《中国史叙论》中首次提出了“中国民族”的概念，并且将中国文化圈不断衍化的过程总结为，从中原的中国扩大到中国的中国、东亚的中国、亚洲的中国，以至于世界的中国。这一观念也深刻地影响了日后的研究者。我相信中华民族这支最古老的文明，已经在焕发生机，惠泽天下。

沧海横流，方显英雄本色。在奔流激荡世界格局蜕变中，如果能从楼兰这种深刻而莫测的文化流变中探索出一种深刻的自信，也为我们砥砺前行提供难得的精神动能。

穿过时光的铁幕之后，总有一些感动让你难以释怀。这个趋利的江湖，总会有太多的诱惑让你心房扑动。如果铁着心在红尘中摸爬滚打，生活的面貌可能不是现在这个样子。虽然说出来是极其费劲的，但我还是想说，文化终归还是有一份崇高感的，也许你会失去很多，但文化给予你的那份思考的品格使生命具有一种不太容易量化的意义。

“文章千古事，得失寸心知。”个中滋味，苦乐自知。在这个熙熙攘攘、利来利往的时代，借重楼兰来作一番表达，也算无愧于这个时代给予的馈赠，亦无愧于平生。

古人云“文以载道”，今人言“文如其人”。我既非专门治历史地理的学者，也非卖字为生的职业作家，如果说生命就是一个行走与自思的过程，那么把自己的一些想法写出来，也算是给自己、家人、朋友一个交代吧！

目录

美丽的巴音郭楞，新时代雄浑的浪漫交响

在中华人民共和国的版图上，巴音郭楞蒙古自治州因为面积占新疆总面积的四分之一而号称华夏第一。

一

在中华人民共和国的版图上，巴音郭楞蒙古自治州因为面积占新疆总面积的四分之一而号称华夏第一。所辖的一个且末县就把塔克拉玛干沙漠的相当一部分裹挟进去了，而南面的若羌县本身就是全国面积最大的县。一个巴音布鲁克大草原就有二点五万平方公里，镶嵌在里面的天鹅湖湿地世界闻名。

遥望天山，白云咬着雪冠起伏盘亘；仰视昆仑，雄鹰飞过山坳云蒸霞蔚。野兽成群出没的阿尔金山，一边躺卧着碧波如洗的博斯腾湖，一边陪睡着心驰神往的青海湖。丝绸之路上，驼队马帮踟蹰而行，世界上的古老文明都来这里汇聚。烽火台狼烟直入云霄，又

轻轻飘散，那些金戈铁马的征战已化作尘埃。塔克拉玛干沙漠边缘的万顷胡杨，就像一条金色项链，把巴州的山河大地装扮得如同一位多情的少女。

如此之自然构架，揭开她神秘的面纱，随便一角也无与伦比，令你心荡神摇。

高山与大河呼应，绿洲与戈壁交接，辽阔的草原上牛羊成群，湛蓝的湖面碧波荡漾。我们走过千山万水，在哪里能看到如此奇妙与壮丽的景象？只有在这样的自然之中凝神屏气，思接千载，视通万里，咏叹的自然是万丈豪情！书写的一定是不朽雄文。你看看历史上那些瑰丽的诗篇，有多少都来自这片超常稳态的瑰丽山河。

巴音郭楞那独特的地理环境和气候条件孕育了神奇的自然景观，更有那壮怀激烈的历史被人津津乐道，中华民族在经略西域的历史长河中，一方面以“醉卧沙场君莫笑，古来征战几人回”的英雄气概谱写了流芳百世的雄浑交响，同时又把中华文明海纳百川、包容万物的优秀传统不断升华，使之根深叶茂，生机勃发。

从张骞开通西域到班超确保丝路安全畅通；从马可·波罗涉足罗布泊沙漠到斯文·赫定发现楼兰遗址；从土尔扈特东归到人民解放军进疆屯垦；从马兰人创建的丰功伟绩到塔里木石油会战结出的累累硕果……从古至今生活在巴音郭楞这块热土上的各族人民在长期的历史发展过程中，形成了多姿多彩、浓郁古朴的民俗民风。所有这一切，都从不同层面展现着巴音郭楞的人文精髓。

二

巴州历史深邃而古老，文化底蕴悠久而丰厚。世界上古老的几种文明曾在这里交汇，人们在反躬自问从哪里来的时候，稍有一些历史深度的人，就会把目光伸向这片古老的土地。

这里曾是西汉西域都护府的所在地，西域三十六国有十一国在巴州境内。这里曾飘扬过张骞的旌旗，驰骋过班超的战马，留下过玄奘的足迹，唐朝的那些边塞诗人大都与巴州有关联。繁荣兴盛了数千年的“丝绸之路”至今令人遐思无限。一九五四年六月二十三日，国务院批准成立巴音郭楞蒙古自治州。从此，在中国共产党的领导下，美丽的巴音郭楞迎来了新的发展时期，开创了历史的新纪元。

巴州成立的时间虽不长，但这方水土的历史沉淀深厚而悠久。一个被现代人称为死亡之海的楼兰，消逝已经一千六百年了，但依旧吸引着世界的目光。楼兰是一张世界名片，这是为什么呢？中华文明的先进性和容纳性使然，世界各地的学者、诗人、历史学家、地理学家、旅行家、冒险家、文学家在这里留下印迹，交相辉映，好比几个肤色不同、种族不同的小孩在这里玩耍，留下了人类早期活动的童年记忆。就像世界上众多的大作家都把童年记忆作为一生中最美好的岁月加以描写那样，世界各地从古至今关于楼兰的书就有一千多种，试想一下这个容量有多大吧！在中华民族的历史上，楼兰也就成了中华民族爱国主义理想的精神符号或象征。

发生在古老焉耆盆地的故事也是惊心动魄而令人神往的，玄奘、法显和李白这些人和焉耆有着千丝万缕的联系。在焉耆出土的吐火罗文《弥勒会见记》是一个了不起的发现，它既是一部佛经，也是一部文学作品。一方面弥补了印度戏剧史和中亚佛教传播史上的一个空白，另一方面又对中国戏剧史的研究做出了重大贡献。

焉耆的地域曾经非常辽阔，虽然历史的变迁让其版图变小，但是自汉代以后一直使用至今的名字也就首推焉耆了。我在国家博物馆就亲眼看到焉耆七个星佛寺出土的文物，作为国宝在那儿永久展出。

闻名世界的历史学家汤因比曾说："如果生命有第二次，我愿意生活在塔里木河流域，因为多种古代文明在那里交汇。"丝绸之路的文明交汇和商品流通诱惑太大了，无论是印度文明、波斯文明、巴比伦文明还是阿拉伯文明、希腊文明、罗马文明等，都不约而同地怀揣渴望，把自己的边界和别人的边界粘连在一起，演绎出色彩斑斓、生机勃勃的独特风景。因为都来到了一个辽阔而遥远的地方，人烟也特别稀缺，自然就萌发了心理和精神上的宽容，伟大的文明在这里诞生。这种包容并蓄把历史绵延到了今天，依旧根深叶茂、历久弥新，散发着迷人的芬芳。

三

巴州党委政府所在的库尔勒市被誉为时尚之城，同时也是一座香梨之城、石油之城、水韵之城。

各种曼妙的风景在这座城市得到了最新潮的呈现。你在北京、上海等一线城市所看到的流行色、服饰、发式等，在库尔勒的大街小巷很快就可以看到。少数民族传统的现代演绎，复古主义的回流盛行，欧陆风情的缤纷盼顾，绘成了一幅神采飞扬的迷人风景，回眸一笑，便让你把这座城市瞬间的美丽化为心中永恒的记忆。

库尔勒盛产香梨，素有“梨城”的美誉。库尔勒香梨皮薄肉细、清甜多汁、吃而无渣、入口即融，是梨中精品。库尔勒香梨栽培历史悠久，《西京杂记》卷一记载有“瀚海梨”：“出瀚海北，柰（耐）寒不枯。”照这样推算，库尔勒香梨已经有一千四百年的历史了。

如果从品牌影响力来看，巴州在楼兰之后可能就要数库尔勒香梨了。对中国人来说，“民以食为天”，很难想象在一个有高端水果的族群中库尔勒香梨是缺位的。也就是说，人们必需的各色水果，库尔勒香梨就是金字塔顶尖上的那颗明珠，一种高品位生活的象征。

库尔勒香梨皮薄肉细、汁多味甜、酥脆爽口。在一九二四年的法国巴黎万国博览会上，一千四百三十多种梨子选美，只因个头稍小，后于法国白梨而屈居银奖。如今的库尔勒香梨已成为巴州闯世界的一张经典名片。

忽如一夜春风来，千树万树梨花开。每年春天，以库尔勒为中心，巴州全境梨花盛开，蝴蝶翩翩，人们都说那就是塔依尔和卓赫拉（这是一个维吾尔族式的“梁山伯与祝英台”故事）变的。这些自然人文景观是历史留给后人的珍贵礼物，而在库尔勒，像这样富有诗情画意的地方还有很多很多。

在库尔勒市中心，一条银色的玉带穿起三条河，飘过鳞次栉比的高楼群落。满城的梨花炫耀着这座城的无限春光，那目不暇接的姹紫嫣红呀！就是天女下凡也会被这迷人的胜景所魅惑。

三河的源头在冰峰雪岭的天山之巅，雪山融水、滴滴汇聚，流成小溪、汇成大河，流过巴音布鲁克草原，造成了大片湿地，聚成了天鹅湖，给了天鹅一个家。再往下流，汇成了闻名遐迩的博斯腾湖，从焉耆故地流过，最后流进了繁华现代的时尚之城库尔勒。

孔雀河、天鹅河、杜鹃河三河相通，一样的川流不息，不一样的河畔风景。这里有三馆三中心——文化馆、美术馆、图书馆，库尔勒旅游中心、不动产中心、行政中心。建筑就是这座城市凝固的音乐，形制各异的独特造型，视觉对比强烈的色调，凝聚了非凡的审美价值。

牡丹、芍药、荷花、梨花、杏红、火炬、连翘，花团锦簇收不尽。西北望，夜色风轻凭栏觅，喷泉漫天，彩虹飞跃堪登月。古树、劲松、石桥、吊桥、拱桥、铁索桥，游人如织，妍歌曼舞碧相宜。谁见过，墨韵柔情柳垂堤，凝眸静想，思接千载，别有深情入梦来。

四

旷野大漠释放了人的天性，自思和体验的这个过程就是人生。友情，在绿洲夕阳下得以延伸，灵魂的神庙总是需要情感来眷顾。为什么总是要到西部去建功立业？多少感人故事在千里塞外发生。我喜欢江南雨，更爱大漠风，在我们民族的编年史上，多少仁人志士总是把自己可贵的年华抛洒在这一方雄性辽远的热土上，以自己的壮怀激烈筑起了中华民族的精神长城。

多少金戈铁马的狼烟故事，锤炼出了中华儿女超越生命的英雄本色，又有多少文人墨客创造出了以边塞诗为代表的精神高度。中华民族历史上的汉唐气象，离不开西域文明的支撑。而共和国进入新时代，这片恢宏的热土又将成全多少中华儿女的英雄梦。“一带一路”像一条金色的丝带，把理想铺展到了世界各地，中华文明将又一次焕发出勃然生机，在包容共享、海纳百川的“中国梦”里把中国智慧写入人类文明进步的编年史。

沿着当年张骞、玄奘走过的漫漫长路，一次次抵达，一次次流连。一曲羌笛、几声胡笳，不由得步履雄健、心旷神怡。就算是在古代文明的踪迹已经消失得无影无踪的地方，我们也会追忆她曾经有过的繁花似锦。正是这种对历史的反刍和对文化的眷顾，使中华文明成为人类所有古文明中唯一没有中断、没有湮灭的佼佼者。

巴州有迷人的湿地和草原。天鹅这个物种对环境的要求是非常苛刻的，而在巴州，天鹅的繁衍生息已呈燎原之势，以巴音布鲁克草原天鹅湖为中心向四周辐射。库尔勒市以及遥远的若羌县不仅有天鹅在这儿季节性生活，而且和当地民众和谐共处，在这里越冬。

人们生活在这个小小星球上，每个人其实都在寻找生活的意义，一个有感知力的人就从天鹅身上悟到了永恒的、高于生命的爱情。所以有人把巴州称为天鹅之州、爱情之州。也许这就是人类生存的本能吧！在有限的生命中尽量把丈量土地的脚步迈开，你抵达的地方有多少，你的世界就有多大。

汹涌澎湃的博斯腾湖和沉寂亿万年的戈壁沙漠，给人带来无尽的恐惧与寂寥，那么我们该以怎样的心情来面对呢！一个人的认知，总是在撕裂中前行，沙漠与绿洲、理想与现实、精神与物质，这中间的两极摆宕也就成了人类精神理所当然的担当，前方一直有伟大生命在轰响。

五

巴音郭楞相对内地还嫌遥远，就旅游而言，增值服务、满足个性需求方面还较薄弱。如果旅游产品没有唯一性、排他性和独特性，不能满足极致体验的冲动，要实际成行还是有困难的。过于丰富的旅游资源散落在过于辽阔的地域内，旅途的奔袭和劳顿多少也会销蚀某些人出行的冲动与决心。

近些年，东南沿海和内地旅游业发展迅猛，产业规模不断扩大。相对而言，巴州的旅游资源和热情还处在成长阶段，但我感觉世界范围内的旅游大势已经在向新疆和巴州倾斜。全域旅游方兴未艾，乡村度假初潮兴起，探险旅游蔚然壮观，科技旅游成为时尚。巴州民航优势明显，辽阔的大地更是一个适合低空飞行旅游的好地方，几大通用航空公司也在巴州进行飞行落地的前期工作。吃、住、行、游、购、娱，巴州朋友准备好了吗？我们要把一种什么样的生活方式立体地呈现给八方宾客呢？

在全国旅游资源基本类型中，巴州拥有五十三种，占全国旅游资源基本类型总量的百分之七十一，占新疆旅游资源基本类型的百分之八十五。湖泊、大漠、草原、高山、冰峰以及众多的历史文物遗址，呈现出一个硕大无比的旅游资源格局。辽阔的地域、山体落差的悬殊、大自然的恩赐，加上人类历史的钟爱，形成了巴音郭楞博大、神奇、独特、多元的自然与人文旅游景观。无论是旅游还是投资，任何人到这里来打一口深井，都会收获许多。

这里是天鹅故乡、骏马天堂。巴州有巩乃斯林场，保护和生息着一百一十七万亩天然林木和草场，雪岭云杉参天蔽日，巩乃斯河汹涌奔流，是高山翠珠，天然氧吧。在巴州的金沙滩，数十公里的金色沙滩与蔚蓝的博斯腾湖水衣带相连，柔美入骨，是沙海中的仙境瑶池。博斯腾湖莲海世界景区是中国最大的野生睡莲生长区，湖上的万顷芦苇又是文化产业独一无二的资源。巴州有铁门关，扼孔雀河上游陡峭峡谷的出口，襟山带河，曾是南北疆交通的天险要冲，古代"丝绸之路"的中道咽喉，也是汉长城的西部关塞。

放眼巴音郭楞辽阔的版图，给人的第一印象便是一望无际的沙漠。塔克拉玛干大沙漠是仅次于非洲撒哈拉大沙漠的世界第二大沙漠，沙漠腹地沙丘类型复杂多样，远远眺望宛若栖息在大地上的条条巨龙，旺盛的蒸发使地表景物飘忽不定，这时候常会出现海市蜃楼的幻景。高科技旅游和沙漠旅游相结合，又何尝不是现代人所追逐的个性体验呢！

巴音郭楞蒙古自治州是一片广袤多姿的土地，如果不是身临其境，很难想象这片大地上的自然景观差异竟然如此之大。塔里木河似脱缰的野马奔流两千一百多公里，与咆哮的开都河、碧绿宁静的孔雀河一起哺育着巴州辽阔的大地。天山林海葱郁苍翠，迤逦多姿，铁门关、天山石林、沙漠公路又会让你领略一番不一样的沿途风景。

塔里木河流域生长着占我国百分之九十以上面积的胡杨，当然这里的胡杨是目前世界最古老、面积最大，保存最完整、最原始的原始胡杨林群落。每次当我走进那些经历无数岁月洗礼的胡杨树林，凝神观望，驻足思索，内心常会涌起一种天人合一、精神不朽的久违了的英雄情结。

六

讲述了巴州的山河大地，也就要说说巴州的地下蕴藏。这里是塔里木石油勘探开发的主战场，是西部大开发标志性工程——西气东输的起点。全州已探明蛭石、石棉、红柱石、钾盐等七十四种矿产。是中国最大的钾盐基地、最大的蛭石产区、最大的红柱石产区，塔里木油田油气当量是我国第一大天然气产区。

巴州隆起黑海洋，千里戈壁起新城。一九八九年四月十日，来自五湖四海的中华儿女汇聚巴州，剑指黄沙，吹响石油工业二十世纪最后一场会战的号角。从此以后，工业文明在无垠大漠形成燎原之势，也给巴州带来了无限生机。

三十年贡献油气三点六亿吨，累计向西气东输管网供气超过两千二百亿立方米。三十而立，大时代呼唤大担当，大担当抒写大篇章。起于“稳定东部、发展西部”能源战略，兴于“西部大开发”国家战略，塔里木石油会战秉承石油工业优良传统，高唱石油壮歌，突出资源战略，努力找油找气，力保国家能源安全。

尤其是在二〇一八年，沉寂的秋里塔格迎来“涅槃时刻”，飞出“火凤凰”。十二月十二日，一团红色的火焰在秋里塔格山中腾空而起，划开了南天山冬日的冷寂，中秋一井获高产工业气流。科技是唤醒“沉睡蓝金”的密钥。二〇一八年十月三十日，中国石油陆上新的“深井王”诞生，克深二十一井用时三百六十五天钻至八千〇九十八米完钻，一项钻井深度纪录载入塔里木史册，“这是技术创新的力量”。通过综合施策，塔里木人将井深纪录一破再破。截至目前，已成功钻探七千米以上的深井超深井超过一百口，六口超过八千米的“地下珠峰”。

向地下钻探！砥砺前行！会战三十多年来，每一次攻坚，都体现意志的坚忍；每一次突破，都见证技术的助攻。

新时代、新动能、新超越。塔里木三十多年创新突破，适逢改革春风劲吹。新形势、新环境、新挑战。党的十八大以来，我国改革进入深水区和攻坚期。面对新问题，塔里木油田加大改革力度，向油田三千万吨发展的难点攻坚、重点突进。

创新，作为塔里木第一动力，成就了塔里木的过去。未来，它依然动力强劲，将为塔里木铸造更大辉煌。

二十世纪八十年代的库尔勒只是天山脚下一座不为人知的偏远小城。一九八九年塔里木石油会战从这里打响后，拉动经济、产业升级、立体扶贫……库尔勒市一跃成为全国文明城市。十万多人的农业城市变成近百万居民的石油新城。来自塔里木盆地油气开发的迅速崛起，不仅催生了库尔勒市一城秀色，而且惠及巴州和南疆的各族百姓。

如今，在国家级库尔勒经济技术开发区，派特罗尔、安东石油、格瑞迪斯、天成西域等四十四家企业如雨后春笋般成长起来。在二〇一八年新公布的全国综合实力百强县名单上，库尔勒市位列第四十三位，成为西北地区唯一连年上榜的城市。

历史如江河奔涌，岁月如星辰轮转。回首一九八九年，浪卷千堆，多少青葱儿郎已是两鬓霜花；斗转星移，油田第二代已经挥斥方遒。这就是石油工人几十年来献了青春献终身、献了终身献子孙的真实写照。三十多年来，巴州与塔里木油田就像大鹏的双翼，一日同风起，扶摇直上几万里。滚滚能源夯实国家的经济基础，确保人民生活安宁，由此而形成的强大合力，反哺巴州在祖国新时代的奋进中再绘蓝图，谱写新的时代篇章。

巴州有这样的经济新动能，一定会奏出新时代更加雄浑的浪漫交响！

若羌，若羌

在昆仑山和天山之间，有一片“死亡之海”塔克拉玛干沙漠连着“死亡之海”罗布泊的无人之境。

一

在昆仑山和天山之间，有一片“死亡之海”塔克拉玛干沙漠连着“死亡之海”罗布泊的无人之境，中间孤悬镶嵌着一片无与伦比的精美绿洲，她就是我邂逅之后便心醉神迷的心灵家园——若羌。

走过千山万水，若羌就是若羌。这里闪烁着绚丽彩虹般的楼兰文化光焰，承载着世界上最恐怖的荒凉和最惊心动魄的向往，把沙漠变成了一片锦绣孤岛，自己默默守望，而把自己所管辖的任何一个地方传扬得风起云涌，令人心驰神往。

若羌地处新疆巴音郭楞蒙古自治州的东南部，塔克拉玛干沙漠东南缘，与甘肃、青海、西藏交界。辖区面积二十余万平方千米，是全国辖区面积最大的县。

若羌县不仅是中国第一大县，还是世界上最大的三级行政区。若要从经济、文化、军事方面来透视若羌，随便拎出一项，提升到全世界也是毫不逊色的。世界的钾盐航母在若羌，最好吃的红枣在若羌，楼兰文化在若羌，原子弹爆炸也在若羌。说不尽的若羌往事如烟似梦，叙不完的若羌发展沧海桑田。

当然，若羌不包邮的区域也很大，没有外卖没有信号的地方也很多，你准备好了吗？

二

穿越历史时空隧道，从有纪年的时代看若羌，从西汉时始，就有了西域三十六城邦之一的若羌城邦。只不过那时候称若羌为“婼羌”。婼字有个女字旁，在那个男权盛行的年月里，被疾驰的马蹄和刀光剑影遮蔽了，这也不应该削弱若羌的影响力呀！现在若羌的辖地上，随便一景、随便一地，似乎都要比若羌这个县的影响力大，是不是历史愧对若羌，现在是一次报偿呢！上下几千年，纵横几万里，谁能回答这样的诘问！

总有人一直在呼唤把若羌县改名为楼兰县。其实若羌人并不这样想，就像大海扬波，搅动它的是一股背后的纤细的力量，若羌人的沉静和淡定就是若羌人的自信和力量的源泉。

若羌县作为世界上古老的东西贸易通道，也是唯一一个古丝绸之路南线和中线都经过的县。闻名遐迩的世界级文化遗产地——楼兰故城就位于若羌县境内。其历史悠久，被称为“东方庞贝城”，早在两千一百多年前就已见诸文字，拥有世界上最具特色、独一无二的楼兰文化，堪称“世界之最的人文景观”。

除此之外，很多保存完整的干尸也在中国最具潜力十大遗迹遗址——若羌县楼兰博物馆展出。若羌县楼兰博物馆无论是设计还是馆藏都具有唯一性和排他性，也是中国唯一收藏楼兰文物和展示楼兰文化的展馆，集中展示了楼兰的历史、文化和建筑。

中国面积最大的野骆驼自然保护区——罗布泊野骆驼国家级自然保护区位于若羌县东北部，面积近八万平方公里。目前现存野骆驼为数不多。就有那么几个人，他们与野骆驼相守，过着原始人一样的生活，保护这种极为濒危的野生动物。

三

从人口总量来说，若羌县也很小。全县常住人口也就五万人左右。所以说若羌县高山巍峨，平原辽阔，城市玲珑，民风淳朴。

大家知道若羌的面食好吃，它的一颗小麦子粒就令世人惊叹，是世界上埋藏最久的小麦子粒，这也是中国至今发现最早的小麦子粒。在从新疆若羌县古墓中出土前，它已在地下沉睡了五百余年，但播种后仍可发芽结实。经选育繁殖，已在年降雨量只有五十毫米的若羌地区推广，定名为“戈壁麦”。你来若羌，只要你有心，就可以吃到这种世界上独一无二的“戈壁麦”美食。

一方水土养一方人，一方人种出了普天之下最好的红枣举国感动。

我在楼兰宾馆曾吃过成系列的红枣菜。红枣就结在若羌县周边的枣园里，是若羌人生命的结晶，这十里十三乡的枣园，是几代若羌人凭借着意志和汗水干出来的。他们没有就此止步，而是转化成了极品的美味佳肴。有的蒸成糕、有的煲成汤、有的整体加工、有的切成小片、有的磨成粉以后，添加到别的菜品中，那样的口感让你很意外。若羌的小灰枣无论从视觉、口感、养身方面均可谓独具匠心，它的效果就可想而知了。

若羌县的近几任县委书记都被称为“红枣书记”、县长被称为“红枣县长”。狠抓红枣项目，一张蓝图绘到底。若羌是全国最大的红枣之乡。当地农民依靠种植红枣，人均收入连续五年蝉联西部十二省区市之首。

有一年枣农普遍丰收，即便没有驾照，也家家买了小轿车。一开始还开到村子门口炫耀，后来交警不让上路，就这样也要敞开院门让小轿车声声叫唤，在院子里也要磨着转几圈。每天枕着成捆的现金睡觉，银行业务员追着他们办银行卡。他们说："你这卡太小，装不下我这么多钱！"

如果从旅游的视角看若羌，更有道不尽的山高水长，说不完的历史文脉。它蕴含的文化旅游资源优势也是令人叹为观止的。所以若羌需要的是增强汇聚力，把若羌的灵魂塑造出来，传扬出去。显而易见，这要靠文化和传播的力量。

来若羌旅游，其实就是一个克服困难的过程。遥远、恐惧、抵达、体验等都有着难以逾越的难度。虽然现在的交通已经很发达了，但相对地缘来说还是一片神秘的孤岛。对一个地方的神往和抵达之间还有很大的心理距离，就像楼兰古城，去过的人又有几个呢！更别说海头古城、小河古城这些地方了！

我在一篇文章里说过：今天若羌就是楼兰，若羌人就是在这片死亡之海连着死亡之海的风沙肆虐土地上干出来了这样一片温馨的绿洲，绵延着楼兰文化的伟大历史传奇。

四

若羌的河很多，纵横交织、川流不息地在高山荒漠与绿洲之间流淌，但河都不是很大，与大面积的干涸和枯死相比，显得有些孱弱。

历史上凄美的羌笛声伴着河水的沉吟，诠释若羌人迁徙、屈辱、战乱、消失的悲怆命运。王之涣的《凉州词》：黄河远上白云间，一片孤城万仞山。羌笛何须怨杨柳，春风不度玉门关。虽然写的是玉门关，感觉也是在写若羌。若羌孤悬在荒落的苍茫之中，又何必用羌笛吹起的哀怨的曲调，去埋怨春光迟迟不来呢？春风难以吹到若羌呀！

一个没有经历过苦难和悲情的民族，是不会有未来的。在西部这片苍凉的土地上，迁徙已经成为这片土地上的主人的命运悲欢离合，阴晴圆缺，忍受着不能忍受的。苦难铸成了昨日辉煌，就算是它的余晖犹在，也能把未来的长路照亮。

就像这片土地一样，在与这片土地的荣辱与共的艰难成长中，一代一代的若羌人赤足匍匐在干旱盐碱的土地上，把心念一点点植入土地中，土、肥、水、种、密、保、管、工，任何一个细节都不疏忽，就算是铁树也会开花的。

五

如果说若羌人完全不向往城市生活，那也是假话。而我在若羌县的日子接触了不少本地居民，正是他们身上的坚韧和对若羌的挚情，固守了这片土地的尊严，演绎了生命的傲然绽放。三十年前大学毕业以后来到若羌扎根的人不在少数，他们在各方面都是若羌的脊梁。他们这批人，向外发展的机会也很多，但他们觉得在若羌的坚守才使生命有了特殊的意义。如果人生把意义抽空了，和死去又有什么不同呢！

在楼兰古城保护站，有一位工作了三十多年的保护员，试想一下多大的一个罗布泊呀！就和罗布泊的日、月、星、光一起共同捱过，几十年过去了，用自己的一生，守望着人类最古老的家园。游客丢失了，他去营救；有人盗墓了，他去阻止。日子久了，他的长相也像极了楼兰人，现在还孑然一身，骑着一辆摩托车，不经意间就会从一处雅丹地貌景观或古墓中走出来！

六

慕士塔格峰和木孜塔格峰的晶莹雪冠双峰哺育，一叹千年，成就了今天的若羌。我粗略翻了一下若羌的历史，她和谁都不争不比，可能因为地域面积过于辽阔，所谓的四周毗邻，实际上都保持了相当一段距离。和最邻近的县且末也有两百多公里，往北与尉犁县也有二百多公里，往东翻过阿尔金山就与甘肃、青海交界了，南面就是世界屋脊西藏。

从严酷自然的角度来讲，若羌人的抗压能力可以说是世所罕见的。若羌缺水，我们可以想象一下，历史上水草丰美的罗布泊，到今天也没弄清楚是什么原因就突然之间消失了。只有到过罗布泊深处的人才能感受到，风有着怎样的一种力量，可以把大地雕刻成什么样子。这一点，无论你的语言多么神奇，也刻画不出罗布泊雅丹地貌的神韵。面对若羌的前世今生，语言其实是非常力不从心的。

若羌县是唯一拥有三大沙漠的县。若羌既有世界第二大沙漠、第一大流动沙漠塔克拉玛干大沙漠，也有被誉为世界上“最美丽的沙漠”的羽毛状沙丘的库姆塔格沙漠，还拥有世界上海拔最高沙丘的库木库里沙漠。

同时，若羌还拥有中国最大的三大高原沙漠泉。三大巨泉形态各异，气势壮观，汇合成一条宽达千米的巨大沙河，堪称“奇泉绝景”。

七

若羌也是中国最大的镍都。罗布泊地区发现百万吨级特大型镍矿，已探明镍金属资源量一百二十八万吨，是目前国内潜力最大的铜镍矿区，对缓解我国镍矿资源紧缺状况将起到重要作用。若羌县也是中国最大的石棉产区，其石棉储量达两千五百八十八万吨，约占全国总储量的三分之一。

而作为中国十大新资源基地之一，若羌还是目前世界最大的硫酸钾生产基地。它的开发极大地缓解了全球钾肥紧缺的现状，稳定国内钾肥市场供应和价格，提高钾肥自给率。

除此之外，若羌县是中国黄玉储藏量最丰富的地区。“和阗美玉，以黄为尊”。若羌县盛产黄玉、昆仑玉、戈壁玉等玉料，品质上乘，并且逐渐从单纯的玉石原料产地发展成玉石交易集散地。

若羌县拥有中国最早的屯垦戍边城市——伊循城。汉代属楼兰，故址在今新疆若羌县米兰镇。

八

可能就是因为若羌的风沙过于狂暴，若羌人把自己的小城建设得特别精致。若羌，是一个交替时光的驿站，在若羌小城尽情地享受翡翠绿的同时，你必定要选择去远方，不是楼兰就是阿尔金山。

在若羌小城，街上道边林荫遮天蔽日，若羌河水在城市中央缓缓流过。如果你赶上了一个早春，那整座小城都弥漫着红枣花的芬芳，辽阔的苍穹簇拥着白云，袅袅炊烟染透了如画的黄昏，晚归的枣花姑娘嬉戏着追逐小黄狗，在城市和村庄的结合部约一场浪漫情侣的小城之恋。

这是一座特别适合独处的小城，心绪和这儿的清风一样，有时会把久违了的心灵秘窗打开，让如诗的柔情抛洒在这氤氲迷雾的若羌小路上。

独处是寂静的，也是寥廓的，无须追问风向往哪里吹，就让等待的心儿在这里流浪，走过日出日落，把远古吹来的楼兰的风藏在心底，不要停步，不要歇脚，让我们把风景重新收获。

孤独，不是孤芳自赏，不是自暴自弃，更不是虚空的精神皮囊。在一个人的独处世界中，熙熙攘攘的是人群，而布衣素履、两袖清风的则是自己。米兰河水深流，彰显沉静大气。云卷云舒空灵，诠释淡定人生。

在若羌小城的日子，体悟独处时的享受吧！因为，在一个人的孤独盛宴中，你所能获得的坚持与力量，是能力，也是一种精神修为。

九

我觉得没有一座城市的景观能像若羌夏日这样，城市的周边有几十万亩红枣，城市中央密布着浓荫蔽日的树、姹紫嫣红的花、向上攀爬的藤萝、青浅如毯的草坪。尤其是若羌大街小巷上的步道，氤氲着醉人的枣花香，不时看到黄色的花蕊引来蝴蝶和蜜蜂，斑斓的光影把空间和地面渲染成了一幅中国水墨画，我在其中看画，画的其中有我。尤其是楼兰美女雕像前的那一段廊道，每天傍晚我都要在木板上流连，看着西坠的太阳穿过浓密的林子，血红血红地从楼兰美女的头顶上落下。

若羌县委政府大院就是一个百姓可以自由出入、供游人休闲的广场，加上若羌楼兰文化广场、博物馆外广场和众多的小广场，构成了广场文化的蔚然景象。在这里深潜，时光变得格外温馨和惬意。

十

走过了春的明媚，经历了夏的盛放，忽然发觉，山河岁月里，已经见到了秋天。秋天，没有春的韵致，少了夏的浮躁；没有花的招摇，少了绿的缠绵，有的是一种丰盈和秀实。若羌的秋天是一首诗，也是一幅画。

漫步在楼兰美女的故乡，沉吟着边塞诗人“醉卧沙场君莫笑”的诗句，把云淡风轻的静美折叠成一只小船，放在米兰河水里，自会把秋的眷恋带给收获金秋的屯田游子们。

因为遥远，扯断了俗世红尘的烦恼，也就把若羌的小城之恋镌刻在了心灵的深处。当钩心斗角的日子里需要祛除焦躁的时候，把若羌的画图轻轻翻捡，如果相伴而行，若羌给予的美好启示一定能让你走出焦躁。

秋天，走过万亩诗意枣园。秋风，吹黄了无垠的田野；秋阳，把缠绵照进了楼兰美女的梦里；秋霜，把阿尔金山的雪冠染成了橘红；秋云，从昆仑山那边飘来，捎来了万里山河的牵挂；秋露，潮湿了剪不断的远方思念，一把浓情就算是沧桑大地也会为之动容。若羌的秋天，秋高气爽，瓜果飘香；秋风入袖，凉而不寒；黄叶铺地，默默不语。

秋天，是成熟的季节！滚滚秋浪、累累硕果，释放着丰收的喜悦；秋虫呢喃、秋叶静美，演绎着岁月的轮回。秋的气息，吻着大地。

十一

季节流转，风景变换，四季更替，人生能有几多风霜？在若羌如期而至的冬景里，看逆光反照下的胡杨倔强，红柳枝儿向天散射的爽利潇洒，你听到冰河的窃窃私语了？那才是苦难历程后的诗意芬芳。

冬天来了！小城静谧得像一位沉睡的少女。如果你难过的时候，就来若羌小住！若羌的冬天不太冷，也没有风，在凝固的慢时光里，和自己好好相处吧！把该放下的放下，因为回忆还在，把那些令你感动的幸福时光留下！

冬天来了，春天还会远吗？我分明听到了若羌山河大地正在孕育的春的叫唤声，看到了绚丽彩虹映红了楼兰佛塔，还有楼兰美女脸上的灿烂春光！

罗布泊

五月是个花季，在这个开花的季节里去感受死亡气息与死亡背后的自然和历史钩沉，是一件特别不容易的事情。

一

五月是个花季，在这个开花的季节里去感受死亡气息与死亡背后的自然和历史钩沉，是一件特别不容易的事情。对绝大部分人来说，罗布泊只能是个遥远的梦想。有梦想，就不会冥灭。当梦想照进现实的这一天，内心这种深刻的复杂性，就是小说深度心理描写的手法也难以穷尽。

二〇二〇年，我们选择了一个无风的日子走近罗布泊，走近史前时期恐龙的乐园，走近曾经孕育了楼兰文化的一方水土。这一天，对于罗布泊来说，我们就像一群蚂蚁经过，而对于个体生命，这样的走近一生也不会有几次。

二

我们这个团队一部分由新疆维吾尔自治区文物考古研究所的党志豪先生率队，走进罗布泊是为对楼兰佛塔和三间房进行文物保护前的挖掘。通俗一点说，就是在文物实施保护之前，把有价值的文物清理挖掘出来。还有几位朋友是从事秘境探险旅游的发烧友，他们在驾车和探险方面身怀绝技、经验丰富。

这是一个特殊的团体。虽然比较小众，面临各种各样的艰难和伤病困扰，他们选择这样的生活方式为的就是给生命淬火。在同一片蓝天下，就有那么一批人，他们的生活理念就是走向荒原，到原始自然中感受生存的纯真本貌。生命终将流逝，但还是需要非同一般的日子！这样才有了生命的五彩缤纷，我觉得在这个世界上能够自己选择一种生活方式的人有福了！又有几个人不是在随波逐流呢？

三

我是为了写一本楼兰的书而走近罗布泊的，而书的恒久魅力总是在转化为一种信仰的力量。其神圣感一直在拉升我弃绝鄙俗，向一个精神高度攀缘。一个世界性的楼兰和罗布泊需要一代一代人来诠释，也是为了缅怀罗布泊那些消失的岁月。

四

罗布泊曾经是一片水泽。那些金戈铁马和水美鱼肥的日子，总是让我梦牵魂绕。西域的若干个古老城邦呀！就承载在这片轻波荡漾里。

譬如说楼兰古城，长宽也就三百来米，对于罗布泊来说也就是一粒芝麻，更别说其他古老城邦了！浩渺的罗布泊呀，哺育着怎样的一片繁华盛景。

五

如果从旅游的角度讲，罗布泊就像一根鸡肋。曹操和刘备汉中博弈，曹操无意中说出“鸡肋”二字，王的内心谁能琢磨透呀！而他器重的幕僚杨修自作聪明地认为曹操会退兵，便把这个消息在军中散发出去了，结果还因此掉了脑袋。当然，罗布泊远没有“鸡肋”那么简单，一方面宏大到永远触摸不到边界；而纵深处的每一个路口都会遇见生命的欢欣和死亡的恐怖。

六

罗布泊从有人类的活动而言可以追溯到夏朝。它和楼兰就像一对孪生兄妹，楼兰文化轰动全世界的时候，它在这儿一动不动，甚至慢慢枯萎。

西域的三十六个邦国中有十一个在巴州境内，而事实上大都在罗布泊周边地区。它们两个是你中有我，我中有你，相互成全，把一页不朽的历史绵延到了今天。

七

你说造物主的鬼斧神工在罗布泊身上得到了最富想象力的体现，是没有问题的。它把太多的吊诡和莫测叠加到了一起。有太多的东西超越了人类想象的边界，总是和宇宙、外星、神秘、魔幻这些意象裹挟在一起。如果你是一个善于思考的人，一定会是一个不敢轻言罗布泊的人。

八

事实上它不仅是生命的禁区，还是军事禁区，是我国原子弹、氢弹的试验场。我的一位朋友说，中华人民共和国的成立，让中国人民从此站起来了，而真正让中国人民挺直腰杆、扬眉吐气的，则是罗布泊深处的这朵蘑菇云。

当下美国闹事，他能怎么样？我们不惹事，也不怕事。这就是中国人的底气！

九

罗布泊的五月，整个苍穹就像着了火，每一滴水、每一片绿荫都变得异乎寻常的珍贵，因为你清楚地知道，离开我们生存的绿洲已经很遥远了。它可以让你的生命充满生机，而中暑而死的恐惧却如影相随。

十

虽然我们没有处在一个英雄辈出的时代，但很多人的心中一定还存在着英雄主义的情怀。比如余纯顺，他在独立挑战罗布泊的六月流火之前，已经在中国的探险界名声大振。在巴州楼兰宾馆的新闻发布会上，他信誓旦旦，袒露出的当然也是炽烈豪情。事实上他的罗布泊之行是经过精心策划的，而且食物和水就给他埋在了他要路过的地方。可是，他迷路了，并没有走在预设的路上。

在他的墓地，我们为这位为罗布泊付出生命的勇者默哀。他的走失其实就是一念之差。十三天以后人们找到他时，整个人已经面目全非。

十一

到了罗布泊，你可以这样想，但很快就会被另外一种想法推翻。罗布泊让很多人望而却步，但也有人一生中几十次进入罗布泊，成全了生命的不同凡响。在中外历史上，这样的人数不胜数。罗布泊永远都不可能成为大众旅游的圣地，但有一种生命就是为罗布泊而生的。罗布泊和胆小鬼或怯懦者无关，他属于大写豪迈的人生。

十二

在罗布荒原，无论你的车驾怎么跑，你都会觉得地球是平的。我走遍山河大地，从来没有任何一个地方像罗布泊一样极目四野，因为缺少了参照物对视觉的牵引力，只看到了遥远的地平线，所以感受不到疯狂越野带来的刺激。而即使是再快的速度，车辆也像一只步履蹒跚的蜗牛那样，在一片浩瀚无垠的空旷大地上爬行。

因为看不到任何遮挡物，地像一块板，天像一口锅。说起来有那么多的古城遗址和雅丹地貌景观，那也只是偶然事件，而绝大部分地方就是一马平川，感受不到一点点的大地弧度。如果说旅游是为了从自然中获取一份稀缺而独特的感受，那最好的地方就是在罗布泊风驰电掣。

十三

罗布泊在把平面舒展演绎到了极致的同时，也把颠簸推向了极端。去过罗布泊的朋友告诉我，最无法忍耐的感受就是翻江倒海似的颠簸，那种仿佛对五脏六腑进行翻卷揉滚带来的头晕呕吐，让人真真切切地产生了生命行将结束的感觉。就算你的车再好，也没有从罗布泊深处走来没有坏过的车。

比起在美国加州的一号公路自驾车旅行，这点难受就不算什么了。几百公里公路，一边是悬崖，而且没有任何保护围栏，悬崖下面是波涛汹涌的太平洋。美国人开车很快，如果你车速太慢，就会把整个车队压住，背后急促的鸣笛声会让你更加心慌意乱。那种葬身大海的恐惧比起罗布泊来才算是深入骨髓的可怕！不过又有什么呢？这个世界，反正我们只来一次。

十四

古罗布泊诞生于第三纪末第四纪初，距今已有一千八百万年，面积约两万平方公里，在新构造运动的影响下，湖泊盆地自南向北倾斜抬升，被分割成几块洼地。

罗布泊曾是恐龙的乐园，恐龙曾是这里生态系统的主宰，但也如同楼兰一样突然就消失了，至今也是一个无解的谜。后来湖底升起了陆地、湖底山或礁石，阳光、风雨成了雕刻雅丹地貌的工具，让它们在岁月的抚摸、打磨中成型。

造物主在孕育罗布泊的时候，就已经注定了他的命运。他给人类留下的悬想和怀念，就是它的价值。

十五

在一九二七年考古探勘发现的女尸身上，考古学者从干尸身披的羊皮和头戴的毡帽测定，该具女尸距今已有三千八百多年的历史，而这一时间段刚好与《山海经》书中所记载的中国历史上的夏朝相吻合。书中记载，夏朝由于爆发多次战争，导致很多人因此而死。如此看来，罗布泊发现的干尸似乎证实了这些记载，也肯定了中国夏朝的存在。

十六

罗布泊地区被人们称为欧亚大陆上的一块“魔鬼三角区”。古丝绸之路从此处经过，枯骨比比皆是。中国佛教史上第一位到海外取经求法的大师、杰出的旅行家和翻译家、东晋高僧法显在其《佛国记》中曾记录过：“沙河中多有恶鬼、热风，遇者则死，无一全者……”

十七

罗布泊凝重、苍凉、悲壮，它的美是平常的审美范畴里找不到的。如果你平时所看见的就是你的世界的话，那么罗布泊的美就会拓展你的审美范畴，在你的审美族群里成为一个最为大写的审美高度。罗布泊就是这样，它就是这样的物质。

如果你放弃思维逻辑去感受罗布泊，也许得到的只是星星点点，这就够了，谁又有这个能力把罗布泊的前世今生说清楚呢？

十八

罗布泊的腹地可以从三个不同的方向进入。首选是从新疆的若羌顺着二一八国道进入。二是从新疆的哈密沿着哈罗公路行进。三是由甘肃的敦煌北上进入。

东区风蚀的砂石线条刚劲，西区则纯静妩媚，属于两种截然不同的风格。原来的海底世界经历了风化及沙蚀，留下极为壮观的雅丹地貌景象，矗立在戈壁沙漠之中，没有任何人工雕饰的痕迹，造就了拍摄环境人像的自然、极佳场景。

日落、日出均为绝佳拍摄地点，又因为空气通透且靠近大气层，夜间星空极其明亮，前景随处可选，故又是拍摄星空银河的理想地点。

十九

古往今来，罗布泊地区流传着各种各样的诡异故事，也吸引了无数探险者舍生忘死，深入其中。

在这个浩瀚无垠的戈壁滩上，零散镶嵌着为数不多的明珠，隐藏得很深，没有道路，难以找到。其内没有通信信号，没有可以依赖的攻略，这也是至今人们无法涉足的主要原因。

二十

楼兰佛塔和三间房是罗布泊地区和楼兰文化皇冠上的明珠，也是最有价值的历史文化遗存。它们和日月星辰一起，见证了罗布泊斗转星移，见证了楼兰的潮起潮落，为世界文明史上的一曲雄浑乐章浅吟低唱着，绵绵不绝期。

无论罗布泊经历了什么，在它们矗立风中的疲惫沧桑里，包含着一颗顽念的心、不屈的魂，任何力量也没有把它们摧折。也可能历史上的任何文物都不可能永恒存在，但只要你站在罗布泊的中央，那你就会以昂扬的方式参与中华民族的伟大复兴，见证中华文明的风起云涌。

二十一

我和文物专家党志豪先生在五天内都吃住在一起，每天伴着佛塔日升日落，看着三间房的云卷云舒。

曙色微澜的时候，党志豪带领团队，扛着各种工具、设备、仪器和足量的水，小心翼翼地进入三间房。他告诉了我那个像个小姑娘似的日本和尚橘瑞超发现《李柏文书》的那条墙缝，这个意外让橘瑞超名垂青史，也让李柏成为中国书法史上的丰碑式人物。

烈阳直射时，罗布泊的温度达摄氏五十度以上。党志豪团队的人们忍受着无法忍受的灼烤，太阳帽下的阴影里张张脸泛着红光，汗水不停往下流。党先生的手中拿着一把小铲、一把毛刷，另外的工具包里有随手可取的放大镜、相机、记事本、卡片和大大小小的塑料袋。

当发现一撮棕色的马毛时，党志豪的动作特别精微，就像外科大夫手里拿着手术刀。用小钎挑、放大镜看、相机拍照、卡片编号、记事本建档，然后把这一小撮马毛轻轻放进了一个有编号的塑料袋里。

站在楼兰佛塔前凝思：在漫长的时间长河里，这么多人为你跋山涉水而来，无论是看见还是发现，只要能在这楼兰佛塔和三间房前走一走，看一看，都会成为毕生最有价值的记忆。

二十二

海头古城曾经是西域的长史府，和楼兰古城交相辉映，共同谱写了楼兰文化的传奇。

一场突如其来的风暴来临，我们在这里被困了三天。开始的风也是轻轻地吹，真还有那么点诗意，我也是把这风和周围的万象放在一起在感受着。慢慢就有点不对劲了，一位在罗布泊工作久了的朋友说，不要走远了，并且很认真地划定了一个范围，最先我还觉得有点小题大做。可是随着风力一点点地加速，虽然表面上装作镇静，但心里的疑惑越来越强烈。

平生第一次感受到风能把人吹跑的恐怖，我们不得不窝在车里，连续几天听着风的狂吼，眼睁睁地看着风把车的表面油漆一点点剥尽。大小便成了最大的困难，找不到一个地方能站立得住，更找不到一个地方能蹲下来。

没有选择，你必须蹲下，一任雕塑雅丹地貌的疾风从你身上持续不停地扫过，沙粒就像一颗颗子弹，在你的屁股上拉出一道道钻心疼的血痕。李柏呀！李柏！你在写下《李柏文书》的时候，可曾想到许多年以来一直有人因为对你的仰望而来到海头，雷电风暴、一路困境都不能把他们摧折，但正在构架人类命运共同体的中华儿女，什么时候再能写出新时代的《李柏文书》呢！

二十三

罗布泊是死亡之海，如果这个前提成立，那不论以任何一种方式进入罗布泊的人，就是和死亡面对面。

向死而生，作为一种激励人生的生命态度，人们应该是认同的。如果能进罗布泊来感同身受，对生命本身来说，一定会获得极大的馈赠，生发出一种宁静平和的力量帮你越过千山万壑，抵达一片属于你的绿色丛林。攀上高高的枝头观览人生，该是一件多么惬意的事情呀！

二十四

如果从哈罗公路往罗中方向南北纵穿罗布泊，至三百八十公里下茫茫戈壁，就会进入白龙堆雅丹群。

白龙堆雅丹群在灰白色砂泥岩夹石膏层的基础之上发育，它的美在于颠覆传统审美的结构和色彩，呈现出一种风雕岁月的历史凝重感，光怪陆离造型自然天成，把你心灵底片上对美的记忆进行一次全新排序。因为独特，所以难忘。

雅丹高十几米，并且延伸很长很长，弯弯曲曲，短的有几百米，长的达几公里，远远看去，像一条条白色蜷伏在沙漠中的巨龙，而延伸在外面的小丘，则像四处伸延的龙爪。

这是大自然的杰作，堪称鬼斧神工，苍凉的极致之美。在不远处就是著名的楼兰古城遗址。

二十五

罗布泊并不是死亡之海。在人们绝望的时候，便出现了一泓蓝得让人触目惊心、美得让人心醉神迷、大得让人瞠目结舌、神秘得让人莫测的湖泊。

它引来的是米兰河水，在罗布深处创造了世界上最大的钾盐航母，之后汇聚形成了眼下这片碧如宝石的蔚蓝。这里静卧着一片由十数个湖泊围聚成的盐湖，绵延数十平方公里的水面，散布着串串珍珠似的露天卤盐堆。放眼望去，这些湖面漂浮的大小不一、或圆或方的盐块恍若北冰洋洋面。而每一处盐湖的湖堤都有形态逼真、造型各异的美丽盐花竞相绽放。环绕盐湖，水面平静，成为真正的天空之境，只需拍摄湖水便可彰显天空，每每让人流连忘返。

二十六

南湖大沙漠是罗布泊的又一特色景观。地形地貌有沙窝地、蜂窝状沙地、平沙地、波状沙丘地、鱼鳞纹沙坡地、沙漠戈壁混合地等。

沙丘轮廓清晰、层次分明；丘脊线平滑流畅，迎风面沙坡似水，背风坡流沙如泻。站在大漠深处的沙山之巅，可静观大漠日出的绚丽，目睹夕阳染沙的缤纷，赞叹“大漠孤烟直，长河落日圆”的壮景。

二十七

在野骆驼保护区，你若想看到野骆驼，就得准备一个漫长的时间来罗布泊等待。因为根本没有能力去寻找，只能在一个点上等待偶遇，谁也不能够确定何时相逢。世界上很多东西都是稀缺的，有稀世之爱，也有稀世之宝，也有稀世之见。我想真正的野骆驼就是这样的。

你看到了稀世风景，就丰富了你的世界。来到这个世界，又有谁不希望自己的世界大一点呢！只有这种寂寞当中的等待，才能换来一片不寻常的风景。

最初接触楼兰，我对那些文物大盗们是不以为然的。在罗布泊的日子里，感受着斯文·赫定的当年，我的这些看法有了改变。他如果不是一个为了理想献身的人，他的事业不可能在罗布泊这样的地方延展开来。

一个人的生活概念很重要。如果你沿着概念直抵心灵，你就会发现人性是多么的深邃而多面呀！每个人都是一个世界，那些西方的冒险家们，如果抛开意识形态来看待，也都有着不平凡的人生。

二十八

罗布泊的美景隐藏得很深，没有道路，没有路标，没有通信信号，没有可以依赖的攻略，这也是人们难以涉足的原因。所以，在现代化交通工具和相应设备条件下，穿越罗布泊容易，而找到这些美景难。机会从来不会留给盲目的穿越者，只有细心地寻找，才能摘得美丽的明珠。

二十九

大海道构成了罗布泊最富浪漫气息的一段，这里汇集了古城堡、海盗船、烽燧、驿站、史前人类居住遗址、化石山、海市蜃楼、沙漠野骆驼群，以及众多罕见的地理地貌。

夜晚月光如洗，牛奶般地挥洒在这片令人类叹为观止的土地上。站在这片土地上仰望银河，看宇宙空灵浩渺，云翳、蓝光、星星把天和地浑然融合在一起，交织成一幅移动立体的万里江山图。

有一位著名的摄影师告诉我，这儿就是全世界公认的拍摄宇宙银河的最佳地带，也是全世界的摄影工作者和爱好者翘首期待的圣地。

三十

罗布泊地区气候异常干燥、炎热，年平均气温十一点六摄氏度，夏季最高气温大于五十度，冬季最低气温在零下二十度以下，年降水量二十毫米，蒸发量大于三千毫米，年日照时数大于三千二百小时，年积温大于四千五百度。且风蚀强烈，全年盛行风方向为东北风，三至五月为多风季节，六至八月为大风季节，八级大风日大于六十天，常常引起沙暴天气。位于罗布泊下风向的若羌、且末地区，每年的浮尘天气达一百一十五到一百九十三天。

三十一

罗布泊西北岸沿北纬四十度二十七分向西，地面呈台阶状升高，干湖底海拔七百八十米，地表覆盖厚二三十厘米的盐壳，质较松散，为一九六二年最后干涸时形成的新盐壳；新盐壳向西地面升高至七百八十二米，为第一湖积台地，该台地西界为东经九十度十五分，但宽度南北不一，窄处仅两千米左右，最宽处超过十千米，地面为厚三四十厘米、质较坚硬的盐壳，为较早盐壳，有时见有稀疏的红柳，该台地形成于二十世纪三十年代湖面扩大时期。第二湖积台地以西为广阔的湖积平原，海拔七百八十四至七百八十五米，由浅灰色湖相黏土夹粉砂层组成，地面经风蚀形成北纬四十度东向延伸高两米左右的垄状地形或低雅丹地貌。

楼兰古城一带即北纬四十度三十分到三十九分、东经八十九度五十四分到九十度一分之间，高七百八十九米左右的湖积台地，地面切割深达六米左右，由浅灰、灰色粉质黏土夹薄层粉砂组成，台地边缘被风蚀成北纬四十五度东向延伸的垄岗状雅丹地貌。

三十二

罗布泊东湖北部分布着一系列岛屿，其面积大小不一，岛屿顶高分别为七百八十一到七百八十二米和七百八十四到七百八十五米，组成物质相似，地面为厚三十厘米左右的盐壳层，下部为含石膏的湖相粉质黏土，因此这些岛屿多为早期的湖积台地经后期侵蚀形成。

除岛屿外，湖岸带还分布着高度与岛屿相当的两级侵蚀阶地，阶地顶面也为盐壳或被风沙所覆盖。

三十三

一方水土养一方人，而一方人也就体现了水土的特质。比如青藏高原的阳光，赋予了生活在那片高原的人紫铜色的面孔。其实不论你是哪个民族，只要你一直附着在一方水土上，你就会有那一方水土的特质。

罗布人是一个古老的民族，和楼兰的历史一样古老。他们“不种五谷，不牧牲畜，唯以小舟捕鱼为食”。罗布人的一种组织形式叫阿不旦，其方言也是新疆三大方言之一，其民俗，民歌、故事都具有独特的艺术价值。这是一个单一食鱼的民族，喝罗布麻茶，穿罗布麻衣，丰富的营养使许多人都很长寿。八九十岁都是好劳力，甚至还有一百岁的新郎。罗布人结婚的陪嫁，有时就送你一个小海子，可以想象当年珍珠一样的小湖泊，把罗布泊装点得多么璀璨。

最终，罗布人融入了维吾尔族之中。现在若羌、尉犁、三十六团等地的维吾尔族中，从长相和性格等方面依然可以窥见当年罗布人的某种特质。

三十四

罗布泊里有只“大耳朵”尤其引人瞩目，它长约六十千米，宽三十千米，明暗相间的半环状线条一圈一圈地向中心收拢，形如“地球之耳”。

人们对它的兴趣和震惊，首先在于它的视角。上到天上看把地球上罕见的东西，而且是在一个人类几乎达不到的那样一个高度上俯视的话，会有奇妙的视角。再说罗布泊就是一个死亡连着死亡的特殊地带，而从天上一下就发现了这样一个水渍斑斑的地方，这些纹理就像年轮，仿佛可以感觉到罗布泊消失的无奈。

在遥感图像上呈现“大耳朵”形状的罗布泊，是由于罗布泊古东湖的西半部分为西湖所覆盖，使得原来圈闭的湖岸线被部分切割和掩盖，因此在遥感图像上能看到古东湖的东半部分，故呈现“耳朵”形状。科学家利用雷达遥感技术能够透视风成沉积层和极端干燥盐壳层的能力，发现了埋藏于西湖湖相沉积物之下的古东湖湖岸线，证实了古东湖连续向西延伸的湖岸线的存在，说明西湖（咸淡水混合）是叠加在古东湖（咸水）之上的。这一科学发现表明，罗布泊古湖岸线原来是呈圈闭状态的，而不仅仅是“耳朵”状的。

三十五

位于太阳墓地西侧古河道北岸的一片台地上，有成片株距相等、行距相同、树干尺余粗的枯死的胡杨林。这成排成行的枯树，带有明显的人工营造的特征。历史上的楼兰颁布过我国最早的一部《森林保护法》，枯死的罗布泊可以告诉我们，楼兰的祖先那时候就意识到了保护环境的重要性。虽然楼兰还是消失了，但在罗布泊上千年不倒的胡杨四处可见，凭吊一段不朽的历史。让历史告诉未来，我们要如同珍惜生命一样珍惜我们生存的环境。

胡杨……这是一个神奇的树种，它的生长总是和凤凰与鲜血紧密相连……这是一个多变的树种，春夏为绿色，深秋为黄色，冬天为红色……这是一个坚强的树种，活着一千年不死、死后一千年不倒、倒后一千年不朽……

三十六

罗布泊的死亡气息就是因为罗布泊没有一点生命迹象，就算一只飞鸟、一片绿叶也没有。如果仅仅是短暂的旅行，也还罢了。如果是一些日复一日的日子，这些日子里全都是被死亡气息包围，那么你对自身生命的维系是不是就会特别敏感甚至恐慌。

彭家木与余纯顺他们大抵都差不多，一转身迷了路，没有了水，生命的终结过程是多么的悲壮呀！但是对罗布泊而言，只是个案。就像珠峰，后来的攀登者永远不会停下脚步。

位于铁板河出口不远的一处土台，建有墓地墓碑。一九九六年六月余纯顺迷失方向步行到此，因在高温环境下缺水而引起急性脱水，全身衰竭而死。他死时距自己亲手填埋的水和食品供给地点仅两公里。

三十七

一九九七年底，一位工程师用了很深的心思，把一个空汽油桶埋在了一个根据地图经纬度测量的罗布泊中心点上。随心而动，无问西东，后来围绕这个汽油桶便构成了一大景观。

一九九八年二月，广东首个女子罗布泊探险队在此立下第一块木碑。二十多年过去了，现已增加了数块石座、木碑，成了一些走罗布泊者留下纪念物的地方。类似于到了某个旅游景点，留下到此一游的印迹。不过在罗布泊，这些来之不易的表达，多少有点悲壮的意味！试想一下，若能抵达，本身是多么不容易的一件事情呀！

一个月的时间里，万里驱车，从自然和历史两个层面和罗布泊有了一次亲密接触。其实我非常清楚，就是这样，到过的地方也是极其有限的，就像瞎子摸象，在这样一个非同寻常的时空里，所有的遇见都是意外。

三十八

沉睡的罗布泊，总是裹挟着时尚美女，把最现代的声、光、电和各种艺术元素交融在一起，形成了一股美的热流，频频跃动于客户的手机端。

罗布泊还是这个罗布泊，但美女已经不是当年的楼兰美女。她们有的半裸，有的妩媚，演绎着各种人间诗意，也把模特、舞蹈演员的各种技艺植入罗布泊的沧桑里，一种全新的艺术样式正在形成，产生了震撼人心的视觉冲击和惊心动魄的美感。

我在米兰河畔写书的日子里，遇到一位八十八岁的水利专家，他拿出手机，把票圈制作的一款楼兰美女视频展示给我看。我一直在想，是什么样的一种澎湃的活力和美感感染了他，否则作为一个八十八岁的老人，怎么可能如此这般憧憬罗布泊。他告诉我，人生有很多遗憾，其实年轻的时候非常喜欢文学艺术，现在到了这个年龄，每天都在阅读，要下意识地补上文学艺术这一课。

罗布泊已经复活，它正在和这个时代最前卫的科学技术和文学艺术结合，升华为一种全新的艺术样式，再一次丰富滋养楼兰文化的内涵。在民族复兴的雄浑交响中，沉睡千年的罗布泊一定会释放出更加迷人的风采。

罗布人

在今天的尉犁县，最响亮的旅游名片就是罗布人村寨。

一

在今天的尉犁县，最响亮的旅游名片就是罗布人村寨。我感觉是一种巨大的人文关怀吸引了世人的目光，它所透视出的当代意义远不止一个知名的旅游景点。

罗布泊是一首充满悲情的历史挽歌，绝唱也好，呼唤也罢，它和楼兰一样成了人类的永恒梦幻。而罗布人则以其独特的生存方式，续写着楼兰文化不朽的历史。

人是自然之子，罗布泊孕育了楼兰的辉煌，而在它轰然垮塌的背面，一直有罗布族群逐水捕鱼、不断游移，以自己别具一格的生活方式魅惑世人的目光。

从文明的意义来说，罗布文明是楼兰文化的延续。至今，生活在罗布荒原边缘绿洲的罗布人，成了楼兰文化的见证。

一方水土养一方人。在罗布人的身上，深深雕镂着这方水土的印痕，独特的自然反哺繁衍着一个独特的种群。罗布人偏安一隅，他们可能更贴近这片特有土地的神性。他们的饮食起居完全源自他们生活着的这片自然。他们甚至习惯于这种简朴原始情态的封闭生活，当然，他们对外来的文明也不持偏见。

他们虽然形成了自己生活的许多特质，但从来就没有将自己置身于华夏的历史进程之外。

二

日月经天，江河行地，转眼就是千年。到了清代康熙年间，八旗劲旅在罗布荒原的林莽意外发现了自成聚落的罗布人。由于极度封闭，他们又回到了刀耕火种、结绳记事的蒙昧时期。他们自称罗布人，也就是生活在罗布荒原的土著居民。

罗布人和西域历史上的众多民族都有联系，也有人认为罗布人是蒙古人和雅利安人的混血后裔，也有学者认为是柯尔克孜族的后裔，近代以后和维吾尔族融合更加深刻。但更多的观点支持罗布人是一个古老的本土民族。

我们深信，一个有生命力的民族必然是一个性格开放和具有开拓精神的民族，是和其他文化有过更多交流和融合的民族。

罗布人普遍有着突起的鼻子，高高的颧骨，明亮的大眼，眼眶中白眼球比黑眼球小。男女均披着棕色长发，说着含混不清的罗布语。

三

罗布人为单一的食鱼民族，在塔里木河周边，是唯一与水和鱼纠葛这么深的民族。

罗布人以渔猎为生存方式，鱼是他们最喜欢吃的食物，也是物质生活标志性文化的特征。鱼被罗布人赋予极为丰富的文化意义，不仅是物质的，也是精神的。罗布人在他们的各种歌谣欢唱中，有不少是与渔猎生活有关的内容。

个体将自己的存在、自我意识和自我表现与鱼连在一起，通过姓名的方式将鱼以及与之相关的所有经验知识和认识体系纳入社会生活领域内，为个人记忆的社会化提供必要的前提。鱼是一个文化标识，正是这些文化标识把他们自己联系在一起，也就是这些文化标识使他们与别的群体相区别。

简言之，对于罗布人来说，鱼是一个永远的话题。在罗布人的文化体系中，鱼以及与捕鱼生活相关的所有文化行为被他们赋予丰富的象征意义。我们可以假定，如果没有鱼，罗布人的社会文化中可能无话可谈。

捕鱼一般都是两个人一伙，一个人负责划卡盆，另一个人撒网捕鱼，或用渔叉叉鱼，或用木棒打鱼。捕鱼回来，一任全村各家随意取食，食尽为止，不分彼此。

罗布人不习惯在干旱的平原地带生活，一旦离开了水，生命的茂盛状态就会大打折扣。早期罗布人不种五谷，不牧牲畜，唯划小舟捕鱼为食，或采野麻，或捕哈什鸟，剥皮为衣。罗布人没有货币概念，只是物物交换。他们划着胡杨独木舟，穿梭在被芦苇丛包围的狭窄水道里，从一个鱼塘划向另一个鱼塘。

一九〇六年，斯坦因在罗布人向导的引领下走进了罗布人村寨，受到了罗布人的盘查，他万万没有想到在这个荒凉、寂寞的地方，却遇到了不畏强权、维护国体的罗布人。这个一直对中国人不够尊敬的西方学者感慨地写道：在罗布荒原这人烟罕见之处，大清国体仍在，而罗布人则是荒原当之无愧的主人。

岁月在成全他们，也在悄然地改变着他们。除以鱼为食外，罗布人后来也采集广泛生长在湖水周围的蒲草茎叶、花等食用。蒲草花含有一种油脂，新鲜时有点黏，其营养价值就在于此，这种食物也是罗布人长寿的一个重要原因。

罗布人在春秋时节还吃野鸭，冬天则吃黑熊和野驼肉。这种简单而自然的生活方式使罗布人的寿命普遍比较长，活到百岁以上是很平常的现象。罗布人长寿秘诀的研究，对当代人来说无疑具有极高的研究和参考价值，他们长寿与他们在自然环境中食用天然食物有直接关系。把胡杨掏个洞就会有水流出来，他们就用这种水来发面。

四

一定的居住方式总是和自然环境、风俗习惯、社会发展等诸多因素相互作用的结果，逐渐积淀形成了鲜明的民族传统和地方特点。

罗布人早期居住方式主要是窝棚式，分为芦苇棚和红柳枝棚两种，四周用胡杨干作为柱子，然后在扎成的芦苇或红柳墙上糊上泥巴。在棚顶中间有采光之用的天窗，兼具烟囱功用。屋内没有床，只在地上铺以兽皮或羊毛毡。起风的日子，仿佛涛声掠过。而夜晚如乳的月光就会透过苇子墙的缝隙，抹在男欢女爱的罗布情人身上。

也有用胡杨椽子搭起了架子木屋，用草泥在外面抹平，顶上铺芦苇，底下支起木板通铺，再铺以兽皮或羊毛毡。

还有一种洞穴式的地窝子房屋，是尉犁喀尔尕乡罗布人比较普遍的居住样式。一般都在河沿岸，冬暖夏凉，适合人居住。被褥叠放在屋子内角处，衣服挂在木桩上。生活用品有砂鼎、铜壶、铜盘和陶碗，还有木桶、木盘、葫芦和皮袋等。

五

服饰是人类劳动成果的体现，也是罗布人内心审美要求的外化。罗布人的衣服就地取材，用罗布麻或鸟兽皮制成。一切都是自然馈赠的，他们把自然赐予的这种秉性演进成某些特有的着装习俗。麻，作为一种较易栽培、纺织的植物纤维，有着坚实耐磨、御寒透气的特点，因而曾经在罗布人当中得到了广泛使用。捻麻线和织麻布是罗布人妇女主要的生产活动之一。罗布麻是塔里木盆地特有的植物，是优质的纺织原料，楼兰出土的三千八百年前的女性干尸就穿着罗布麻织的衣物。

男女都习惯于冬天戴皮帽，夏天戴花帽。在夏天，男人主要戴瓜皮帽，女人戴用纤维做的窄边无花的帽子。罗布人的帽子外翻的前沿，开一个豁口，状如“凹”字，有自己的特点。

罗布人穿着手工编织的麻纤维衬衣。男人穿无领对襟长衫，妇女穿圆领宽松的直筒衫。还穿侧面开襟短上衣及无领或肾状领的长外衣，女人外衣的两侧开缝。无领外衣从领口到衣襟及沿衣襟要沿边花。他们习惯用黄铜制成铃状衣扣，用布做串珠状衣扣并佩带银币或串珠。男人的衣服不带扣，习惯束腰带。冬天，男女都穿用羊毛或棉花做夹层的外衣或皮袄。男人一般穿光面皮袄，女人用当年或初生羔羊皮缝制皮袄，一般都带面而缝制。姑娘及少妇们习惯在花帽上插鸳鸯羽和串珠。

罗布人把羊皮和猎获动物的皮作为主要服装来源，充分体现了最为原始的狩猎生活方式的基本特征及生活面貌。

罗布人的手工艺品是一个缤纷的世界，有彩色线毯、印花布、绣花枕头等。作为一种客观现实存在的文化形态，不仅是民族文化的一种重要存在形态，同时还发挥着重要的文化作用。它不仅影响着罗布人的衣食住行，还影响着罗布人的价值观念、行为准则、认知方式。也就是说，不仅具体实在地构成了生活内容的物质世界，又构成了人文风俗的文化基础，成为风俗习惯的具体内容，具有很强的现实意义。在罗布人生活中，一件绚丽多姿的服饰、花帽、刺绣等手工艺品既体现出吉祥、幸福的民俗观念，同时也是一种文化符号，并在实际生活中作为一种无声的语言参与到罗布人的生活中。

罗布人的手工艺术也在不断升华，它包括感性的、理性的、潜隐性等方面，经过漫长的岁月磨洗、历史沉淀，融合地域文化、风俗民情、民族习惯、伦理道德等，让其使用者感受到精神上的自由，得到心灵上的愉悦。这也就是罗布文化的魅力所在。

罗布人作为干旱地区少有的特殊人群，长期以渔猎为生，过着流动分散的生活，同时在与周边的其他民族的互动中保持自身独特的干旱绿洲文化特点，以及强烈的族群认同观念和社会行为模式。

六

作为楼兰文化的守望者，罗布人面对艰辛，从容不迫。我们从那些渔民的生活状态中也可以感受到这一点。罗布人在与贫穷、饥饿、严寒长期周旋的过程中，形成了忍辱负重的性格。

这样的日子久了，罗布人与外界相处时自然就会产生隔阂。其实他们很难有能力跨出这种既有的生活。但是，只要有外人造访，罗布人还是会全村出动，以最热情的方式接待客人，少女们也会和客人一起参加聚会，健康、活泼的基因此刻会释放得淋漓尽致。

斯文·赫定到过罗布人村寨，还有一个意外的收获——药死一只老虎。考古学家杨镰一九九〇年前往斯德哥尔摩参观斯文·赫定故居时，看到他的办公椅上铺着一张虎皮。据工作人员介绍，他死于一九五二年，就是坐在这张在罗布人村寨获取的虎皮上离开人世的。

这是一个腰杆挺直的族群，像胡杨一样死后也不能倒下。死者身穿罗布麻做的五件寿衣，躺在生前使用过的胡杨舟里，用另一条胡杨舟合上、盖好，再将它绑起来，直立于芦苇荡中。直到今天，它们仍屹立于茫茫风沙中，成为一道苍凉的景观。这也是罗布人生生不息的一个原因吧！

在罗布人村寨，当我遇到了那几位罗布老人时，他们的皱纹里可是藏满几天几夜也说不尽的历史故事。别看他们上百岁了，还是幽默豁达，把消失的故事传扬得新鲜常青。

阿尔金山

江河是人类文明的摇篮。长江、黄河、恒河、巴比伦河、幼发拉底河、尼罗河这几条古老的河川，滋养着人类走过了自己的童年。

一

江河是人类文明的摇篮。长江、黄河、恒河、巴比伦河、幼发拉底河、尼罗河这几条古老的河川，滋养着人类走过了自己的童年。

人在渐渐长大的过程中，在情不自禁顺着原野、眺望山峦的时候，白云咬噬巅峰时的云卷云舒就会慢慢成为你心中一道绚丽风景。这样的日子久了，山峰就会有意无意间成为你心中一个寄托理想的精神高度。记得小的时候，我在天山脚下长大，托木尔峰就是我心中的这样一种象征。人的精神成长也就和自己身上的动物性拉开距离。中国古典哲学常说的“天人合一”，人在做，天在看，就是在这种双向回环中，构架起了人的基本人格特征。

这个蓝色的星球上有很多山，而最让我神往的还是昆仑山。我在新疆有个朋友叫张雷震，他一辈子画油画，主要就是在画昆仑山。昆仑山的变幻莫测一直暗示着他的精神成长。回过头来想想，人如果一辈子就做一件事，而且达到了一定精神高度，这个人也算活出了自己的生命。当下这个纷纷扰扰的社会，利来利往，又有多少人真就活出了自己的生命呢？

在《山海经》和毛泽东主席的诗词里，前者通过很多神话故事把我们这个民族的精神源头固化在了这座莽山上。而后者，正是这座苍山，把人类的想象力舒展到了一个无与伦比的境界。主席要把昆仑山裁成三截，一片送给欧洲，一片送给美洲，一片留给中国，让这个世界平等圆融，整个地球将感受到同样的热烈与凉爽。

为什么说仰止昆仑，对这个词我一直很迷惘。也许就是对中国第一神山、万山之祖的敬畏心吧。就昆仑山的一个支脉阿尔金山，也够你品味一辈子的了。自然和人一样，它的蕴藏就是它的内涵，也就是它的价值所在。阿尔金山这个好听的名字，一方面令人神往，另一方面充满了无穷的美学想象力。

俯瞰阿尔金山，它躺卧在昆仑山中段北部大型凹陷盆地中，藏北高原向北延伸，东边是柴达木盆地，地貌错落有致，色彩缤纷斑斓，平均海拔为四千到四千五百米，面积约为四点五万平方公里。它是我国最大的一个高山自然保护区，同时也被人们称为“生命禁区”。

阿尔金山有着世界上绝无仅有的高寒多样生态环境，这样就和单调区隔开了，为美轮美奂提供了这种可能性。同时，它又保持着物种基因的纯正，在纷繁的生态条件下保持着基因的纯正，这是多么不容易的一件事情呀！人和自然一样，这个度的把握是多么不容易的一件事情呀！

它就是与罗布泊、可可西里和羌塘齐名的中国四大无人区之一——阿尔金山国家级自然保护区。

阿尔金山有着天空之境的空濛，也有无人之境的寂寥。人总是想更多地观览这个世界，而真正的看见总是极其有限的。在我们这个法制社会里，一个“禁”字在那儿摆着，所以对绝大部分的人来说，阿尔金山只能是一个触摸不到边际的遥想。

走进阿尔金山，无论是从地缘还是从人为的设限，都是一件极其不容易的事。比不了中国的其他名山，说去也就去了。它是一个不太欢迎人进去的动物的天堂，还不是担心人进去多了，动物就会遭殃？

人类在不断推进文明的过程中，也懂得需要保持一些原真的自然本貌。这其间就秉承了“天人合一”的大道，文明越发展就越需要回到原始的自然中去，感受一下与纯真自然共舞的乐趣。我们不是常常拷问“我是谁”“我从哪里来”吗？到了阿尔金山，便有助于你完成这种人对自己的哲学追问。

多年来，我一直疑惑此山既然叫金山，不知与金子有没有关系。后来到了若羌，因为若羌人就是傍着这座山长大的，才通过他们一点点打听到阿尔金山就是因为富含黄金而得名。历史上的淘金故事残酷而血腥，官府、土匪、强盗曾在这里展开过生命的极致对抗，如果要听那些坊间残酷的杀戮故事，可以追溯到远古时期。

杀戮的结果往往就是惊人的财富聚敛。据说西藏布达拉宫镶嵌的金子，有百分之八十源于阿尔金山。那在世界屋脊上的佛光闪耀，背后是多少掩埋在阿尔金山深处的无法言释的人间悲情。敦煌周边那些开商铺的人，大都是从阿拉金山淘来了第一桶金，然后来敦煌圈地盖房，过上了安逸的生活。美国的一颗地质卫星测得，阿尔金山里的黄金储量让世界侧目。难怪阿尔金山被划为常人无法涉足的无人区。细思一下，为了财富和生存，人类对我们这个蓝色星球的破坏力，也是令人毛骨悚然的。

就像机遇属于有准备的头脑一样，我在写作散文集《天鹅飞过大地》的过程中，与人相约到若羌采风。阿尔金山就在若羌县，这样去阿尔金山就是一件顺理成章的事了，只是要等待一个合适的机会。

二

因为阿尔金山的特殊性，一般都会考虑三辆车同行。适逢国家电力投资集团新疆分公司前往阿尔金山考察，我便随团开始了这趟梦寐以求的阿尔金山之旅。

所谓高原，就是距离太阳最近的地方，风和阳光自然对阿尔金山特别眷顾。仅在光热方面，阿尔金山蕴含着上千亿元的投资资源。是啊！若羌是中国第一大县，太阳对大地总是公平的。曾几何时，这片高山原野，成了中国著名新能源企业的投资热土，就像历朝历代的中华儿女，总想在西部这一独特江山为国家建功立业。

在民族复兴的隆隆脚步声中，徐徐吹来的风正在撩开阿尔金山神秘的面纱。自然对人类的惠泽，与人对自然的认知息息相关。海洋也一样，曾经是西方列强争霸屠场，靠的是什么？靠的是科技。那时候的清政府不能说 GDP 总量不大，但是在西方列强的坚船利炮下，只能卑躬屈膝，落得个割地赔款的下场。

据悉一条投资二十亿元的资源路正在规划筹谋，一旦这条云端之路修通，上万亿元的矿产资源将会配置到民族复兴的伟大进程中。而一些稀有金属的下游产业，也将裂变出巨大的经济价值，为国家的经济发展提供新动能。目前，若羌县已经建成或正在兴建的立体交叉式的公路、铁路、航空运输网，必将使若羌县的自然、历史和文化资源蕴藏焕发出前所未有的生机。在孕育了西王母神话的这方水土上，必将有更加惊人的新时代剧本上演。

在牧草青青的大山深处，各种动物啃着青草，发出的声音如同一曲宁静的音乐。一只野狼站在不远处回眸凝望着我们，不知道它是警觉还是在享受着夏日阳光。

在海拔四千二百米的阿尔金山山脉中段，一排排光伏板反射出来的光焰比阳光本身还耀目。有了这些“金太阳”，距离巴州若羌县城五百多公里的祁曼塔格乡彻底告别了没有电的日子。

这是一个由国家电投新疆公司援建的祁曼塔格乡“离网型光伏+储能”综合智慧能源项目，装机一百四十二点五六千瓦，储能系统容量达二百五十千瓦/六百二十千瓦时，配套建设供暖、供水等设施，规模虽然不大，在阿尔金山上却来之不易。

人们不禁要问：这里生活着藏野驴、藏羚羊、白肩雕、野牦牛等珍稀野生动物。光伏施工会不会对这里的生态构成不利影响？

国家电投回答：“除了电，我们不留任何痕迹。”通过一系列科学的环保措施，保护区的生态不会受到任何影响。而清洁电能将有效解决祁曼塔格乡群众服务中心及周边牧民两千多平方米供暖和用电、取水等问题。同时，清洁供电供暖，对保护当地环境起到了积极作用，从此阿尔金国家级自然保护区又多了一个“绿色守护者”。

当地牧民将告别有史以来“牛粪炉取暖、酥油灯照明”的日子。

心很暖，如沐秋日暖阳。魂醉了，一任热血奔流！国家电投等央企在疆履行社会责任的脚步还将继续。

中国核能也来到阿尔金山，通过初步调研，计划在新能源方面投资两百亿元。阿尔金山的金色阳光对阿尔金山的反哺，当然会使这座金山更加熠熠生辉，无论是来宾还是牧民、长住还是游客，都会在这原始的自然中感受到现代生活的丰裕和温暖。

三

阿尔金山东端如同一把弹弓，一杈伸向青海，一杈连着甘肃。在塔里木盆地和柴达木盆地之间，隆起的脊梁就是阿尔金山。最高峰慕士塔格峰海拔七千五百余米，虽然不算很高，但据攀登者说其内涵是最丰富的，各种攀登元素齐备，能登上珠峰的人也未必能登上慕士塔格峰。若羌河、米兰河等八条河就发源于这座金山上，山脊两边发育着三十一条现代冰川。

第二次上阿尔金山，是和浙江名淘控股、新昆仑航空的一群怀抱梦想、敢于站在时代潮头的弄潮儿。他们把已经开通的通航业务与世界独有的旅游资源进行有机整合，打造新的时空价值和新的产业链；以雪山探险为撬点，把独有的个性彰显与人类的精神高地相嫁接，催生出我国新一代梦想家驰骋梦想的乐园。在阿尔金山，特种旅游这个梦想已在变成现实。

我与一批把登山视为生命最高境界的攀登者成了朋友，他们有的是北大、清华的莘莘学子，放弃了收入丰厚的前程，从心所欲，践行雪山攀登，足迹遍布世界。就如同我们这支古老的文明，需要不断吸纳世界顶级的人们的各种生活方式，来实现我们中华文明的海纳百川和与时俱进，这也是中华文明的特质所在。

此次登上阿尔金山七十六号峰的是一位六十四岁的长者，他对登山的理解和乐观豪迈让人刮目。如果每一个人都能寻找到自己的一种独特方式，那汇聚而成的异彩纷呈，将会把生命的盛宴装点成什么样呢?

这位老者告诉我，整个攀登过程其实就是和死亡面对面。试想一下，在无人企及的高地上攀登，时时刻刻都在对一个生命个体的精神和生理发出挑战，每个瞬间都必须从可能发生的死亡阴影里跨过去。如果说征服，那征服的就是人性中与生俱来的脆弱。挑战不可能从愚人的字典里找到，只有向死而生才能使生命迸发出激越的生命感。在这批登山者的自觉中，我已经感受到，他们是人类精神高地的开拓者、践行者和守望者。

其实每个人都是攀登者，都在一定的高度上体验过登高望远的乐趣，同时也体验过这个登高过程的艰辛。但总有那么一些人，把这个登高过程中的痛苦体验作为生命存在的意义来追求。如果你想了解，这里也有一个群星璀璨的族群。在阿尔金山上，我就和这样一批攀登者有过零距离的交集。其实大家都在以一定的方式活着，活着的意义就在于活着本身。但总有那么一些人，把一种生活的常态极致化了，因为独特而彰显出了卓越的生命光辉。

在阿尔金山的时空经纬里，如果你要奔跑，因为辽阔，油门踩到底也觉不出快。极目地平线，云渡蓝天的雄健与阳光闪亮冰山的耀目，碧水湛蓝的澄澈与珍奇动物的撒欢，不断转换叠加成一幅幅嵌入心灵的影像志，最终成为一首与灵魂共舞的精神诗史。

谛听着远古传来的天籁之音，一洗红尘，人与宇宙融合为一个静穆与安适清欢的世界，这不就是我们所追求的天人合一吗？阿尔金山的一幕幕，也许会替代你心中关乎这个世界的最美风景。这时候你会发觉：天空之境的感觉只有在阿尔金山无人区才能体验到。其实旅游不就是约上自己最爱的人，在这样的风景里流连忘返吗？

探险也可以理解为人的一种本能和至深渴望，所谓的走向荒原或推向陌生，大概说的就是这个意思。就像男人，你多少得有点狼性，至少应该把个性中豪迈的一面延展出去使之具备对抗性。就如同在当下应对国际挑战，如果一个民族没有这样的血性，那么结果就可想而知了！这也是我们这个种群基因优化的重要途径。浙江名淘和新昆仑航空公司厉兵秣马，已经在阿尔金山上尝试着把探险做成一切探险者最为神往的乐园。

阿尔金山在最新一轮的规划调整布局中，将把一部分区域规划出来，顺应文明的发展，满足高品质的精神需求。

到了阿尔金山，时光之门洞开，仿佛有种恍然隔世之感。一片没有被人类污染过的净土，我们称为纯真自然。试想一下，人对自然的破坏到了何种惊心动魄的程度。我们今天的文明，要拿出多少精力和金钱来消除人对纯真自然的破坏呀！反过来想，人类也会用自己的理智和情感，不遗余力地守望着自己的最后一片净土。我向苍天祈祷：最美不过阿尔金山，留住、留住，我心中的永恒之美！

四

阿尔金山有寸草不生的戈壁，同样也有茂草深深的草原。

阿尔金山的高天厚土，孕育出来的一定是独特的稀世之宝。

在阿尔金山的植物谱系里，有一种植物叫锁阳。我以前在同仁堂药店里看到过锁阳这个产品，那是一种壮阳滋补品。

当我们的团队第一次在阿尔金山上的一片绿色植被里看到锁阳蓬勃傲立的长相，大家不约而同地被这一幕惊呆了！显而易见，它很自然地让人产生一种性暗示，这可是生命之中的生命。

它是一种肉质的无叶植物，顶端有宿存浅黄色花柱。我想这也就只能是在无人区，锁阳才能这样无拘无束地生长。因为这种东西对人类来说，实在是有太多的需求。想象一下，这样的野生锁阳，在人口稠密的地方还会以这样的方式存在吗？人类为了自己的需要，会大肆挖掘而导致一种植物灭绝，这样的情形实在是太多了！

这是我第三次上阿尔金山了，其中有中核集团和中信集团的朋友们，他们从职业视角新能源、生态环境看世界，而我则相对人文一些。我曾在我的简介里写过一句话："以人性的视角关注着社会的斗转星移。"

在阿尔金山我就在想，这里被定位为"无人区""生命的禁区""死亡之海"，也许从一个大概念的层面抽象出这样一些理念自有其道理，但从人文历史的角度观照，这显然与历史的真相不符。我在楼兰博物馆前的广场上看到一块横卧的硕大石头，用方形玻璃罩罩着，石壁上是一幅生动有趣的浮雕岩画。考古工作者的结论是岩画已有四千年历史，这块巨石就是从阿尔金山拉下去的。这就意味着四千年前，阿尔金山就有了人类的活动。从壁画的表现内容来看，人和动物正在嬉戏，造型拙稚，但很有生命感。

这里有一片古老的石灰岩山，经过千百年的风吹雨打，溶解分化，呈现出千奇百怪的形状。林立的石峰，有的拔地而起，直插蓝天；有的像骆驼、大象、苍龙、卧虎、笔架、天桥、庙宇、点将台、仙人掌、石旗杆、拴马桩，惟妙惟肖；还有千姿百态的溶沟、石芽、甬道、走廊。很多石壁上都有远古人类留下的栩栩如生的痕迹。

从植物来看，锁阳只是其中一例，还有合头草、昆仑蒿、驼绒蒿和玉柱琵琶柴等。两千三百米到三千米河谷中疏生的植物，有沙棘、短穗柽柳、盐穗木、花花柴、疏叶骆驼刺、胀果麻黄、喀什霸王等。

野生动物在阿尔金山自然是主宰、主人。由于降水充沛、植被恢复良好、水草丰茂，各类野生动物分布显现出相对集中，密度大、种群大、数量多的态势。阿尔金山地区的阿尔金山自然保护区是中国最大的野生动物自然保护区，面积相当于一个江苏省。保护区核心区属第三纪末地壳变动形成的封闭型山间盆地，群峰巍峨，峡深谷幽，丛林莽莽，人迹罕至，是各类野生动物的天然乐园。

保护区里生息着野骆驼、野驴、野牛、盘羊、藏原羚、藏羚羊、斑头雁、黑颈鹤、雪豹、熊等珍禽异兽五十多种，其中属国家级保护的珍稀野生动物多达十五万余头。

藏野驴是阿尔金山国家级自然保护区主要的野生动物之一，种群数量每年都以惊人的速度增加。藏野驴的头短而宽，四肢粗壮，对寒冷、日晒和风雪均具有极强的耐受力，喜欢群居生活。藏野驴也是阿尔金山自然保护区内常见的野生动物，当遇到很少见到的人类时，它们常常会远远观望。这里的野驴会跳舞，比任何一个地方驴的长相都要漂亮，你驱车前行，它会追赶和你比赛。从它那种欢腾的奔走和跃动中，如果你是一个有灵悟的人，一定会得到某种启示。

在阿尔金山深处的祁曼塔格乡，牧童在没有鞍子的马背上哼着一首无字的歌，白云一般的羊群在草地上浮动。远处的毡房，缕缕轻烟随着晚风舞动。这时候，一位穿着红裙的少女走出毡房，左顾右盼之后，对着羊群声声叫唤。我猜她是想唤回自己的羊群晚归，不曾想突然看到陌生的我们。惊愕之余，她请我们到她的毡房做客。

我们帮她收拾好羊群，和她弟弟一同进入了这温馨的毡房。一碗奶茶过后，又给我们盛上了抓饭。原来她还有一个姐姐在另一个草场忙碌，她们是这个乡的牧业大户，以多种经营方式放养了上千只品种各异的羊。

白云朵朵、花样年华，雪山草地芬芳着她们的青春，也把这如诗的美景装点得更加妖娆。最后喝了一杯青稞酒，告别就告别在这马背旁吧！不用说谢谢！岁月的年轮里，一定会把这幅影像收藏。我一下想到了梭罗的《瓦尔登湖》，如果在这里安顿下来，我的生活游牧着我，我也放牧着我的生活。把如诗般的激情编进这金山上，生命将是怎样的一种舒心惬意呀！

五

库木库里沙漠被大家称为阿尔金山的“主角”。它的张狂和宁静，构成了性格的两端组合，就如同“静如处子，动如脱兔”一样，魅力总是暗含在这种琢磨不定的两极摆宕中。

库木库里沙漠是世界上海拔最高的大沙漠，面积达一千六百平方公里，霸气地横躺在祁曼塔格山南麓，沙山平均高度约百米，最高达三百米，由高大的金字塔形沙丘、复合型新月形沙丘和新月形沙丘组合而成绵延数十公里的沙山。在海拔三千九百米以上明净的天空背景下，端庄、秀丽，夺人魂魄。库木库里沙漠分布广阔，自然景观雄浑，且沙水共存，蕴藏了无限的奥妙。

曾几何时，我去看过敦煌鸣沙山的月牙泉，无论怎样，沙漠与水构成的风景还是令我难忘。在去看了阿尔金山的沙子泉之后，两相对比，一个在人间，一个在天上。这个名字虽然缺少了点诗意，但这片沙水相间的神奇，实在是上苍天赐。

这是怎样的一泓泉水呀！宽的地方直径有两百米，呈漏斗状，这个宽度放到河的谱系里也是巍巍壮观的。她是由沙山凝聚基岩裂隙水和雪水补给，然后依沙丘汇聚成一个新月形的水泊。夏季，碧蓝清澈；冬季，封冻结冰，白如银月。底部的泉眼不断翻滚涌出的泉水，都流到了阿亚克库木湖，湖的海拔有三千八百多米，面积达八百多平方公里，风光旖旎，景色秀美。湖边堆满了因湖水蒸发而形成的纯白色盐碱堆。

湖水清澈透明，湖面翡翠般的绿，非常动人。碧空下湖水碧蓝，清澈澄明倒影如画，浩渺烟波之上各种飞鸟翔集。

阿尔金山的东南部，有一个神奇的湖泊叫鲸鱼湖，是阿尔金山的核心坐标地，因为湖的形状恰似一条横卧着的肥大鲸鱼，所以就有了这样一个很有象征意义的名字。这个湖的神奇之处在于，它西部为咸水，东部为淡水。每年夏季都有无数的棕头鸥和赤麻鸭等在此觅食繁育，营巢度夏。

六

人们可以从司空见惯的物象中去发现美，这就要看一个人的审美能力。但是如果到了阿尔金山，那就不一样了，就算你是一个对审美不是很敏感的人，也很容易被阿尔金山的大美所震撼。记得从一本书上读到过，有一种美丽叫耗散美，就是一种超出常规、常态、常识的更高一个层面的美感。我想，这说的就是阿尔金山。

阿尔金山美在长烟一空，皓月千里。如果你有幸在阿尔金山过夜，那么星空下的阿尔金山就如同一幅梵高的油画，没有几个人能领略到那种静谧空灵的美感。

阿尔金山美在旭日东升，铺天的红霞点燃沸腾的热血，只为塞外如有狼烟升起，骑上剽悍的战马，铁血风尘，把犯我中华者统统碾压。

人类要建立命运共同体，是多么不容易的一件事情呀！自从有了人类以来，世界上人与人的战争从来就没有停止过。其实根据从林法则，你必须要强，你想找到一个偏安一隅、苟且偷生地活下去，怎么会有这种可能呢！理想和现实之间的这种撕裂，唯一能给我们的启示就是自己强悍地成长。

就中国的人口分布而言，阿尔金山这个地方人烟稀少，而且遥远。倘若你一个人站在无人区的中央，无论周围的风景再怎样迷人，你也会随着时间带入的惶恐而变得六神无主。再让你切断与外部世界的所有通信方式，你还能与周围的各种珍贵动物狂欢起来吗？所以人啊人，离开了自己的族群，形单影只，支撑不了多久就会和死亡面对面。

假如我这样想：地球是圆的，你站在世界的任何一个地方，只要内心有定力，都可以把这个地方视为地球的中心，思维和眼界便可以从这个地方释放出去，然后揣测你下一步究竟该怎么走。徜徉在阿尔金山，一切关于阿尔金山的沉思与漫想，肯定会丰富你的生命内涵，至少让你的审美高度升腾出一番别样的景象。人是多么善变呀！

草原湖泊沼泽上的飞禽走兽，静静站立在这荒漠之上，聆听着大自然的种种天籁，是如此真切地感受着大自然。寄蜉蝣于天地，渺沧海之一粟。

阿尔金山美的特性体现在随机跳跃叠加瞬间迸发的心灵震撼，

是一种不呐喊就无法表述的美，也是文字表达尴尬的高度美。

我们在揭示人性的时候，都在追求个体生命的深刻和丰富。阿尔金山就具备了这样的品格。一方面，她让人类的生存变得异乎寻常的困难；另一方面，她又是一个人类最渴望抵达的圣地。其实把她定位为野生动物自然保护区，而且不让人进去，就是对人的劣根性的一种抑制。说起来，人是一种文明动物，但对自然的破坏比世界上任何一种动物还厉害。

阿尔金山已经沉睡了很久很久。轻轻撩起神秘的面纱，在中国文化天人合一的造化里，在各种无常的凶险嬗变中，她那超常的稳态和气质，高贵的精神，丰裕的物质，一定会反哺我们这个民族，以更加开阔的视野和包容心，在世界文明的丛林中撒下片片绿荫，惠泽人类，让环球同此凉热。

瓦石峡漫想

我在若羌的日子里，多次走进瓦石峡，就像走进了一座古老的工业重镇。

一

我在若羌的日子里，多次走进瓦石峡，就像走进了一座古老的工业重镇。这里到处残留着冶炼金属和烧制器皿的土窑，炉渣堆积如山，遍地皆是陶片、砖块和玻璃碎渣。历史上各个时期的钱币和丝织品，以及汉文文书和玻璃器皿等，比比皆是。楼兰都城和瓦石峡古城，一个是政治文化中心，一个是经济工业重镇，共同撑起了楼兰文化这张享誉世界的名片。

瓦石峡的云卷云舒把十多处遗址、窑址和众多墓葬区带到了今天。重温旧梦的也好，纺织新梦的也罢，都想从中寻找到一条返璞归真的烙印着工业文明痕迹的生命的来路，那打制铁器和制作瓷器声交汇混响的景象，就是我们还乡之旅的乐园。在楼兰的广袤大地上，没有一处一景能如瓦石峡这样，把夯实的经济遗存带到今天。在凭吊祖先的日子里，把今日若羌托举在一个国家经济复兴的风口，揭开楼兰神秘的面纱，让沉睡的楼兰经济复兴，在世界文明的方兴未艾中再次伟大。

斯坦因、贝格曼都先后光顾过瓦石峡。十九世纪末二十世纪初，心思各异的所谓西方探险家，摩肩接踵进入西域，一遍遍洗劫这些早已废弃、孤陷大漠的荒城。民间传说，二十世纪八十年代有人在挖红柳包时，曾拾得黄金工艺品一件，为一小姑娘一手打伞、一手提花篮造型，后被文物走私犯骗走。这件工艺品应是楼兰国工匠精心打制、向中原王朝敬奉的贡物。

瓦石峡是古代楼兰王国的经济中心，早在汉代以前，这里的手工业已颇具规模。据《汉书·西域传》记载：若羌“山有铁、自作兵，后有弓、矛、服刀、剑、甲”。从遗址上还保存着的数十间前后相连的手工作坊和金属冶炼窑的残址看，瓦石峡手工业水平已达到相当高的水平，尤其是粗玻璃器皿为研究我国古代玻璃工业的发展史提供了宝贵的实物资料。

就当下而言，若羌依然具备发展玻璃产业的极好条件。独特的矿产资源和便捷的交通为若羌重振工业雄风插上了凌云的翅膀，一个新时代的瓦石峡正在向我们走来！

二

如果把塔里木盆地看成一片巨大的叶子，那么瓦石峡就在叶柄的靠西一点的位置上，与若羌、楼兰构成了一个锐角三角形，何止是超常的稳定性，古往今来，对于世界来说，没有一个地方像这个铁三角一样魅惑了世界，惊艳了时光。从这样一个坚实的叶柄往北，由此串起丝绸之路西域段的中道；沿叶子向南，由此串起丝绸之路南道；而塔里木河就像连着叶柄的中间的那条主叶脉。在这样一片叶子上，作为工业重镇的瓦石峡，其军事意义就可想而知了。

面对中国思想史，道家学说是成熟最早的。对于人类的发展进程，没有任何力量能大过思想和信仰的力量。在冷兵器时代，瓦石峡是一个制造业很发达的地方，无论对于中原为代表的农耕集团和以漠北为代表的游牧集团，瓦石峡都是兵家必争之地。这两大集团，如太极的阴阳两仪，一实一虚，一动一静，你来我往，冲决融合，就像太极图，最后铸成“多元一体”的共同体，也就夯实了我们中华文明多元融合的基石。

我常常搁笔而思，为什么世界史上最壮丽的景象会出现在楼兰、瓦石峡这一地区。历史的繁盛和当下荒凉，那些令人震撼的往日云烟，为瓦石峡废墟一词作了最饱满的定义。

征服者靠的是骁勇的人和武器，但更多的是先进文明的无形引力，是无为、虚静，以静制动。匈奴这些外部撞击看上去则更像侵入，更像主动而有为的进攻行为，但更深的本质和最终的结果，是加入、融入，是从和到合。这个多元一体从“一、中、天下”对“边缘、化外、多元”，到不断纳入“一、中、天下”这个一体，结果就是农耕文明日益向北、向西扩展，化游牧为农耕，从而牢牢扼住西域的咽喉，推动了中华文明的生生不息。

瓦石峡的废墟特别新鲜，无人惊扰的新鲜，保存着完整的时光遗骸。伫立其间，会觉得时光像电焊枪般耀眼的弧光，永不停息地从天上溅落下来，嘶嘶作响，万物一点点剥落、堆积，似乎看见形成这尘埃、沙漠世界的自然力量，默不作声却又大得吓人。

在瓦石峡的废墟里沉思，边徘徊边释怀，一些想不开、看不透、斤斤计较、经久缠绕的烦恼，慢慢消散了。放下背负太久的包袱，身心变得无比轻松。瓦石峡是隐于沙海的伟大的老师，它无言的教诲在人的生命深处奔流不息，经常感念会滋养一生。瓦石峡足以改变人对生命、生活的理解，用破碎的荒凉诠释了这个世界的意义。

其实时间就是终极的废墟收集者。就像当下终将成为废墟一样，更深沉的庞大也许是后者。所以有一个庞大的人群总是向后看，看得更远更深，同样会彰显非凡的存在。

在废墟面前或炽热或惶恐，源于对人生终局的同理心。纵有千年铁门槛，终须一个土馒头。艺术是对时间、对遗忘的抵抗，它想越过遗忘的鸿沟，但谁又能奈何得了时间呢？

三

瓦石峡的沙丘与流动沙丘不同，除了跌宕起伏与造型奇特外，每个大大小小的沙包里，都有一座由密密麻麻、盘根错节的红柳根构成的宫殿。红柳一生与风沙作战，越战越勇，迎风摇曳，挡住流沙的同时也被流沙深埋。红柳一直往上长，越长越高，沙包也一直跟进，越来越高、越来越大。渐渐地，红柳根再也抓不住沙土深处的水分，便完成了一株沙漠植物应有的使命，慢慢干死，沙包也停止成长——无数的沙包就是无数的红柳坟。灵魂不死，与时光岁月一道永恒。

遥想从前，生活在绿洲上的百姓，赶着驴车进沙漠，驴头上的缤纷的彩饰和铃铛清脆激越的声音，把无边的荒凉和沧桑装点成了生机盎然的如诗般童话。老乡的八字胡里藏着的就是前路清晰、后面扬尘的日子，路过哪里，快乐也在哪里。就算不是一方润泽的水土，也会用荒凉酿成其乐融融的生活。挖开一个沙包，能打一驴车柴火，一家人煮茶烧饭的能源就有了，顺便还能在红柳根边捡几块土盐。红柳吸食了地下含盐的水，滤出清水养活自己，析出的盐分凝住了沙土，结成了含盐的土块。老乡们取了土块，泡在水缸里，澄清后用咸水和面、打馕、拉拉条子。土盐咸香，怎么比喻呢？如果用冷热阴阳、升浮沉降、生硬熟软之类的观念来说明，它是热香、阳香、浮香、熟香、软香。想想看，和海盐、井盐、盐湖的盐、盐矿的盐相比，土盐经过红柳的转化，混在沙土里，又经过人烟罕至的洁净的沙土的转化，再经由塔里木的太阳和月亮的暴晒与抚爱——这种盐是不是纵浪大化、饱经沧桑，被驯化得更人性、亲和、淳厚了呢？

新疆的馕，为啥热香之气扑鼻？我觉得和土盐有关。打馕的师傅打馕时，不时把手浸入盛了盐水的盆里，把手上的土盐水淋到火烫的坑壁和面饼上，然后迅速贴上去……馕要热着吃，刚出坑的最好，掰开一瞬间，咸香之气爆散。大街小巷到处都有馕坑，稍大些家属院里也多有馕坑，随买随吃。二十世纪八十年代，从粮店买的面，就放在馕铺子里，只需交一点加工费，随时都可以领到热馕。

现在的新疆打馕业已经向着集约化和产业化方向迈进，各地馕产业园方兴未艾。而这些蕴含在传统美食里面的奥妙也会伴随着新时代，让沙漠贡献财富，蜕变为一种更高级的食盐，成为调味品中的奢侈品。

四

瓦石峡胡杨林曾经是楼兰虎经常出没的地方，虽然楼兰虎在二十世纪初叶已经消亡，但“烈望长空一任秋风紧，虎啸峰巅原系兽中王”的恢宏气象在瓦石峡的天地间依旧回荡。不知正在进行的塔里木河尾闾流域生态修复工程让胡杨活过来的同时，是否能让胡杨深处的虎影再现。

瓦石峡的胡杨突兀而壮硕，五六个人展开双臂才能合围的胡杨比比皆是。一棵与一棵之间都随性地保持着距离，而每一棵的造型都有自己的面貌。如果将之比作一座雄伟的建筑丛林，那它的设计思想对人类的设计大师而言，任何时候都有着启蒙的意义。瓦石峡胡杨并不像其他地方的胡杨那样稠密，每一棵都像一座设计独特的古建筑单体，单体之间留出了一个个富有想象力的空间。无论你流连或是伫立，都会引发你惊叹和赞许的目光。

每当一个人与瓦石峡胡杨面对面，内心油然而生一种对时光的敬畏之心。胡杨就像一面返照灵魂的镜子，那种畅快淋漓的通透感会让你有种一洗红尘的感觉。红尘浸染久了，有的人就会千里迢迢来到瓦石峡看胡杨，获得的也许是一种扎根大地的稳态或者是向天昂首的勇气。它就在那儿一动不动，任尔东南西北风。其实人与植物之间也是有缘分的，只不过在瓦石峡的胡杨面前，人的一生就显得太短暂了，只不过是一个匆匆过客。

胡杨属于典型的荒漠森林草甸植被类型，被称为“第三纪活化石”。瓦石峡的四季在古墓、河川、深峡、胡杨间轮回流转。在瓦石峡没有两棵胡杨是相同的，材质各异，每一个平面和每一条纹路都体现了大自然的鬼斧神工。

对于瓦石峡胡杨的外立面，你可以理解为浮雕，也可以直接视为一尊雕塑，它的每一寸肌肤都呈现了岁月的年轮。一叹千年，在流走的时光隧道里，通过胡杨，我们追忆人类的生生不息带给我们的生命感悟，珍惜当下每一个生存的日子，把过去和未来凝聚成的当下这一刻演绎得风起云涌。其实每一个当下瞬间就化作为历史，只有那些有意义的生命绽放才会被历史铭记。

胡杨可以细分为很多种，银杏胡杨的高贵、柳叶胡杨的婀娜、枫叶胡杨的成熟、长须胡杨的睿智……每一棵胡杨都是燃烧的火炬，与日月同辉，把瓦石峡天地照耀成了世界上阳光最富庶的地方。

五

瓦石峡是一个物华天宝的乡镇，从前乡野的老乡用山流水冲下来的石头盖房子，一不小心就会把玉石砌在地基里，房主并不知晓石头的珍贵。玉石被有玉缘的人发现后，就演变成了一场买房的行为，买下房子以后再把玉石掏出来大赚一把。北京的华侨大厦曾经发生过一次交易行为，买主最初看到墙上挂了一幅潘天寿的巨幅大画，于是出资上亿，把整个大厦买了下来，再把画卖了以后，等于白赚了一幢大厦。这两个故事说明：价值无处不在，只是太多的人有眼无珠。这一买一卖之间，让多少人活出了天壤之别的人生。

瓦石峡的莽山深处到现在有的地方可能还没有前路，但开矿的人也许已经抵达。有的人几十年如一日，就在这荒山野岭打转，把昆仑山系最美的黄玉奉献给了世界各地有玉缘的人，成为稀世之宝、镇馆之宝、传家之宝，这就是瓦石峡的格调与品位。

瓦石峡的山河大地是如此通透与坦诚、跌宕与险峻，一根根曲直的线条交织出一部雄浑大地的激越交响曲。边关月下，硕大与粗粝、娇小与精致奇妙地组合在一起，就这样把岁月拖进了永恒。瓦石峡这一方水土成全了多少人的如梦江山，在瓦石峡的山谷风里久久凝望，天和地都在为它肃然起敬。不论是一棵树或者说是一片山，当然还有辽阔的平原和村舍，就像心灵的秘窑一样，藏着太多乃至数也数不清的故事。

在瓦石峡的植物谱系里，除了胡杨和红柳，还有黄恰马古、香蒜、红皮土豆、皮牙子、花生、红枣等特色植物，这样的生命也只有在瓦石峡的沙漠苦寂地带，盐碱不能把它毁蚀，缺水不能把它渴死。相反，大自然的一切恶行，成全了它的独特品质。生命力蕴含在它的体内，即便是遇到湿热的气候和黏重的土壤，它也照样生长。

瓦石峡的坦荡和苍茫塑造了各种植物的大逍遥、大自在、大平静。穿行在瓦石峡植物世界，走进密林深处，还有野羊、野鹿、野狐、野兔出没其间，野草野花争奇斗艳，野树野果直撞人头，野气野味意味无穷。茂密的森林，往往使人望而却步。在中国人的精神世界里，有把粗粝、孤寒、荒拙作为审美高度的价值取向，瓦石峡的原真本貌就是一个大自然赐予的最佳蓝本。

瓦石峡镇正在筹划建一所自然历史博物馆。我想，浓缩其中的一定是点燃心智的岁月沉淀。

《李柏文书》：中国书法又一高峰

书法承载着一个人的境界、修养、性格和审美的各个方面。

一

书法承载着一个人的境界、修养、性格和审美的各个方面。没有一种艺术形式能像书法那样，既有实用价值，更有审美价值，能直接传达出人的个性和审美高度。从书法这个意义上来探讨楼兰文化，这是一个感受、理解楼兰文化的一个特别具体可靠的路径，也就不会显得那么虚无缥缈了。

一般来说，书法都会和一个人相伴一生。通过一个人一生的书写，可以窥视到这个人的内心世界和精神高度。反过来说，如果没有几十年的书写历史，没有孜孜不倦的人生追求，要在书法上达到一定的高度，几乎是不可能的。书法不像画画，学个三年五载就能拿给别人看。

走在若羌的大街小巷，楼兰文化的各种元素扑面而来，到处都有从《李柏文书》中提取的“楼兰”二字的翻版。尤其在楼兰博物馆和若羌的一个十字路口石碑上，这两个字特别醒目。它把中国书法和各种书体的特征综合在一起了，有篆意而又像行书，是行书又有隶味，是隶书又不扁宽，既有老松入定的超常稳态，又有轻健如飞的鲜活灵动。楼兰书法的独特性是无法用既有的标准来衡量的。

从这一点来看，若羌人是睿智的，懂得从自己的古老文明中去提取那些最有价值的元素，然后把它彰显出来。结果你只要让一个有一定文化格调的人一看，那就是前无古人、后无来者。就像品牌的唯一性和排他性，用两个字就一下子把这座城市的文化高度体现出来了。李柏的书法作品，其水平可以与王羲之书法相媲美。只不过他像楼兰文化一样，等待有缘人和有见识的人去认知、提升、研究，这汪水实在太深了，所以说楼兰文化还处在沉睡之中。

以《李柏文书》为代表的楼兰书法已经过去了几千年，但李柏以及楼兰这个群体书法这样的水平至今无人企及。当然不是厚古薄今，因为时代变了，现在用笔写字的人还有几个呢！更别说用纸、墨、笔、砚了。现代人的性情，大约都在微信、抖音和各种手机刷屏的亢奋里。要来理解楼兰书法的奥秘，还真不是一件容易的事。

如果要把这两个字理解为楼兰的标志，也是没有问题的。如果非要再拿一个其他的楼兰符号与之相比，我看就是楼兰美女了！当然，楼兰佛塔和三间房也是可供选择的。

楼兰文化不是一个空泛的概念，楼兰书法就是楼兰人留给我们的一笔巨大的文化遗产。一般人可能会有一个误解，即楼兰处在偏僻蛮夷之地，书法这种文人雅士的手头活儿怎么可能与中原的上流社会相比？那么我们就一道来把楼兰书法的大幕徐徐拉开。

二

要了解楼兰书法，只有去看楼兰文书。在楼兰遗址发现的墨写的残纸和木简，是西晋至十六国时期的遗物，其内容除公文文书外还有私人的信札和信札草稿，书体除介于隶楷之间的楷书外，还有行书和草书。大家都清楚，两晋是中国书法的高峰，高到后来几千年的中国书法史都没有办法超越这一高度。至于中国当下也有一些写书法的人，说当代书法超越了古人，往往会成为不知天高地厚的笑柄。牛有的时候也是可以吹的，因为并没有发生的事，也可以理解为理想主义。而要说当下书法超过了两晋，那就贻笑大方了！

这些残纸是楼兰文化的重要组成部分，是研究魏晋至十六国时期书法的宝贵资料，不但使我们得以窥见晋人的真实用笔，而且为研究当时书风的演化提供了实证。在中国历史上，这个时期留下的书法真迹很少，《平复帖》也就巴掌那么大一块，有一次我和一个收藏家开玩笑，问这值多少钱？他说可以买下一座城市，我惊愕了半天没有回过神来。

一九〇一年初，斯坦因偶然在尼雅绿洲的巴扎上发现了两块刻着字的木板，这个眼力不是寻常人可比，他的发现来自他的专业知识和敬业精神。从那时开始，佉卢文材料不断被发现，这也可以理解为楼兰文书的一部分。这样在楼兰地区就构建起了一个独特多元的书法体系，在全世界绝无仅有。

斯坦因在发掘楼兰古城时，在三间房发现了一封完成的书信，这就是轰动世界的羌女情书，也是世界上第一封情书。它的全文是：

> 羌女白：取别之后，便尔西迈。相见无缘，书问疏简，每念兹对，不舍心怀，情用劳结。仓卒复致消息，不能别有书裁，因数字值信复表。马羌。

这封信究竟是羌女于家乡写给驻守楼兰古城将士的私信呢，还是某位西域长史府官员家属信函的底稿？这位才情、气质不俗的羌女是否是楼兰古城的一位居民？所有的疑问都有待于史学家、考古专家的研究。楼兰的神秘就是这样一点点形成的。当人类对历史的诸多现象都给不出正确的解释时，就会产生一种诚惶诚恐的感觉，解决不了历史的真相就会往虚无的方向想，往天上想，也就是神往这一类的意思。

三

一九〇八年，日本大谷光瑞考察队的橘瑞超又到达楼兰，发现了《李柏文书》。这是前凉西域长史李柏写给焉耆国王的书信。这封信的内容对于研究楼兰史究竟有多少意义是一个方面，而我重点关注的是从书法角度来考量，它究竟能给今天的我们以怎样的启示。

作为西域长史的李柏，在前凉不过是个下级官吏，也是一介书生，文学方面的修养肯定是有的。他和张骞、班超一样，懂得自己的价值只有到了西部才能得到充分体现，于是就千方百计谋求到这份苦差事。

李柏初到楼兰，行事稚嫩，在兵戎相见的场合屡屡受挫，不过他的上司张骏还是善解人意的，并没有责难他，还多次给他建功立业的机会。《李柏文书》就是李柏写给焉耆王的一封谋划西域战事的信，虽然这封信的书法意义与长史这个官位没有太大的关系，但就他个人而言，他也没有想到在中国书法史上《李柏文书》的影响力要远胜过他这个西域长史的官位。历史不由人的意志为转移，有时候不经意间做的一件事让你名垂青史、万人景仰。

它是楼兰文书中最难明底蕴的一件，文书包括两件基本完整的信稿和五块残片，残片内容也是李柏写的信或表。其中一封的文字如下：

> 五月七日，西域长史、关内侯柏顿首顿首。阔久不知问，常怀思想，不知亲相念便见忘也。诏家见遣，来慰劳诸国。此月二日来到海头，未知王问，邑邑！天热，想王国大小平安。王使□□俱共发。从北虏中与严参事来往，不知到未。今遣使苻大往通消息。书不尽意。李柏顿首顿首。

从信稿内容上看，没有明言是写给哪个人的，但由于另一封信稿明言写信地点叫海头，所以可以据此认为前凉时的西域长史府就驻节在海头。看到了吧！历史就这样被证明了。

从年代来看，《李柏文书》比《兰亭序》还要早许多年。在中国书法史上，一些开一代书风的大家都不是所谓的职业书法家。像王羲之、颜真卿这些人都是国家之栋梁，气吞山河的人物，就是因为他们胸中有乾坤大地，笔底才有锦绣江山。同样是这个李柏，如果仅仅是前凉的一个文弱书生，肯定写不出到了楼兰后的《李柏文书》。一个长史，也是一方诸侯。这片粗犷的土地和土地上的征战重新塑造了他的人格特征，所以才写出了惊艳后世的沉雄书法。这并不是专门练出来的书法作品，而是在你死我活的征战中写给焉耆王讨论战事的信，充分表达了他的胸襟和情绪，就像苏东坡的《寒食帖》一样，表达了特定时期的心情！

所以，李柏的书法有很高的研究价值。就像唐朝边塞诗人一样，也是在楼兰这样的地方创造了一个诗歌流派，达到了诗歌流派的高度，也达到了人格的高度。

四

楼兰书法艺术风格的形成，其原因是多方面的，除书法艺术的一般因素外，不排除该地区特殊的自然和人文环境对书法艺术发展的影响。从一些残纸墨迹的书写形式和署名情况来看，当地少数民族亦习汉字书法，有些作品或为当地民族人士书写。

魏晋墨迹除《平复帖》外，几乎都是后人摹本。包括目前流传的最负盛名的《兰亭序》，也都是后人摹写的。楼兰简纸文书的出土则弥补了这一空白。这是个不得了的事件，也就是说，你要看中国书法最好、成就最高的真迹，必须要看楼兰书法，这样一个惊人的事实感觉也是被历史忽略了。楼兰的墨迹的艺术价值是碑刻所无法替代的。楼兰简纸书法形式多样，包括隶书、草书、行书、楷书等诸多类型，其艺术风格更是丰富多彩，有的粗犷豪放，有的细腻典雅，有密不透风的满篇墨书，也有空灵潇洒的秀逸之作，千姿百态，非刻意求工而意趣万端。我们仅从楼兰简纸文书中所出现的“楼兰”二字的十余种墨迹中，即可看出其书法的不同风采。

楼兰书法作品的创作者有汉人，也有其他民族人士，有的是从中原及河西一带迁徙而来的官吏居民。不同的作者有着不同艺术格调和文化背景，汇集在这样的一个特殊的人文与自然环境下，共同创造出了一个崭新的书法艺术流派，在中国书法艺术史中具有极为重要的地位，并具有极高的学术研究价值。

五

我们可通过分析楼兰的简纸，来论述一下它所包含的书法历史的演变以及和中原书法的比较。

两晋是中国书法的高峰，就像唐诗、宋词、明清小说一样，后人都无法逾越。从木简到残纸，书法也经历着一个向新体转化的过程。新体成熟脚步颇快，楷书、行书构形的集体性转变大体完成。新体另一个明显标志是字态一律向左微倾（单字左低右高）。西晋期间另一个重要变化是书写材质的变化：简牍日渐退出，纸质渐成主角。

楼兰西晋简纸以楷书、行书为主。笔触上，楼兰书迹显得厚重，秃钝型笔画较多，而中原的则秀逸端庄。

五胡乱华，战事频仍，国号变幻，十六国时期存留下来的系统的大宗书迹较少，楼兰纸简书迹为我们提供了窥探北方书法的材料。

总起来看，楼兰纸文书展示的十六国前期墨迹，既有含有古意的写法，也有非常成熟的新体楷书、行书、草书。将这些楼兰书迹和江南书法略加比勘后，我们可以做出以下思考：

此时期虽然南北大分裂、大动荡，但字体演进仍在延续，南北各地文化乃至书写的流布互通并未真正中断。从东晋诸种墓志、“二爨”与北方碑铭的共通性，到敦煌遗书中数件王羲之《十七帖》临本等可见南北书法的持续交融。也就是说，国家内部在发生战争，而文化并没有隔断，通过文化这一纽带把我们的民族紧紧地联系在了一起。这应该上升为我们中华文明的一个特质。

西域政权更迭交替频繁，似乎文事荒芜，但楼兰纸书墨迹告诉我们，这里书法发展同样持续不断，这就把楼兰文化生命力的本质展示出来了。

南方与楼兰的西晋墨书何其相似，其楷书、行书的成熟度几近一致。新体的主导与古法的遗存，于南北各地都同样存在着，新体普及是大势。

时代风气大体一致，表现在构字、用笔、气息诸方面的一致性，这是书体演进历史与书写环境决定的。也就是说，在那个时代，不管是名门士人还是基层胥吏、平头百姓，他们笔下总含有近似的格调、情趣，包括笔墨技巧与作品气息。

在楼兰纸书中，能找到不少类似陆机《平复帖》的笔触表现；《九月十一日纸》与王右军手札何等相似；在一些习字纸中可找到近似王右军《十七帖》的草法；可以在《李柏文书》《济逞白报》等作品中发现与王珣《伯远帖》相似的技法。

启功先生说："至草书之奇者，如楼兰出土之《五月二日济白》一纸，与阁帖中刻索靖帖毫无二致，《无缘展怀》一纸则绝似馆本《十七帖》。其余小纸，有绝似锺繇贺捷表者。"后人所谓的"魏晋风度"，在魏晋南朝名家身上得以系统性体现，其实这种"风度"在楼兰残纸上也能一样觅得，这是时代风气使然，与其说这是东晋名家书写艺术与精神品性的追求，不如说是文字书写特殊阶段历史规定性所决定的。

换言之，汉末魏晋字体演进的特殊情形使新体逐步成熟，同时古体（篆隶等）并未彻底褪尽，新、旧元素并存于当时社会书写中，其特征反映在笔画和组构间，令字迹呈现出独特的气息。所以晋书"潇洒"韵致不止于士人名家，而具有时代性、普遍性，这在楼兰残纸中也能嗅得出。

名家的个性风格离不开社会基础。楼兰残纸显示了书写面貌的丰富多样性，其中不乏与东晋名家作品相近的样式。

名家技法与风格不是孤立突出的，他们一方面有其传承谱系，如锺、卫、王等，另一方面不得忽略社会性书写的基础作用，如东汉末年新体发展与同期刘德升、锺繇之间关系那样，个人与社会、名家与基层书写间相互影响、互为作用。

社会书写间的差别，体现在用笔风格（如粗厚笔触型，出锋显芒型，古朴型与雅逸型）、新旧体含量、技术（高低）层面等方面。在字体演进尚未彻底完成的历史阶段，不同书写群、不同写手笔下的墨书各不相同，因此也就形成了此时书法风格丰富多彩的局面。

如果说中国的书法高峰在两晋，以王羲之为代表是一座，那么以李柏为代表则是另一座。是一座双峰之塔，至于说谁再高一些呢？在我看来各有千秋，一同辉映了中国的书法史，同时也是楼兰文化的重要组成部分，中华文明的重要组成部分。

有翼天使　翩然翱翔

有翼天使眸子里蕴含的璀璨，就是楼兰生活的一抹红霞。

一

有翼天使眸子里蕴含的璀璨，就是楼兰生活的一抹红霞。他的光焰历久弥新，纷披着历史的风尘，一路飞来，越是进入当下审美情境，越是显现出迷人的芬芳，好比蒙娜丽莎那个神秘的微笑，成为每个人心中的最美映像，昭示着人类对美的永恒的理想。

有翼天使作为楼兰文化的一个鲜明文化符号，世界对他的认知度几乎可以与楼兰美女相媲美。这一对善男信女，构架起了楼兰文化的真髓和如痴如醉的无穷魅力。

只要对楼兰稍有关注的人，一定见过这位有翼天使。如果把他的发型放在今天的北京三里屯流动的风景里，那也是时尚街景里的绚烂新潮。再看看那两只鼓着雄风会说话的翅膀吧！又有哪位妙龄少女会拒绝他那天外扑来的热情相拥？

乡关何在？其实每个人的一生都在回望自己的来路，审美过程更是这样。如果说艺术的魅力可以超越时代和时空，那么在米兰被掠走的有翼天使系列壁画就是最好的佐证。虽然有翼天使被劫持到了伦敦和东京的博物馆里，以盗取他国文物这种极不体面的方式点亮了别国的精彩，但每个人都会通过追问后告诉大家：他的故乡在楼兰，这也是楼兰文化至今长盛不衰的一个重要原因。

我不得不搁笔而思：沉睡与被盗，是命运弄人还是偶然中的必然？无论思绪怎么翻飞，又能权衡出一个什么样的最佳答案呢？

有翼天使依然是若羌人心目中一道靓丽的风景。我随着一位楼兰美女，走进了有翼天使的故乡——米兰。遥望阿尔金山，仰止昆仑，米兰河水像一条缎带，把西王母的故事、《西游记》的故事和现实助产助孕的故事融合在了一起。旷野河川、清风明月，把打马而来的各路精英都汇聚到了这里，难怪西域屯田的将士也把第一站选在了米兰。这样的汇聚能力，何尝不是极大的艺术创造力？大自然的所有馈赠，赋予了米兰人或者说来到米兰的人创造文化艺术作品的无限激情和灵感。一个伟大的传奇为什么会诞生在米兰，无疑是楼兰这片迷梦一般的一方水土的造化。

在若羌，根据有翼天使翻制的各种艺术品总是在不经意间和你不期而遇。米兰故城已经昭示天下，要重新出发，去赶一场文化的盛宴。如果你来，有翼天使依旧会在米兰等你，所传递的笑靥和敞亮，不仅倾国倾城，同样温暖和魅惑了这个风起云涌的世界。

二

“有翼天使”那圆圆的睁得大大的灵活而有神的眼睛，嘴唇微合而鼻子修长、鼻头略有钩状，光头上留有发髻而非毛桃形，身着浅圆领套头衣衫的形貌，以及光与影和凹凸法造成的立体效果等，都体现了鲜明的希腊式犍陀罗艺术风格。

有翼天使从雪山飞来，从佛国飞来！在佛经中被称为迦陵频伽，指一种美妙动听、婉转如歌的神鸟，若仙若人，生活在山谷旷野里，被看作极乐净土之鸟，也叫“妙音鸟”。其人首鸟身的构图和造型，又与北魏石刻和唐代壁画有着异曲同工之妙。

《大般若波罗蜜多经》卷三百八十一卷曰：“世尊梵音词韵弘雅，随众多少无不等闻。其声洪震犹如天鼓，发音婉约如频迦音。”迦陵频伽是极乐净土之鸟，后演化为人的儿童形态，但保留了双翅，有的还保留着双爪。米兰佛寺的有翅人物应该与迦陵频伽有直接关系。

有自然的秉性、佛教徒的虔心，更有中原文脉的滋养，至于谁对谁的影响更大一些呢？也许丝绸之路上的西进东渐就是一个多向回流的融合相生过程，反映在艺术上，既有自己鲜明的地域特色又有相互融合的共同特征。所谓的共性与个性，在有翼天使这幅作品中得到了充分的体现。

斯坦因从米兰盗走的有翼神像，也有学者认定是希腊神话中的爱神阿弗洛狄忒，这个说法追索起来也是其乐无穷的。斯坦因将其错误地冠名为“有翼天使”，后来以讹传讹，成了约定俗成的名字而被大家接受。其实有翼天使更像佛教里的有翅人物迦陵频迦。

希腊爱神也好，佛教有翅人物也罢，这个问题的终极推演只能交给考古学家去论证了，就算是各执一词也没有什么不好。而我想说的是：希腊西风吹过，印度禅音袅娜。中原韵致溢彩，唯我米兰汇成。归根到底有一点，作品属于楼兰。楼兰原本就是一个世界各地的族群荟萃之地，交汇出一种全新的生活方式，创造出属于楼兰的文化艺术作品。

三

斯坦因发现这种有翅人物后，毫不犹豫地将其定名为“有翼天使”，仅从字面意义上理解还是很有创意的，这也是这个起错了的名字却能为世人接受而得以广泛传播的原因。

斯坦因认为有翼天使“借自基督教造像”，是从古希腊神话中的爱神演变而来。更为权威的说法则为，有翼天使是佛教飞天乾达婆的形象。

乾达婆是男性神灵，是乐神，是佛教里的天龙八部之一。居住在须弥山南的金刚窟，采百花露向人间散花播音，不食酒肉，只寻香气作为滋养，这后一点很像贾宝玉呀！香气和音乐自带缥缈，正是有翼天使的魅力所在，不知道把多少少女的芳心带走。

乐神，只是“飞天”的一种，并不是所有的“飞天”都叫“乾达婆”，真正的乾达婆也并不是有翅膀的。“飞天”能在空中飞行，是因为天人都具备佛教称之为的神通力，所以飞天是没有翅膀的。此外，飞天也都具有头光。米兰佛寺有翅人物无头光，因此就不属于“天”，故不能称为印度的飞天。

我国自东汉末年随着佛教的传入，飞天与道教的羽人飞天、西域飞天和中原飞仙融合为一，形成了中国特色的飞天。有翼天使的特征更接近中国式飞天。

四

有翼天使是楼兰文化的产物，越楼兰、越世界。从他被发现的那一刻起，从来都没有停止过对人类的美的哺育。他是一尊飞翔的最美男神，更是一朵辉映千秋的艺术之花。

至于说存放在什么地方，那也是没有办法的事。好在他已经驻守在人们心里，是任何力量也撼动不了的美学符号。很久以来，文化瑰宝总是被安静地加以收藏保存。就算在博物馆和美术馆这些热闹的地方，一旦你走近这件伟大的作品，情不自禁就会安静下来，这其中的原因不只是礼貌，而是因为只有安静下来，你才能听见艺术品的“诉说”。

斗转星移、日月更替，有翼天使把无限的时空与现实时空进行了联结。这看似穿越，其实正是我们对于历史文化无限好奇心的表现。

伊人若往若还，旅人进退之间，仿佛爱情，却更似一场生命追索中的复调咏叹。它为中国壁画史上吹来一阵微风，也吹开新的时代。从此楼兰文化以有翼天使铺展出了一个世界级的美学现象，是神仪在心，是画尽意在。于是，有翼天使，都在我们的心里动了起来。

翩若惊鸿云天外，婉若游龙舞当空；荣曜一笑心旌动，永驻灵魂暖男情。云笼月，雪回风，多少恩怨情仇，都在回眸一笑中。

有翼天使驾历史长风，作为楼兰文化的标志性呈现，以一个动人的微笑诠释了楼兰文化的盛大，且歌且舞翩翩而来，在他曼妙姿容里，就是青春生命的最美绽放。轻盈飞过的地方，贯穿了历史长空。

不破楼兰终不还

唐代七绝圣手王昌龄有《从军行》七首，其四为：“青海长云暗雪山，孤城遥望玉门关。黄沙百战穿金甲，不破楼兰终不还。”

一

唐代七绝圣手王昌龄有《从军行》七首，其四为：“青海长云暗雪山，孤城遥望玉门关。黄沙百战穿金甲，不破楼兰终不还。”这首千古绝唱一下把整个唐代的边塞诗抬升到了一个令人叹为观止的高度。它的意义完全超越了艺术范畴，成为中华儿女的一个精神指向，吹响了爱国主义的激越号角。王昌龄也得以和那个时代的李白、杜甫、岑参等诗人一道，谱写了中华文明的庞大叙事中把热血撒向边塞的雄浑乐章。

世界的楼兰显然不是一个空泛的概念，而是一代一代的精英们用生命的血浆、不屈的意志和惊天动地壮举传承下来的一笔巨大的精神财富。对于楼兰文化，每个人的理解也许千差万别，重要是每个人心中的这份存在。

稍读唐诗的人就会知道，在众人的唐代诗人当中，一说到楼兰往往就是一个“斩”字。那么，楼兰到底发生了什么，而使得斩楼兰成了那个时代的集体记忆，挥刀舞剑，不斩不还？其实到了唐朝，楼兰作为一个曾经耀眼的城邦已经消失了，这就是楼兰的唯一性和特殊性。那么我就试着把这个故事给大家追溯梳理一下。

二

汉武帝以其雄韬武略，把中华文明推向了一个前所未有的高峰，向西瞭望，心系昆仑，而那个罗布泊一带角逐和征战总是让他废寝难安。那么解决北部草原的心头之患——匈奴，成了他经略西域的重要一环，他决定派张骞出使西域。而作为草原帝国的王者匈奴，怎么能受得了张骞在自己的地盘上把西域给凿空了呢！

到了冒顿单于重孙乌维这一代，自然咽不下这口气。此刻他在大帐里像恶狼一样来回踱步，口中念念有词：“第一站就是楼兰。一定要先收拾楼兰！”显然他懂得，只有把咽喉扼住了，才能赢回失去的地盘。

这个楼兰王在乌维的威逼下，居然把汉使给杀了。试想，汉武帝会怎么想？果然，汉武帝想到了霍去病的贴身战将——从骠侯赵破奴。他曾随霍去病征战过西域，所以他的经验和底气无人可比。经过一番筹划，赵破奴率万人低调出征，兵锋直指楼兰。

结果赵破奴三下五除二把城给围了，把楼兰王抓了！可别小看了这个赵破奴，要辱骂或者杀个楼兰王太容易了。他把楼兰王关进了一间充满阳光的空房子里，既不提审他，也不吓唬他，给他充足的水和实物，但不让他见任何人，不让他做任何事，就让他这样空洞地活着，一任时光流逝！十五天后，楼兰王彻底崩溃了，见到赵破奴就发出了如丧家之犬般的哀号："楼兰愿做汉臣，用汉文。"

消息传到汉武帝那里，他丝毫没有嘲笑楼兰王，而是下令把楼兰王放了，并官复原职！对皇帝来讲，杀个人太容易了，而要人心归复，那可不是件容易的事儿。汉武帝平时那张结了冰的脸难得一见地笑了，这一笑照亮了暗淡沉重的历史夜空，更让楼兰王的心情如同花朵绽放。

三

安稳的日子久了，自然会吹来逆风。匈奴觊觎楼兰已久，一旦看到汉廷鞭长莫及，就又开始找碴了！

楼兰王只得再次拉稀，主动到对方的营帐服软。楼兰王说面对几万汉军，你又不来相救，我能有什么办法？您看看，能不能帮我想想办法？右贤王心有余悸，也为难起来，他可是被汉军铁骑辗压过的。最后，他不得不说：“你表面上应付汉，暗里服从我匈奴，这样可以吧？”楼兰王连忙说：“这样好！这样好！”就如同大国博弈，小国选边站也难呀！

为表达诚意，楼兰王当面承诺，将长子安归派到匈奴当人质，另派次子到汉朝做人质。

这个二王子一到长安，便将父王派大哥安归到匈奴为质的消息告诉了刘彻。汉武大帝怎么可能咽得下这口气，于是派出玉门关军正任文从便道赶赴楼兰，逮捕了楼兰王。楼兰王并未狡辩，因为他知道自己是谁，也清楚自己的处境，所以只是一脸无辜地说：“楼兰作为一个小国，处于汉与匈奴两个大国之间，得罪了谁都不得安宁呀！如果非要让我做出归属选择，我只能申请带领全体国民到汉地居住。”面对楼兰王的大实话，汉武帝露出了一丝怜悯的苦笑！

汉武帝是一个尊重传统同时又是一个反传统的人，不仅视野广阔而且欲望澎湃，有着敏锐的思维和强硬的手段。他要站在高山之巅俯瞰世界，他要用自己的意志开疆拓土，他要让包括游牧民族在内的所有人在自己的怀抱里承泽。他要骑天下最好的马，娶最美的女人，他是大写的人，他是千古一帝。

为什么世界上所有的古老文明都消失了，唯有中华文明生生不息，光耀九州？这就是我们文明的先进性、包容性和生命力决定的。当然，这也与千古一帝刘彻经略西域的恢宏气概有着直接的关系，他曾经把长城从敦煌西部延伸到了盐泽，也就是沿着楼兰道修筑了从玉门关到楼兰的长城。

这样，河西走廊到塔里木盆地形成了一道“烽火通道”和“钢铁防线”。回望历史，丝绸之路这条文明的长河，是几代汉帝以颗颗雄心串起来的，是无数将士用金甲旌旗、血肉之躯铺就的。在楼兰文化的底蕴里，有帝王的心思，也有无数仁人志士的付出。

汉武帝还做了一件大事，就是驻军屯田。楼兰地区广阔的洪荒之地变成的良田，解决了汉军的军粮，减轻了西域百姓的徭役负担，汉地农业生产的先进技术得以普及开来。

四

公元前九十二年，两头受气的楼兰王终于咽下了最后一口气，历史给了大汉一个立新王的机会。可是，在长安当人质的王子被实施了宫刑，怎么可能去继承王位呢？只有让在匈奴做人质的长子安归继承王位。这样，就使得汉朝对楼兰的掌控越来越难。

安归作为半个匈奴人，在一个风雪交加的冬天带着一批匈奴使者回到了楼兰，驻扎在王宫侧。很快，前王的几个亲信将军被刺杀，其余的楼兰贵族与大臣惶惶不可终日，不得不表示效忠于安归。

对于一个王者，政权的溃堤往往是从生活的荒诞开始的。这个安归，满城的楼兰美女他不选而立父王的遗孀为后。朝野为之震惊，毕竟子女的守孝期还没过，这也令楼兰人感到太不可思议了。安归同父异母的弟弟、四王子尉屠耆更是公开指责他不守孝道。兄弟之间的恩怨情仇从此埋下祸根。

安归实施新政，交胡远汉，封闭了与汉朝的一切交通要道，凡私自与汉交往者一律处死。途经楼兰的汉使，几乎全被他杀尽。在安归的主导和影响下，整个西域掀起了一股排汉浪潮。在安归看来，他必须有所作为，必须让臣民折服。而让臣民折服的唯一办法就是煽动民族主义情绪，因为极端民族主义一直是统治者转移民众视线的最有效办法。就说当下，国际间的关系仍有人将之作为施政或竞选的利器。

安归的四弟尉屠耆是睿智的，知道强大的汉朝一旦出手，楼兰将会面临灭顶之灾。在多次劝告无果的情况下，尉屠耆借外出巡视的机会，带领几个亲信公开降汉。他到达长安后，向刘彻控诉了安归除异己、娶太后、亲匈奴、杀汉使的恶行，请求汉朝出兵楼兰。

安归终日焦躁，惶恐不安，担心尉屠耆引汉军打过来。他把弟弟尉屠耆的亲信近友全都杀害了，同时扩充军队、打造兵器，暴增税赋，扩建楼兰城。

安归何曾想到，当他的臣民怨声载道的时候，距离自己的垮台也就不远了！

五

公元前八十六年，汉武帝刘彻驾崩，太子年幼，大臣霍光辅政。这时候的傅介子只不过是一个养马的低级官员，居然上书朝廷，鞭辟入里地分析了西域形势，重点阐释收复楼兰的重要性。霍光认同他的想法，并任命他为大汉使节。

翻开西域史，从张骞到傅介子，就是一部中华儿女到西部建功立业的历史。他和张骞一样，身份还显得卑微底下，但这些并没有遮盖他们壮怀激烈、精忠报国的人生理想，而是以力拔山河的勇气与担当，把民族振兴的重任担在肩上，展现的一定是豪迈历史进程中的千古风流。

此次楼兰之行，傅介子一方面带了一支剑术过人、铁血风尘的百余人的骑兵队伍；另一方面，他又通过外交途径告知楼兰王安归，此行的目的地是乌孙国，如果路上出现意外，将是对乌孙国的挑衅。这就让安归不敢轻举妄动吧！一旦出手，开罪的不仅仅是大汉，乌孙显然也不会坐视不管。所以，安归破例接见了傅介子。

安归与王后一起把傅介子迎进了王宫。傅介子进宫时，也只带了一名贴身卫士。两人都在试探对方，说了许多言不由衷的客套话。关于斩杀汉使的事，安归一股脑儿地推到了匈奴身上。傅介子表面谈笑风生，内心则在深度权衡，楼兰的问题怎样才能从根本上得以解决。

傅介子彰显国威的事迹传到了长安。傅介子回去后被任命为负责护卫的中郎，晋升为平乐监。但傅介子一直轻松不起来，他通过西域之行意识到西域诸国并没有完全归附汉朝，一旦汉使回国，首鼠两端的楼兰王又会倒向匈奴。

由此他特意面见霍光，细说了楼兰、龟兹的情况，提出了刺杀两王的设想。霍光也认为大举讨伐代价太大，从战略上筹谋的话还是应当先解决楼兰王。

傅介子心领神会，着手准备这次“斩首行动”。

罗布泊的秋天在胡杨的装扮下尽显流光溢彩，傅介子藏着内心的秘密，带着几名精选的刺客潜入了楼兰。他对外宣称，此次楼兰之行是代表皇帝赏赐安归。

但安归作为一个从小身历各种险象、出生入死的王者，对傅介子此次行赏行为是有疑虑的。傅介子在楼兰已经滞留三天了，正心急火燎，表面上却得装出一副云淡风轻的样子，故意演戏给楼兰朝野和安归的下人看。安归也在揣摩，皇帝会给自己送什么呢？毕竟是大汉皇帝呀！如果真是皇帝的大发慈悲之心，那也不能怠慢呀！

傅介子索性留下话，带着随从奔下一个国家去了！在即将步出楼兰边界时，他对楼兰国的翻译说："既然你们国王不接受赏赐，那我不得不把这些黄金锦缎送去别的国家了！"边说边从行囊里翻出金币给他看。楼兰国的翻译那惶恐不安的表情，让傅介子不经意间捕捉到了，内心窃喜。

翻译跃上快马，绝尘而去，直奔王宫，跪见安归。看到下人急切的样子，安归一直悬着的心似乎也有了着落。下人说："这是上苍的赐予呀！没有不要之理！"金钱的确是个好东西，但它有时候会变本加厉地惩罚贪婪的人。安归终于下令："备马！"他要亲自去边界接受皇上的赏赐。

西边天际被绚丽的晚霞染成了血红，安归与傅介子相对狂饮，大有不醉不休之势。酒过三巡之际，傅介子拿出金币让安归查验，这意味着金钱就要到手了，安归的戒备之心到此烟消云散，而获得感催促他的血流不断奔涌。傅介子把头转过来凑到安归的耳边说："汉帝有一事，让我私下里对您交代。"于是，安归随傅介子来到屏风后面说话。随后，两位事先埋伏好的刺客同时从背后跃出，将利刃插进了安归的胸膛。《汉书》是这样表述的："刃交胸，立死。"树倒猢狲散，大难临头各自飞。傅介子和随从一溜烟冲进了楼兰城，占领了王宫。

也有安归的旧臣蠢蠢欲动，但都被傅介子化解了。他把安归的头砍了下来，装进了一个木匣子里，快马送回长安，高悬在长安未央宫北门下，供过往的行人特别是外国使节参观品味。

这样的方式在今天看起来，的确显得有些残暴，而杀一儆百谁又能说不是起到最佳震慑效果的呢！如果大汉没有这样的雄韬武略来统领西域，没有傅介子这样的人赴汤蹈火、惩恶扬善，那么中华文明的版图或许就是另外一回事。傅介子也因此而成为中华民族编年史上令中华儿女仰望的一座不朽的精神丰碑。

六

七百多年后，中国历史上最高傲的诗人李白仍对傅介子追慕有加："愿将腰下剑，直为斩楼兰。"王昌龄以及历史上关于楼兰的诗章，大都是借这一故事来抒发自己到边塞建功立业的斗志豪情。

不破楼兰终不还，你准备好了吗？如果你有幸站在三间房和佛塔前，一定能谛听到傅介子等人们热血奔流的声音。

上到皇帝，下及诗人和将士，所有人的热血涌动汇流到西部这片辽阔的大地，凝结成了楼兰这一不朽精神长歌。

中华文明中有着到边塞去建功立业的传统，中国历史上国家的形成与这样一种不屈不挠的民族精神是一脉相承的。

楼兰文物在世界的流布

楼兰的探险热持续了半个世纪。这些所谓的探险家、盗墓贼、间谍在长达半个世纪的疯狂中，源源不断地把难以计数的楼兰文物运到了世界各地。

楼兰的探险热持续了半个世纪。这些所谓的探险家、盗墓贼、间谍在长达半个世纪的疯狂中，源源不断地把难以计数的楼兰文物运到了世界各地。这些强盗们把中国的古老辉煌挖出来，然后把中国人狠狠地羞辱了一把。

在世界范围内，由文明人制造的这样的楼兰时空，可能没有多少事件可与之相比。如果说这是一个悲剧，那么这个剧情究竟是谁造成的？漫天红霞，晚风吹过，我站在楼兰佛塔前，胸中涌起万千思绪，这个世界的良知究竟在哪里？我有公理，何处评说？

据联合国教科文组织的数据，在全世界四十七个国家的二百多家博物馆中，拥有中国文物一百六十四万件，这还不包括各国私人收藏的几倍于此数字的文物。两者叠加起来，那就是一个天文数字。

这个底线究竟在哪里？我想没有谁能确切地搞清楚。这是中国人心中永远的痛。

英国的大英博物馆、大英图书馆、剑桥大学菲茨威廉博物馆、牛津大学阿什莫林博物馆、皇家苏格兰博物馆都藏有楼兰文物。从国家来说，英国是收藏楼兰文物最多的国家。接下来就是法兰西，仅卢浮宫就藏有楼兰文物三万多件。法国的国家图书馆、吉美博物馆都藏有楼兰文物上万件。德国的柏林东亚艺术馆和柏林民族学博物馆、科隆东亚艺术博物馆、斯图加特博物馆都藏有大量的楼兰文物。那些来过楼兰探险的国家就不用说了，就是没有来过的一些小国的博物馆也都通过多种交易方式藏有楼兰文物。

有人说，研究楼兰要去国外，这话也不是耸人听闻。从一开始，西方对楼兰的研究就走在了咱们前面。我们在欧洲旅行主要就是穿行在各大博物馆。当我们看到这些楼兰珍贵文物堂而皇之摆在他们的展柜里时，内心涌动的愤懑和羞愧不断环流，面庞扭曲，难掩眼中泪水与痛楚交织出的敌意。这样的情形谁也说不清楚还会持续多少年！

而在他们看来，这些文物是世界珍贵的文化遗产，也有欧洲人的创造在里面。我们在取得这些文物的时候，付出了昂贵的代价，你们又在干什么呢？你们看这些文物，在我们这儿受到了最好的永久性保护。言外之意就是，与其埋在土里，不如展现给世界，你们有这个能力吗？

在楼兰文物大战中，后来崛起的美国人怎么可能甘居人下？大都会艺术博物馆、波士顿美术博物馆、纽约现代艺术博物馆、堪萨斯城纳尔逊艺术博物馆、芝加哥艺术博物馆都藏有大量的楼兰文物。旧金山的亚洲艺术博物馆以收藏楼兰文物为主。华盛顿哥伦比亚特区的弗利尔艺术馆有一半收藏品来自中国。哈佛大学福格艺术博物馆、宾夕法尼亚大学博物馆也都藏有楼兰文物。

在亚洲国家中，日本是占用中国文物最多的。在日本的一千多座博物馆里都收藏有中国的文物，数量达几十万件。楼兰文物收藏在京都龙谷大学图书馆和东京国立博物馆中。俄罗斯、印度、韩国的众多博物馆也都藏有中国的楼兰文物。

近些年来，中国在国际拍卖市场上屡屡出手，花重金把中国的文物拍回来，并作为国家强盛维护尊严的举动加以宣传。这样的历史旧账只能用这样的办法清算吗？有没有说理的地方？如果都不讲理，我们的东西我们要回来行吗？要不回来就拿，如果说我们的综合国力真强大到能把自己的东西拿回来或者让他们送回来的程度，才能从骨子里雪洗一百多年以来国人蒙受的伤痛。

对这个问题的反思底线究竟在什么地方，是非曲直更与何人说？

一些国家正是因为楼兰的魅力才成立了专事考古的研究机构、

学术团体，修建了专门的博物馆；许多大学也因此而开设了专门的学科。

中国吐火罗文研究第一人季羡林就是在德国哥廷根大学先后师从瓦尔德史米特教授、西克教授而掌握吐火罗语的。从事探险考古在西方成为一种风潮，大量考古学家、地理学家、探险家、文物家应运而生。

美国有博物馆八千余座，德国有六千二百多座，法国、日本各有五千多座；拥有八百万人口的伦敦有博物馆二百五十多座，平均三万人一座博物馆。而中国的博物馆数量为平均三百万人一座博物馆，况且许多博物馆的古代收藏少得可怜，与世界文明古国的地位严重不符。泱泱世界唯一古老传承至今的中华文明，难道我们对楼兰文物的反思只是一味停留在对西方探险家的千夫所指上吗？

历史文物其实不仅仅是人类先祖留下的遗物，还记载着一个民族文明演进的历程。每一件文物都是这个漫长历程中的一个篇章、一个段落、一句方言、一个音符，每一件文物都承载着这个民族历史长河中一段不能抹去的文化基因、伦理基点和思想坐标。对于他国来说，这些文物或许只是价值连城的稀世珍宝、著书立说的研究对象，但对于所属国来说，却是无法替代的有形遗产、文化家谱和精神寄托。

时过境迁，如果这些壁画、塑像、手稿及其他文物仍存放在原来的地方，而没有被西方文物大盗整个的锯下、成箱地运走的话，那么其中还有多少能够幸存下来，读者自己可以做出理性的判断。

另外，我还忍不住设问这些曾经派出探险家的国家：对于永久地剥夺中国人民的文化遗产这件事，无论当时的西方探险者提出的“拯救”遗产的动机如何“合理”，如今你还这样心安理得吗？如果你们国家像伊拉克、埃及、阿富汗一样偶然发生了战争和动乱，你能允许别国探险家前去锯下你们的壁画，搬走你们的雕塑，运走你们的博物馆吗？

最后还想问一句：今天的中国，你们敢吗？

小河公主

出土于小河墓地的小河公主被誉为东方的蒙娜丽莎，就赵成文先生还原的形象来看，她具备这个审美特质，并以自己特有的传奇惊艳了这个世界。

一

出土于小河墓地的小河公主被誉为东方的蒙娜丽莎，就赵成文先生还原的形象来看，她具备这个审美特质并惊艳了这个世界。

《蒙娜丽莎》是意大利文艺复兴时期画家列奥纳多·达·芬奇创作的油画，可能是世界上最有名的美学符号吧！如果做这样一种推演：全世界最富艺术气质的国家是法国，法国最浪漫的城市是巴黎，巴黎最美的建筑是卢浮宫，卢浮宫最夺目的作品是《蒙娜丽莎》，我想绝大多数读者会赞成我的观点。

如果说蒙娜丽莎的魅力主要来自她那琢磨不定的神秘微笑和这幅油画的传奇经历，那小河公主虽然只是一具干尸，当她面世的时候已经在漫漫黄沙中间沉睡了四千年，可能比世界上绝大部分国家的历史还长。她为塔里木河流域的断代史提供了一个最有研究价值标本，同时对于小河人的生命态度和生活观念的研究，对于今天的我们仍然是有启示意义的。至于说谁的笑靥更迷人，谁的故事更传奇，似乎没有可比性。

其实每个人都在追寻自己的审美高度，把自己汇入趋之若鹜的潮流中当然也是一个不错的选择，如果另辟蹊径，拐进一道奇特的审美长廊，把小河的美丽欣赏一番，再有能力穿越历史隧道，把小河人孤愤卓然的人格气质品嚼一番，所获得的艺术快感绝对不亚于拥挤在卢浮宫《蒙娜丽莎》油画前的感受。

二

说到小河公主的发现，又要追寻一个人——斯文·赫定。斯文·赫定于亚洲腹地发现楼兰，让他获得了世界级的声誉。在楼兰古城佛塔和三间房周围流连，我一直在想一个问题，斯文·赫定的发现，必然因素多一点呢还是偶然因素多一点？其实这就像是先有鸡还是先有蛋的问题，谁能说得清楚呢！可是他并没有止步于此，小河的发现居然也和他关联到了一起。这里面蕴含了一个很深刻的东西，那就是为人，以及由此而延伸下来的信任。

为什么幸运之神总在不断光顾于他？我们来看看他的故事吧！人生的奇缘就是这样引人入胜。

他是民国高官的座上宾。当抗日战争烽火正在中华大地遍地燃烧之际，他提出了在新疆修筑铁路的建议。越是困难越要与外界沟通，否则新疆很有可能被中外势力分裂出去。这应该是一个政治家的眼光，否则他也成不了那么多政客的重要宾客。在铁路没有修通之前，拟先修两条公路，他因此而拟定了抵达新疆的两条公路修筑备忘录。

作为一个世界级的探险家，也许他本身就有政治上的图谋。但也不可否认，他不希望楼兰乃至新疆从中国分裂出去，落到别国的手里。

国家利益的博弈是需要政治智慧的，斯文·赫定洞见历史的能力和政治前瞻性无疑对中国是有帮助的。历史不能假设，假设他没有把咱们那么多的文物盗走，他也会成为一个受咱们这个民族敬仰的人物。他一辈子未婚，说楼兰是他的新娘。我想关于斯文·赫定的争议，会和楼兰的历史一样，一直延续下去。

提及这个人物及其背景，还是要先讲奥尔德克、斯文·赫定、贝格曼这三个人与发现小河公主的关系。

三

一九三四年，斯文·赫定与奥尔德克在分别三十二年后重逢。这时候的奥尔德克已经是位七十一岁的老人，瘦弱而干瘪，头戴一顶破旧皮帽，额头上深深的皱纹就算帽子的阴影也无法遮盖那种雕刻感里饱含的沧桑。这一对曾经发现过楼兰古城的人，一个名满天下、与诺贝尔齐名，一个袷袢破旧、生活艰辛。但这两个人还是紧紧拥抱在了一起。

野外宿营地燃起了一堆篝火，奥尔德克叙说着三十二年的等待并把深藏内心的一个秘密告诉了斯文·赫定，这就是又一次轰动世界的“小河墓地”。

奥尔德克说：“三十二年前咱们在喀什分手的时候，你跟我说，一定还会去楼兰！这句话让我等了你三十二年。这三十二年来我一直在盼着你归来的这一天，我把小河的这点事也一直藏在心里，就是等着见到你的时候把这个情况告诉你，我知道你现在是有学问干大事的人。我们这儿也有盗墓贼，我知道让他们盗走了就会很便宜地卖掉。”怎样的一种信任，怎样的一种等待！我搁笔而思：在生命中又有多少人有这样的经历，需要怎样的力量才能做到这一点。如果没有奥尔德克的这种等待，小河公主的命运又会怎样！

奥尔德克向斯文·赫定详细描绘了后来被称为小河墓地的情形：

“我们发现楼兰城以后，我总感到这么大的戈壁沙漠中一定还会埋着有你用得着的东西。大约十年前，也就是一九二四年，我从现在已经干枯的阿乌鲁库勒河东行，结果走进了一座像船一样排列有序的有一千口棺材的小山。棺材内放有精美的雕刻和彩绘，棺材里除了裹在丝袍中的干尸，还有写着古怪文字的卷宗……那是谁也不知道的古迹。墓穴附近有一幢房子，狭小的窗户里透出耀眼的光芒，考虑到那儿有可能有鬼神，我也就没有靠近。”

奥尔德克还说，从墓穴向东，他发现了两座大的烽火台；再往东走，还见到了一座可能是楼兰时期的菩萨庙。斯文·赫定的心潮又一次澎湃了，他听到了来自远古的轰响，感受到了一个不亚于发现楼兰的重大事件。

四

人总是在梦境、期望与现实之间缠斗，他们两个人的差异实在是太大了，虽然也有交集，但却不在同一条轨道上。对斯文·赫定来说，他又走在了一个十字路口，是再一次走进楼兰在穿行迷雾的寻找中去揭开一次地理历史大发现，还是去完成中国政府交给他的勘测兰新铁路的任务？他选择了后者，把楼兰地区的又一次重要发现的机会让给了他的同事。他把考察队一分为二，自己带着一部分人继续他的铁路测绘，而发现小河的工作交给了自己的助手贝格曼。

沃尔克·贝格曼、生瑞恒、奥尔德克以及三个当地人，于一九三四年五月乘独木舟顺流而下，在雅丹布拉克稍事休息之后，前往沙漠深处寻找那个巨大的古墓群。在奥尔德克的引领下，考察小组渡过孔雀河，在沙漠里像狗熊一样转悠了十五天。

在沙漠里行走，根本就辨不清东西南北，有时走了几天才发现又回到了曾经走过的地方。

对于一个有诗性的人来说，大漠的夜色是美的；而对于这支疲惫的考察队来说，黑夜就如同一座压在心头的坟。不过在奥尔德克眼里，稀疏的星星显得格外明亮。

多少个旭日东升，多少个斜阳西下，他们终于发现在小河以东四千米的地方，有一个浑圆的小山包兀立在沙漠之中，山顶满是长长的木柱，如同一片干枯的森林。奥尔德克指着山包喊：“那——就是它！墓地！”沃克尔·贝格曼和队员们兴奋地扑上山包：“小河墓地找到了！”

出于对奥尔德克的敬意与感激，贝格曼将小河墓地命名为“奥尔德克古墓群”，不知道这个权力是谁授予他的，这种施舍看起来显得荒诞，但不得不说在世界新发现的舞台上，中国是严重缺失的，况且这个舞台就在咱们中国。

踩着岁月风蚀的人骨前行，他们还找到了奥尔德克记忆中的“可怕的房子”：房子的墙体和顶部由木板构成，房顶覆盖着牛皮和黏土房子内墙涂成了红色，房子正中挖出了一口棺材，内存一具女尸，房子里还发现了九颗玛瑙珠。

一个多月的时间，他们发掘了十二座墓葬，带回了二百件文物。用沃尔克·贝格曼的话说，就是：“收获之多，可以想见！”他们又考察了奥尔德克记忆中的烽燧，然后又返回上游，勘察了河西岸的七号墓地。

为此，一个在考古丛林里还显得非常青涩的毛头小伙一举成名。因为小河墓地的发现，世界考古史刻进了沃尔克·贝格曼的名字。

掩卷长思，历史留给我们太多的疑惑与拷问。奥尔德克为什么要把小河墓地这个秘密埋藏几十年，难道他真的甘愿让这些外国人把中国的文物运走吗？无论从宏观与微观角度来考察，这段历史是最值得去反思的。

我们的反思不只是停留在对奥尔德克的褒贬上，而更多地应该反思我们自己。我们的国门为什么向他们敞开，为什么他们踏进楼兰如入无人之境，为什么他们能够顺利运走这些文物？

面对几千年的文化遗存被掠走，我们对历史是有愧疚的。

五

这一次，沃尔克·贝格曼并没有带走已经发现的“小河公主”，但他在向西方世界介绍他的惊世发现时，特别介绍了这具干尸：“一具女性木乃伊，神圣端庄的面部表情永远无法令人忘怀！”她衣着高贵，中间分缝的黑色长发上面冠以一顶具有红色帽带的黄色尖顶毡帽，双目微合，好像刚刚入睡一般。漂亮的鹰钩鼻、微张的薄嘴唇与微露的牙齿，为后人留下了一个永恒的微笑。这位神秘微笑公主已经傲视沙尘暴多少个春秋，聆听过多少次这死亡殿堂中回荡的风啸声！而又是在什么时候，她面对明亮燃烧的太阳，永远地合上了双眼？

任何人的笑可能只有短暂的一瞬，而她的笑，在感悟了星光、月亮与日光，在凝聚朔风、尘沙和春晓之后，借助干燥的沙漠，化为了永恒，向世界展示了她的万种风情。

他们走后，小河从此继续沉睡，再次走进人们的视野就是在二〇〇三年了。

六

走进罗布泊深处的过程，就是一个生命迹象不断消失的过程。

六十六年后，中国的考古人员又一次来到楼兰腹地寻找小河墓地。

在沙漠里考古的人有着野狼一样出没荒野的本领与嗅觉。他们把风暴、饥寒、劳累、迷惑当作通往成功的基石，忍受无法忍受的日子几乎成了他们的一种享受。

与死亡面对面的至暗时刻里蕴含着希望，最终小河墓地还是找到了：“墓地沙丘上，层层叠叠、错落散乱的是难以尽数的弧形棺木板。它们大小不一、厚薄不同，粗略统计总数在一百四十具以上。部分白骨、浅棕色毛发的儿童干尸，尖顶毡帽、尸体裹身的粗毛布、草编小篓散落在棺木之间。”一个探险考古人所有的付出，也许就是为了这一刻的相遇。

小河墓地是一座死亡的殿堂，也是一座坟山。那些矗立的长卵形木和桨形木分别代表着男人和女人的生殖器，小河墓地所有的男性死者拥有的都是桨形木，所有的女性死者拥有的都是卵形木，它们都立在死者的棺木外面。

墓地出土了真人般大小的木雕人像，男子的性器十分突出。这大约是一个性自由、性崇拜的族群。

小河周围没有与之关联的文化遗存，几百年来再野的狼也没有在小河的周边有过任何发现。远古的人类都有在墓地守候与生活的习惯，而恰恰是这个悬念引发了各色人种对小河的无限猜想。

小河墓地是小河人刻意在远离人居的沙漠腹地建造的一座精神

家园。理由是，位于孔雀河与塔里木河之间的那条小河，有可能是人工开凿的河流。依此推理，小河人似乎不惜任何代价，在极易迷失方向的沙漠中，为部落的王者贵族建造了死者殿堂，作为族人的祭祀圣地和精神家园。之后便切断了水源，关闭了生死两界，任凭风沙肆虐，也绝不让外来者侵扰。

在罗布泊一个无风的早晨，小河墓地上小河公主面世。所有的人都屏住呼吸，一座船形棺木正在开启。紧绷在棺木上的牛皮断裂的声音沉闷而有力，像从幽深的海水里传出的某种震响。“那声音刺激人的神经，让人兴奋，我感觉那是世界上最好听的声音，那是历史从三千八百年前走来的脚步声。”曾在现场开启棺木的新疆考古所所长伊弟利斯说。

一个微笑出现在众人眼前，一个凝固而永恒的微笑，但是这个微笑生动而具有感染力，以至于让看到的人都在内心产生了一种愉悦感。这是一张年轻女人的脸，一具年轻女性的木乃伊，高鼻深目，头东脚西，俨然欧洲白种女性。她戴着插有羽毛的毡帽，帽上缀有一圈白鼬皮，身裹毛织斗篷并别以木质别针，斗篷边缘捆扎小包，内含麦粒或麻草枝。公主的脖子处撒有一些牛碎耳，腰着羊毛腰衣，身上大多覆盖大量麻黄小枝（麻黄可用治风寒感冒、胸闷喘咳、风水浮肿、支气管哮喘，燃烧时可以作为熏香，麻黄汁液可当祭祀物反腐），她的胸口摆有一支木祖（男根），右手持红柳杆，手链为蛇纹玉石珠，足蹬未穿过的皮靴。

这就是小河公主。我在若羌县博物馆看了这个发掘全程的录像，用了长镜头记录，同期声也很完整，现场的带入感非常强。可以说，小河公主在地下沉睡的历史就是我们这个民族的编年史。她的容颜穿越千年展现的那一刻，我感到了从未有过的紧张和激动，那种感觉不亚于一场海啸的力量。

七

在人与生俱来的欲望中，生殖崇拜无疑是人的本能的核心。无论对人类的繁衍还是爱情，这种崇拜的意义都是得到人类本身激赏的。但我们的文化中对这个问题的撕裂与压抑，使生殖问题变得异乎寻常的扑朔迷离。性的禁忌和性的泛滥，都是不可取的。什么样的性观念才能更好地丰盈我们的生活，小河文化作为楼兰文化的一部分，对它的深入研究，完全具备当下意义。

焦迎新，这位楼兰文化的守望者，三十年前从新疆大学毕业以后就来到了若羌县从事楼兰文化的保护和研究工作。他说，小河墓地这种酷似船形棺木的造型象征着女性的生殖器，寓意人从哪里来，还到哪里去。为什么没有棺底？就是要让人回归自然，融入泥土。关于死去的终极意义和哲学思考，古人可能比我们看得更加重要。

小河墓地中，呈现出的母系氏族气息的“泥壳木棺墓”究竟是怎么回事？小河墓地给人留下的悬疑太多了，它的出土饰物、外在形制以及周边环境，几乎每一件、每一事都给不出真实的解释。考古学家和历史学家也已纷争了上百年，这样的争论还会继续下去。

如果把小河出土作为一个特定时期和特定地域的文明来看待，我感觉对她的研究和解构还只停留在浅层和猜想层面。人们对考古的科学解读也许就是一个长期的历史过程。人类在行进的过程中不断反哺认识自己的祖先，是人类文明进步的标志。

楼兰美女兰娜

从世界范围来看城市消失事件的震惊程度和影响力，楼兰古国的消失和意大利庞贝城的消失有得一比。

一

从世界范围来看城市消失事件的震惊程度和影响力，楼兰古国的消失和意大利庞贝城的消失有得一比。不过庞贝城消失的原因大体是清楚的，毁于维苏威火山大爆发。因为只是被火山灰掩埋，街道和房屋保存得都比较完整，两百多年来的考古发掘也从未停止过。

而楼兰就不一样了，消失的年代不详，消失的原因更是扑朔迷离、莫衷一是。这就为楼兰消失的原因留下了巨大的想象空间，而一旦插上想象的翅膀，对每个人的想象力都会发出终极挑战。把这些想法汇聚起来，将是怎样的一幅神奇浪漫图景呢！

有一种说法是，楼兰是受到诅咒而消亡的。按照常识来看，这种说法显然不那么靠谱。魔幻实质上就是楼兰文化的一个特征，就像马尔克斯《百年孤独》中的马孔多。恰恰是这一特质，成全了马尔克斯的诺贝尔文学奖，也影响了世界文学创作的潮流。莫言、余华、阿城这些人都或多或少地受到了他的影响，把小说也往天上写了。上天入地的事现在人类有很多也都能做到，但对自然天象和神奇事件上的认知还有太多的未知。

对楼兰的消失之谜的解读有很多，但有一个说法是因为爱情受到了诅咒，这就使原本众说纷纭的说法更加不可思议了。“楼兰诅咒”和“埃及法老王的诅咒”有异曲同工之处。只不过楼兰诅咒因为爱情就会显得特别神圣和撼天动地。

法老的诅咒说的是：谁要是打扰了法老的安宁，谁就将受到诅咒。然而，经过科学家的分析和考古学家的研究，发现是法老墓葬里的有毒物质导致了接触他的人相继死亡。这个世界还是存在超自然力量的。因为，有很多事情用科学也解释不清，这个应该可以称为超自然现象吧！但我觉得从人文的意义上，它的意义还是可以深度挖掘的。

二

关于楼兰公主的诅咒是什么，得要从楼兰国王遇见的神秘女子开始说起。下面我们就来给大家讲述这个关于诅咒的故事。

大约在一千多年前，楼兰国王在战争的兵荒马乱中与军队失去联系，不得已躲进一块孤岛墓地。当时的场景和小河墓地差不多，就像孤悬在另一个世界的一片岛屿。

在岛屿上，国王认识了一个很神秘的女子。一开始彼此都很惊愕，国王也是阅人无数，没想到在落魄的时候还会邂逅如此妖娆摄魄的女子。女子则是经历了滚滚红尘洗练，才来到这散发着幽灵气息的天界。经过一番试探，彼此都产生了爱慕之心，有了心的牵引，两人自然堕入情网。神界荒野的爱情更加蚀魂，更加刻骨铭心。他们当然也期许这样的爱情能相伴终身。

岁月荏苒，斗转星移，楼兰不能一日无主。臣民们终于找到了他。说是说爱江山更爱美人，其实王的心里非常清楚，没有王位，怎么可能养得起这么多美女呢。只不过国王对这死亡殿堂上邂逅美女的经历，还是非常珍惜的。

三

若干年后，这位神界女子还是让他难以释怀。一个王者的内心是强悍的，但也会有柔软的一面。虽然他的后宫佳丽众多，但那是一段多么奇妙的情感经历呀，以致就算和别人颠鸾倒凤，他脑海里出现的居然是那神奇的幻影。王的内心呀，也太难琢磨了！但总不能只是心心念念，有时候毕竟重温旧梦可能比编织新梦要有着更大的诱惑。

当他回到古墓时，发现这个时空里面到处留存着过去的影子。最让他怅惘的是，那位让自己蚀骨销魂的神秘女子不知到哪里去了。他望着寂寥的天空发呆，仿佛身体内有一种东西被抽空了。

霎时，从一座古堡里传出一缕悦耳的声音，原来是一位装束性感的妙龄少女。听她说明原委，楼兰王顿时悟到，这是她专门给他留下来的。随即国王便带着这个小精灵，一路碾压出弯弯曲曲的车辙，回到了楼兰。不久她便被封为公主，宫里宫外很快就传遍了她的花容月貌、诱人体态和传情眸子。她所受到的宠爱就像风吹麦浪一样，每个人都可以听到心里的响声。

楼兰这方水土加上采集到的天地之灵气，孕育的美女是得天独厚的，那些西域的王们大都因为娶上了楼兰美女而喜形于色。而公主在这样的宠爱中，愈加增添了一种矜持而高贵的气质。

在西域，只要是个上流阶层的男人，成天都在热议这位芳华绝代的楼兰美女。想把她揽入怀中的也只有王子级别的人了，她也因此而被王严加保护起来，要能见上她一面也都不是一件容易的事。

其中一位于阗国王子，是西域十分有名的勇者，因仰慕公主而来到楼兰，准备向她求婚。这样的王子来了好几波。如果没有显赫的身份、出众的才华和卓著的战功，要见上公主一面，那要费的功夫就大了去了！

在此之前，楼兰王国曾被柔然汗国大军围困过。这个汗国的王子也是身经百战、英威彪悍的主儿，他公开放出话来，要迎娶楼兰公主。楼兰王迫不得已，只能答应与柔然的城下之盟，以求缓解两国之间的矛盾与战争。

于阗国王子经历千回百转的诉说，打通关节，终于约到了楼兰公主私下一会。而心思缜密的兰娜把这一切都看在了心里。兰娜打理着一家独具楼兰韵味的客栈，宫里宫外的这些事她了然于心。她深为于阗国王子的挚情所感动，担心这位王子一次一次再受伤害，就静思细想怎样才能使王子不致再受打击。

就像兰娜预料的那样，公主出宫赴约时被武士发现报告国王后，又把她给带回宫中了。公主空怀一腔相思，泪眼蒙蒙，抚琴消愁。

而于阗王子正按照两人约定的时间、地点，在等候公主。兰娜在客栈的露台上看到这种情形，焦虑万分。她突然心生一计，何不假扮公主去约会呢？这也能使王子良久的期待得到满足。兰娜毅然蒙着面纱，神情淡定地去赴了这场约会。

那时候蒙面纱是楼兰一带女子的普遍装扮，可不像现在这样风气开放。兰娜下意识地把王子带到了客栈的幽静处，互相地诉说着各自的内心情愫，聊着丝绸之路上的动人传说。

兰娜在为王子添水时，面纱不经意间掉落。于阗王子一下子惊艳于兰娜的美貌，一步步更深地堕入了情网。他发誓要披甲上阵，立下显赫战功后把楼兰公主娶回家。

后来，柔然汗国毁约与楼兰之间签订的条约，悍然率军大举进攻楼兰。在紧急情况下，楼兰国王想到了于阗王子，一方面战事需要，另一方面是要考验一下这位王子有何能耐。

于阗王子把情爱的力量转化为英勇杀敌的本领，在楼兰保卫战中一次次获得重大战果，赢得了楼兰人民的一致喜爱，于是楼兰国王为嘉奖于阗王子，欣然答应将掌上明珠许配给他。

四

公主与王子的婚礼就像一个盛大的节日，楼兰臣民奔走相告。此刻的兰娜是兴奋的，终于成全了这对如意姻缘，但同时她也是感伤的，因为她毕竟已经爱上了于阗王子。在兰娜的心里，究竟是喜悦多一点还是悲伤多一点呢？女人心，大海针；女人心，天上云！谁又能说得清楚！

婚礼结束后，两人步入洞房。于阗王子揭开楼兰公主的面纱，一下惊呆了！发现最近时常约会的不是她！情急之下，他丢下公主，夺门而去，只留下公主独守空房。接着于阗王子回到客栈找到了兰娜，才知道了事情的真相。

他向兰娜表明了自己对爱的坚贞，除了爱情别的什么都不会在乎，并提出和兰娜一起回于阗。但不曾想到，兰娜拒绝了他，动之以情，晓之以理，说明了这桩婚姻对于楼兰的极端重要性。

楼兰公主遭遇这般羞辱后，自然不会袖手旁观，决定向于阗王子施加报复。但是凯旋英雄于阗王子受到楼兰人民的热烈拥戴，让她无法向王子下手，公主只能祈求借助神灵的帮助。

接着公主便从客栈抓来兰娜，并向外谎称已经将她杀死，埋葬于坟墓。于阗王子得知消息后，在赶往坟场的路上伤心欲绝，殉情自杀。

公主没想到于阗王子会死，对兰娜的仇恨之心更深了。她决定举办一场大规模的神灵祭祀仪式，要心中还深爱着于阗王子的兰娜发誓不会再爱他，但是兰娜宁死不屈，爱他不一定要嫁给他。对爱情神圣这一点上，楼兰美女比现代人可是要珍重多了！

公主便将于阗王子的头颅交给兰娜。兰娜抱着于阗王子的头颅，在神灵面前痛苦欲绝，决定自杀，并且念出楼兰掌管死亡神灵名字，对楼兰王国予以永久的诅咒。

五

几年后，诅咒应验了。楼兰王国的水资源越来越匮乏，直到水源慢慢枯干断流，楼兰人民的生活受到严重影响，一家一户、陆陆续续搬离了楼兰王国。

楼兰公主后悔不已，便来到兰娜坟墓前认错，祈求她在天之灵的宽恕和原谅。就在当天，她做了一个奇怪的梦。她的母亲托梦给她，说她有个长相极为相似的孪生妹妹，在小时候被一个客栈老板带走，名叫兰娜。

梦醒后，楼兰公主知道是自己亲手害死了自己的妹妹，在自责和后悔中染上多种疾病，悲伤和抑郁死死缠绕着她，气息一点点孱弱，最后闭上了怨幽的双眼。

楼兰这座死亡之城至今依旧迷漫着死亡气息。爱情的诅咒又是一种多么神奇的力量呀！

楼兰美女竞娇艳，一代名僧也风流

楼兰美女不是一个空洞的概念，当然也不只是那几具人们熟知的木乃伊。

一

楼兰美女不是一个空洞的概念，当然也不只是那几具人们熟知的木乃伊。如果你想透悟生命的真谛，澎湃一下久违了的心灵激情，你可以穿越时空隧道，用人性的视角去观览一个印度高僧和楼兰公主的情爱故事。

那个时候，不论因为什么历经千辛万苦，一旦到了楼兰，难免会染上点拈花惹草的故事，就像现在去大理、丽江这些地方一样，至少从想象层面便和风花雪月扯在一起了。时代变了，那个时代的高僧对美女也是不拒绝的，所谓的禁绝也只是停留在教义上。

在楼兰的佛史上有一个不得不写的人物叫法护，他是从印度而来的大乘高僧，还是一个美男子。他六岁丧父，被母亲送到沙门达摩门下，十岁便显示出超凡的记忆力，每天诵经一万多言，而且他的思辨才情无人可敌。遇到大乘高僧白头禅师，与之辩论一百五十天之久，双方的多角度攻诘总能被对方旁征博引地一一化解，如同虎虎生风的铁拳打在柔软无比的棉团上。自古有才子好色、英雄好酒一说，当然也可以反过来说。就像任何理论一样，都可以被更多的理论所推翻。

白头禅师在印度可是泰斗级的人物，法护心里清楚，对方比自己高出的不是一点点。他也清楚，但凡高手一般都怀揣武林秘籍，如果再继续冒险攻击，可能自己的下场将惨不忍睹。于是，他迂回而体面地认输，并拜对方为师。白头禅师对这位才华横溢的新弟子欣赏有加，便将自己珍藏的《大般涅槃经》送给了他。依照他的悟性，很快就得到了真髓，凭借着自己的奇丽的思辨，很快就影响了周围的一大批人弃小乘而转修大乘。

法护二十岁时，已经译经二百余万言，这是个多么庞大的数字呀！而他日后为什么能够独领风骚，因为在研修大乘的同时又精修了神奇的密咒，在攀缘神坛的白云之路上，他又驾起了自己的一片云。他的眼界让他懂得，遥远的东方才是佛国的乐土。

二

法护三十六岁那年，沿着丝绸之路南道，经于阗、尼雅、且末，进入楼兰。当时困惑他的有两个问题，一个是楼兰当时使用的是他不太熟悉的佉卢文，还一点是当地信奉与大乘佛教水火不相容的小乘佛教。如果换成一般人，可能转身就走了，而他却留了下来。高僧的心事也是很难猜测的，是出于他对教义的执念还是对楼兰美女的恻隐之心，这就不好说清楚了。

满怀信心到楼兰弘法的法护如同被当头浇了一盆冷水，陷入尴尬以至不知所措。基于他在西域曾有的影响力，楼兰还是大度地接纳了他，也就是让他在楼兰歇歇脚的意思。言外之意，你休息好了以后继续上路。谁也想不到，就是这样的人生际遇，他在楼兰的舞台上却演绎出了令世人大跌眼镜的生命散章。

如果就让他这样离开楼兰，那也就不是法护了。在他看来，大乘小乘同根而生，大乘佛理中随处可见小乘原始佛理的烙印，自己也是从小乘脱壳出来的，法理不兼容，但人性总是相通的。所以在那些日子，他的僧舍里的油灯彻夜不熄，案头上摊开了《长阿含经》和《四分律》。几天的时间他就能全部背诵这些经书了，一边吟诵一边领悟，他的眼睛渐渐亮了起来。他发现，法藏部不仅有明咒之说，而且是第一个利用陀罗尼咒语的，与自己精通的密咒同出一宗。任何人再也没有理由请自己上路了，自己的“大咒师”身份终于可以派上用场了。内心的这种自信铸成了他的光焰千秋，也成全了他的身败名裂。

他信心满满地走进法藏部寺院，公开要求与小乘高僧辩经。知己知彼，百战百胜，法护知得小乘要穴，辩经期间直抵痛点，接连赢得了八场胜利。到了第九场，意味着什么，大家心知肚明。出场的是一位银须飘飘的老僧人，对小乘法藏部佛教教理把握得炉火纯青，这也是楼兰小乘的最后一张牌了。而对于孤军奋战的法护来说，败与不败似乎也无关大局，胜了当然可喜，败了大不了就此一走了之，打马开始下一轮东方云游。

三

楼兰全城万人空巷，都来听他们辩经，只留下了城头放哨的士兵。楼兰王胡员吒也来了，带着貌若天仙的嫔妃和公主，轻纱遮面、暗香浮动，几分神秘，几分朦胧，几分遐想。

慈眉善目的老者气定神闲地开讲了。他先是介绍了小乘教理，分析了人为什么要寻求自我完善与解脱。他那平静如水的神态反而透露出无与伦比的自信，让听者心生真正弘扬释迦牟尼精神的无疑是小乘佛教之意。这种以静制动折射出来的力量，对人心的俘获是再睿智不过了。

法护的技巧与智慧也是卓然超群的。他双手合十，先是把小乘的经典难度最大的部分背了一遍，展现自己在这方面的修为，老住持的眼中也流露出赞叹。然后他话锋一转，说：“贫僧与七年前圆寂的鸠摩罗什大师一样，都是先修习小乘，然后在经历了漫长而艰苦的辩论与比较之后，才下决心改宗大乘的。所谓‘乘’，是梵文‘衍那’的意译，本义是道路，在佛教中指抵达彼岸的途径与方法。‘大乘’，音译为‘摩诃衍那’，意思是‘普度众生’。大乘出现后，便将此前的佛教派别称为‘小乘’，音译为‘希那衍那’。虽然这个观点不被一些小乘僧人认同，但无论是小乘还是大乘，都以佛陀为宗，都没有违拗根本的佛理，只是修行的方式不同而已。两派的区别在于，小乘注重苦修，寻求‘自度’，也就是自我解脱；而‘大乘’不仅能够自度，也能度人，更为关注众生苦难。小乘认为，世上只有一个佛——释迦牟尼，其他人通过修行，最高可以达到罗汉的境界，但不能成佛，要想成佛，必须抛妻别子出家修行；而大乘认为，世上三界十方，过去、现在、未来，四面八方有无数的佛，佛祖只是众佛中的一个，无论出家与否，通过修炼，人人都可成佛。由于大乘好比一艘巨船，承载着无量众生到达彼岸，向更大范围的世人打开了救赎之门，并且将通过救赎的道路改造得更加简单易行，强调圆融、慈悲、方便，因此得以在西域与中原广泛流行开来。”

“如今，大乘信众已经远远超过了小乘信徒。如果不用出家就可以修炼成佛，去往美好的极乐世界，这个世界岂不是更加圆融美好？”

他那循循善诱、鞭辟入里的讲解，加上神采飞扬、丰神俊朗的气度，令众人如醉如痴。说到关键处，他的双手随着节律舞动起来，像一部交响乐的指挥，也像一位忘情的鼓手在表演。随着剧情的推演，更加出神入化。随着他手势的摆动，听众的情绪也被他悄然点燃，口中不自觉地发出赞叹声。也就是说，他已经折服了包括对手在内的所有人。

特别是一位轻纱掩映下的公主，静谧的内心从来也没像今天这样泛起阵阵涟漪。细波微澜背后，更有无边的潮水向她涌来。她左顾右盼之后，乘人不备时轻轻撩开面纱一角，窥视了这位让自己浑身炽热的异国高僧。当她不由自主地盖上面纱的一刻，两行泪水夺眶而出。在这同时，她内心一阵战栗，一抹红云在白净的肌肤上飘动，她下意识地摸了摸自己绯红的面颊，从滚烫的触感中意识到自己的心已经被一个巨大的灵魂掳获了。

当人们感觉到他会对小乘进行贬损时，他话锋一转说：“那些将小乘与大乘完全对立起来的做法，是不通达，不明智的，只能说明未达到佛的境界。”继而，他看了一眼老住持：“今天的辩经没有胜败。小乘有小乘之道，大乘有大乘之理，任何一门宗教之所以流行，总有它流行的价值和因由。人们信仰哪一种宗教，只能说明与这一派宗教有缘呀！”

四

民众狂热地欢呼起来，楼兰王胡员叱也张开手臂，感受着会场强大的声浪。他身边的嫔妃和公主们也纷纷掀起盖头，以便让凝脂的肌肤感受一下佛光的恩泽。

就在楼兰美女掀起盖头的那一刻，法护的眼神一下碰到了一双美丽的瞳仁。他内心一惊，判断出她的年龄应该在三十岁以内。她既然出身王族，应该是纯正的塞人，与自己的祖先一样，同属于白种人。

他与她的眼神对接了，仿佛晴空一束光，一道闪电，让他感到昏眩。不过当他眯了一下双眼再睁开时，她那深情的回眸已经让他如坠五里云雾中。他知道，这是他无论如何也躲不过去的魔咒。

大获全胜的法护被楼兰的小乘教派和大乘教派共同认同，这在佛教史上也是不多见的事，从而也说明楼兰的包容和宽厚。人们都称他为“大咒师”，老住持还诚心诚意地为他腾出了正堂，老住持本人则搬进了伊循城大寺。虽然他可以端坐在法座上了，那个轻撩面纱的魅影则挥之不去，在他的心里，一直纠结着一个问题：她是谁？是王的人还是公主？如果是公主，又能怎样？自己从出家那天起就断了尘缘，如今又贵为大乘高僧，难道还能沾染女色吗？

然而，世界上的事情有太多的出乎意料。这个女子也太漂亮了，倾尽世上所有的形容词也难以把她那种蚀骨撩心表达出来。他也曾经风流过，但没有任何一位女子这般让他魂飞魄散。一连几天，他整日凝思，夜不能寐，一双眼睛红得如同打了鸡血。他也感受到了前面的万丈悬崖，但他控制不了自己一直往前走的心。

五

一天午后，他从佛寺里踱了出来，冥冥之中有个声音在对他呼喊："别往前走了！"但他的心支配不了自己的脚。就这样，他走进了王宫里。楼兰王胡员叱拉着他的手，将神志恍惚的他扶上莲花宝座。一会儿工夫，王的家眷们都到齐了。国王依规矩请法护开讲，他则请求让国王把在座的家眷介绍一下。他就是想弄清楚，那个轻纱背后的女人到底是谁？

先介绍了王后和儿子，然后惊人的一幕出现了。王说："这是朕的女儿——曼头陁林公主，已经嫁人。"王的话音刚落，一个女人掀起了盖头，面对高僧嫣然一笑。这一笑，把他一生构筑起来的佛性堤坝一下冲垮了，时空的经纬线完全被扯乱颠倒了。对于接下来的介绍，他似乎一点儿也没有听到。

曼头陁林，作为一个有故事的楼兰美女，她何止是摇撼了法护的心，更为弥漫历史长河的楼兰美女增添了一抹无与伦比的亮色。

正式开讲了，他的眼睛总是试图和她的目光相遇，可她半遮半掩的盖头下，水灵的眸子只在他的方向短暂停留，以至于他都不敢确定是否看了他一眼。显然，她是一个高雅沉静的人，但在她云淡风轻的外表下，那颗炽热的心是否已经欲火点燃呢！

在理智与情感之间，法护似乎游刃有余，一方面他欲火涌动，另一方面又能把讲经的水平发挥到前所未有的高度。刹那间，他觉得他俩的眼神一下对视了，一阵眩晕之后，他迅速收起了自己的失态，而她羞涩地把头低了下来。一面是宏大的讲经气场，一面是两人的目光博弈战！

法护躲进寺庙里，从某种意义上说就是一种自虐，他抽自己的嘴巴，把头往墙上撞。他怎么也想不通，自己从小接受的理念："爱为秽海，众恶归焉。"自己用了三十年修成的观念和准则，难道就这么不堪一击吗？他陷入了无边无际的痛苦深渊，难道几十年来用心智铸成的铜墙铁壁就因为那曼妙的轻纱下的回眸一笑而轰然坍塌吗？我就是佛陀，难道我就躲不过女人一劫吗？他为自己内心的欲望而掀起的狂澜羞愧不已。

所谓文明的发展，一直以来都在节制人的原欲，并以欲望的成功克制和去除为形而上的荣光。在文化的面纱遮盖下，多少春情和与生俱来勃发的生机都被道德抹杀了。一个修行再成功的人，真能做到坐怀不乱吗？真能实现“存天理，灭人欲”吗？也许法护是被压抑得太久了，一个偶然因素就把他抑制已久的生命之火点燃了，让他自觉与不自觉地一下回归到了生命的本位。他所狂泻出来的这种状态，感觉把他自己也吓坏了！

经过绵延不绝的辗转反侧，在把自己将要彻底耗尽的前夜，他幡然醒悟：“救赎自己命运的也只有自己，只能是自己。”他再也无心讲经弘法了，而是把全部的精力放在打听曼头陁林公主上。围绕曼头陁林，他以自己极富想象力的才情张扬出了一个虚拟的世界，然后依凭着这个世界的眩想，去在现实中找到相对应的点。他走街串巷，四处打听，为的就是从一切琐屑中找出一点蛛丝马迹，然后作为发动爱情的突破点。

他打听到公主成家多年，但并没有生育。于是他把几个新收的徒弟叫到面前，对他们说：“我发现楼兰民众体弱多病，人丁也不够兴旺，最近城中还经常闹鬼。我恰恰能驱鬼治病，让妇人多子，你们把这个喜讯散播出去吧！”

显然，这是高僧向公主发出的一个魔咒。公主无论怎么貌美如花，但不能生育对于她的声誉、地位的影响是显而易见的。闻听高僧能治不育症，公主便主动前来就医了。

六

精诚所至，金石为开。两个人终于面对面坐下来了。公主是敏感的，一下就感觉到了异样的气息。面对这个皮肤白皙、高大威猛的中年男人，特别是他眼眸中透出的点燃激情的火种，虽然她的外表依然端庄矜持，但内心已经泛起了阵阵涟漪。接下来的对话有时显得语无伦次，有时则暗含玄机，机锋里又有挑逗的意味。

高僧越过旧堤新岸的设置，就像她第一次撩开面纱展露芬芳让他触目心惊那样，把炽热的情爱直接倾泻到了她肥沃的青春皋壤上。她浑身颤抖起来，脸颊变得绯红，公主的矜持与典雅随风而逝，滚滚燃烧的原欲把黑夜与寂寞演变成了一浪高过一浪的波涛汹涌。

一个是出家的僧人，一个是已婚的女人，这对双方来说都有一个不能逾越的禁区，而在人性的力量面前，在油然而起的生命茂盛状态下，也显得太不堪一击了！

当然，谁都清楚，他们生活在一个残酷无情的现实中，一旦私情泄露，等待他们的也许是一片万劫不复的火海。而在楼兰，他们都是公众人物，多少双眼睛在注视和跟踪他们。

不顾一切的爱情往往以悲剧结束，是不是一桩丑闻，这就要看通过一个怎样的视角来看待了。可以想象，风声肯定是会走漏出去的。

曼头陁林的丈夫已经听到了风声，四处纠集人员，准备围攻佛寺。楼兰王胡员叱也准备下达逐客令，佛寺里的僧人们也准备依照小乘佛教的戒律处置他。

七

法护别无他法，只得选择乘着夜色从小路逃走。

他能带走的，也只有行囊里的佛经，不知道此刻的他面对佛经是怎样一种复杂的心情。他在仓皇中出逃的快马，还是公主为他准备的。

此时，寺院的暮鼓恰好敲响，一人，一马，清冷冷的夜色，黑漆漆的天涯。

法护明白，他的价值也只能是走在传经的路上，但此次向西而行并没有想象中那么幸运。他一路跋涉到了龟兹以后，发现宏大的寺庙里发出的是小乘佛教的吟诵，他也成了一个不受欢迎的人。

如果说此刻的法护一点儿不想家，那是假的，但要他就这样回到印度只为服侍老母，他也是于心不甘的。因为在印度，佛教已经彻底衰微，而印度教甚嚣尘上。他心中的佛祖一再呼唤他，一直东去，到中原腹地，那里才是他施展佛法的绝妙之境。

佛教东渐，在世界文明史上是发生在那个年代的重大事件。作为被传入一方的中华大地，儒家学说已经在这方水土上植根得很深了，一种外来的教义在这片土地上要开出一方自己的山河，感觉应该是一件很困难的事。在这本书里，我反复表述这样一个观点：“中华文明几千年屹立不倒的原因，就在于其包容性，这种包容的本身就已经站在了文明的高处。恰恰就是这种文明的先进性，一直以来不但自身具备了强大的造血功能，而且也引导了整个文明的进程。”

就像佛教，在首先进入西域的尝试中，已经开始了本地化的过程。特别是通过遍布西域的各种艺术品，处处都闪现着人性的光辉，总是能把世俗和高贵奇妙地融合在一起，所有的人物造型包括壁画、雕塑等，都具有西域人的长相特征。如释迦牟尼造像既有佛祖超尘绝世、深不可测的神秘感，又有世间中人的端庄娴雅、温和慈祥的亲切感，既表现了人们所向往的佛国理想，也体现了浓厚的人间情调和世俗情趣。

在中国人的佛教审美经验中，女性比较集中地体现了人们的审美情趣，更能让中国百姓感到温馨，比如观音菩萨这个身处莲花座中的慈眉善目的形象是根据印度的男性观音菩萨改造而来的，以至于许多的老百姓只知有菩萨，不知有如来。菩萨保佑也就成了中国老百姓的口头禅，这也是佛教为什么能在中华大地广泛流传、落地生根的重要原因。

法护就是跟随佛教东渐这一大势，经过千回百折，住进了河西走廊一处接待云游僧人的临时僧舍。他也没有亮明自己的身份，也没有去拜访寺庙的住持，而是天天盘坐在阳光下，捧读那本随身携带的桦树皮经书。

以法护的佛学修为，引起王室重视只是时间和机缘的事。北凉国王沮渠蒙逊就用轿子把他抬进了王宫。

一个人最大的幸运，莫过于在年富力强的时候，发现自己的潜质对别人来说是有价值有意义的。经历了楼兰难堪的际遇之后，生活又为他展现出了一片恢宏。接下来，他也把全部的精力献身于佛教，表现出来的执念和狂热恰如一个攀登者登顶以后看到了山那边的美好风景。他一边修习汉语，一边翻译了十一部经书，在中国佛教界产生了深远的影响。他的“一切众生悉有佛性”之说，对中国佛教思想的形成产生了深远的影响。

当一个人被尊为“圣人”之后，就应该心无旁骛，目不斜视，超越凡尘。在译经的过程中，他的表现也确实配得上“圣人”的称号。可是，好景不长，在性的问题上他又出事了！

八

在王的认知中，有两种男人可以深入禁宫，一个是被阉割的男人，还有一个就是精神上被阉割的男人。那么，谁又能保证精神阉割能彻底地泯灭被抑制的人性地火呢！

法护进宫以后，最初当然也是不想辜负国王的，再说他在楼兰走火入魔的教训，不得不对自己进行严控。在与本能的较劲过程中，那些鲜活的肉体很自然地又强势进入了他的脑海和身体的隐秘处，使他在辗转难眠中挥之不去。虽然他夜以继日地念经，试图通过这种方式把身体内的躁动不安压制下去，但时光又一次让他躯体内的魔兽悄然爬了出来，变得越发不可收拾了！

在灵魂的秘窖里，总是藏着人所未知的最强大的能量。如果你要压抑它，反弹起来的力量会比压抑它的力量更加强大，甚至会唤起一股飞蛾扑火般的勇气和力量，去实现生命本质的最强力回归。

当我们尝试去触碰一个僧人的灵魂暗角时，自身也是有着美德苛求的，如果想要达到一种深刻阅读，那这也是没有办法的事，对人性的复杂性的深刻提示才更有利于塑造人本身。

我相信，法护一定是在楼兰历史上屹立不倒的一个大写的人。如果要写一部传世经典，就必须摒弃普罗大众的思维模式，直抵人性的深处，并把生命的灿烂写到极致。

他所采取的办法是通过太监将自己深谙“房中术”的消息传进了后宫。这股暗流，一下子就在后宫的女人心里掀起了阵阵波涛！

在性的问题上，古人的性态度和现代人相比，很难说过去还是现在哪个年代更科学一些。古代把性与气功、养生结合在一起，讲究既满足了性需求又不损减精气，还能通过对性生活的调节达到还精补脑、养颜益寿的目的，因此房中术被涂上了一层神秘、奇妙、玄虚的色彩。西域这个地方看起来遥远，但在性的学术态度上毫不逊色于中原。

宫女们偷出宫找法护，一时成了最强有力的渴求。能和这个白净而高大的“圣人”见一面，对于宫女们来说，真就是一场人生的盛宴。有的宫女大胆一试，七窍通透，蚀骨销魂，爽美非凡，带着这么惬意的生命体验，就像芝麻开门。

这样的事情一开始在暗中浮动，但终归是纸包不住火的。据说王的女儿和儿媳也密会了法护，说是修炼佛法，实际上是在学习交合技巧。这还了得？绿帽子差点就戴到了国王的头上了。难怪自古以来就有人说：“寺庙里藏韵事，袈裟里掩风流。”

一个外来的和尚把后宫搞乱了，凭法护的睿智，他不会看不出国王沮渠蒙逊是怎么想的。只要国王动了杀心，让一个人死那是易如反掌。

九

有一天，法护收到一封信，上面写满了佉卢文。写信的正是暌违已久的曼头陁林。公主在信中说：“大师逃走不久，本宫就发现自己怀孕了。丈夫明知是大师的种，也强颜欢笑，因为他终于有后了。现在孩子已经八岁，人见人爱。我听说大师已经被后凉封为‘圣人’，日子过得滋润而风光。但本宫无时无刻不在想念大师。实在控制不住自己的思念，才斗胆写了这封信。本宫渴望啊，一旦大师路经楼兰，一定别忘了前来探望本宫和我们可爱的儿子。见字如面，万望珍重。”

一个秽乱了后宫的高僧，正在举步维艰之际，一下看到了以前的女人的来信，一行清泪从面颊流过。对于这样一位灵魂有香气的楼兰美女，大师心中升腾起了几多愧疚、几多思念。

就在第二天凌晨，他的行囊里还是只装了从楼兰来的时候带的那本桦树皮经书，去往楼兰，见一下风韵犹存的情人和新生儿子。

他太小看国王的杀戮心了。当法护西行进入荒无人烟之境时，北凉派出的刺客便亮出了锋利的刀刃。几秒钟内他就闭上了眼，这可是一双阅尽人间春色的眼睛呀！它的眼睛里可是装了太多楼兰、北凉美女的胴体。此时，法护四十九岁。

在佛教东渐的历史上，尽管他的名气比不了鸠摩罗什，但毕竟是一代译经大师，对大乘佛教落地楼兰，传入西域、中原、江南乃至朝鲜、日本不无贡献。而这个结局又怪谁呢？是大咒师定力不足，还是楼兰美女太美？

楼兰，一个中华烟云的梦

新疆巴音郭楞蒙古自治州是中华人民共和国成立以后设置的全国面积最大的一个州。

一

新疆巴音郭楞蒙古自治州是中华人民共和国成立以后设置的全国面积最大的一个州。从地理意义上说，楼兰的前世今生发生在这片土地上。反过来说，消逝千年的楼兰古国就在我们今天巴州的一片荒凉沉寂的土地上！

曾经绿林环绕的古楼兰，给世人留下了太多让人探寻和着迷的记忆。二十世纪初始，斯文·赫定和奥尔德克重新发现了楼兰，世界一片惊呼，这个已经消逝了千百年的绿洲城邦在世界范围内唤起了人们追寻人类文明史上古老的记忆。

二

三十多年前，那时候地州一级电视台正在创办，自制节目刚刚兴起。我和纪林、曹玲等几个年轻人扛着一台摄像机，就在现在的库车、拜城县一带的山河大地之间辗转踟蹰，逶迤而行，拍出了后来在中央电视台播出的纪录片《龟兹石窟》。多年后回过头来再看，觉得当时纯属无知者无畏，但我也就是在这一时期接触到“楼兰”这个相当曼妙而令人神往的名字。几十年间，楼兰这个名字各种媒体的出镜率还是相当高的，尤其是楼兰美女各种艺术形式的当下演绎。其实我的故乡就是楼兰再往西去一些，但是要目睹楼兰的尊容还真不是一件容易的事。路途过于遥远，距离原本就很偏远的若羌县还有三百多公里的路。

三十多年后，新疆人民出版社约我写一本书，其中一个原因就是我曾出版过两部长篇小说《风浪》和《红痣》，都与天山南麓塔里木河流域的文化有一定关系，出版社希望最好能和中华人民共和国成立七十周年关联起来。基于一种本能，我的脑海里闪现出的映像就是楼兰。因为这个题目太有魅惑力、太有挑战性了。当我真正试图揭开楼兰神秘面纱的时候，感觉到要写好这篇文章实在不是一件容易的事，仅仅关于楼兰的书籍就有上千种，绝大部分人一辈子也是读不完的。我又不是学历史、研究历史的，但是初心放在那儿，也没有办法和能力来改变。也就做了一件力不从心的事。

三

与楼兰这个名字相联系的，是上下五千年、纵横几万里，百转千回的往昔，金戈铁马的云烟，亦真亦幻的传说，绵延不绝的丝路。剪不断、理还乱的恩怨情仇！抒不尽、志愈坚的楼兰壮志！从文化的意义上，从历史走到今天，楼兰对任何人，都是一个巨大的诱惑。

二十世纪七十年代，美国第一颗地球资源卫星在中国西部一片枯死的雅丹地貌中第一次以如此宏伟而又高清的视角发现了一只“大耳朵”。长约六十公里，宽有三十公里，明暗相间的半环状线条，一圈一圈地向中心收拢，形状就像“地球之耳”，它就是史书上记载的罗布泊。罗布泊的水域滋养了楼兰，罗布泊的干涸也就造成了楼兰的消失。

关于楼兰的悬疑和猜想实在是太多了，而和罗布泊的这种关系，地理历史或考古探险家已经达成共识。就像现在的博斯腾湖，因为有了这个湖就有了博湖县。罗布泊地处神奇亚欧大陆的内陆，面积最广阔的时候有一万平方公里，比现在中国最大咸水湖青海湖的两倍还要大。《汉书 · 西域传》中曾记载了罗布泊当年的盛况：“蒲昌海，一名盐泽者也，去玉门、阳关三百余里，广袤三四百里。其水亭居，冬夏不增减。”

四

在新疆，有水的地方就有绿洲。罗布泊是塔里木盆地的最低洼处，天山、昆仑山、阿尔金山等的雪山融水以及从四周山脉中发育出来的河流纷纷向罗布泊奔涌而来，诸水汇流，形成了罗布泊。

由此而形成了鸟兽成群、水泽鱼肥的自然景观。一种比野生大熊猫还要稀少珍贵的野生双峰驼也生活在这里。史书记载的鸟类有一百五十一种，哺乳类三十三种，爬行类三十三种，鱼类十一种。

罗布泊的自然史可以上溯到几万年前，其有人类活动的痕迹和中华民族文化文明史的进程几乎在一条平行线上。当中原文明在黄河流域发祥的时候，在罗布泊的西岸已经有楼兰人构建了令人叹为观止的绿洲文明。

在人类生存的这个星球上，百分之七十是无法饮用的海水，而在百分之三十的陆地上最大的板块就是亚欧大陆，罗布泊汇聚的不仅仅是江河湖水。世界上的古老文明，几乎也通过千万里的艰辛跋涉，在绵长的丝绸之路上或轻吟或豪歌，或疾驰或缓行，在楼兰小憩、定居、繁衍、耕种，创造了异彩纷呈的楼兰文化。

后来的学者研究发现，那时候的楼兰已成为东西文化的交流通道，是一个“国际化”的都市，其东西融合兼容并包，颇似二十世纪的中国香港之于中国的地位。

五

楼兰接纳过来自印度的佛教，建立起了巨大的佛塔，又把富有想象力的希腊艺术融汇进来，为神佛添置了天使的翅膀，也就是现藏于大英博物馆的被斯坦因盗走的“有翼天使”。我们现在在谈论希腊艺术的时候总是离不开戏剧中的酒神精神，而当时的楼兰人将希腊酒神宴饮场面巧妙地请进了佛教所禁忌的极乐世界。艺术之所以成为艺术，就是因为围绕人性情感的本能力量太强大，相较之下宗教、国家、民族等并不能够阻隔人类情感以及源自情感之中的各种不同艺术样式的融合。有人说文化的力量最终会大于政治和军事的力量。为什么全世界对楼兰难以释怀，就是因为并行不悖、水乳交融的民族和文化在这里诞生、在这里交汇、在这里融合。楼兰美女固然能唤起整个世界的心旌摇动，但更深沉的动力是建立在人性之上的、高于生命的、闪耀着文明光辉的高贵！

六

丝绸之路上马蹄疾驰、驼铃悠悠，承载的有达官贵人，自然也有商人学者，有文化艺术的繁荣，自然也会有美女的川流不息！

楼兰盛产美女，西域的王公贵族喜欢娶楼兰美女为妻。在出土的汉简中多有题记，也有多次嫁入中原的记录。蔚蓝的湖泊沉静而安详，塔里木河蜿蜒而来，楼兰人划着舟楫，哼着迷人的渔歌，期待着岸边的牧羊女像一片天边的云彩，驾着长风，吹着芦笛，扑面而来！

二十世纪八十年代，在一片墓地中，楼兰美女横空面世。体肤指甲保存完好，一张瘦削的脸庞，尖尖的鼻子和深陷的眼眶，褐色的头发披肩，身裹毛线织毯，下摆羊皮，脚穿毛质靴子，头戴毡帽，帽子上还插了两支雁翎，被世人称为“楼兰美女”。传说这位楼兰新娘沉睡的时间比楼兰有文字记载的历史还要长。这些美轮美奂的故事，就是因为她有太精彩的过去！人也一样，现在的高度是你的过去累积起来的。

文化的融合自然会带来种族的融合。二〇〇四年出土的小河公主，就是东方人和西方人生下的“混血儿”。我见过小河公主的复原图，身材修长，毡帽皮靴以及各种细节装饰，无不尽显“时尚”之感，脉脉含情的眼神配上弯曲高挑的睫毛，令人心荡神摇，高挺的鼻梁和小巧的鼻翼，白皙透明的脸颊上纷披着栗色的毛发，完全可以和世界上任何年代任何国家的美女相媲美！

“羌笛何须怨杨柳，春风不度玉门关。”王之涣的这首诗让人知道了幽怨的羌笛，但在楼兰，人们发现了存世最早的“羌女情书”。楼兰本是典型的“羌人”聚居地。羌女也可以理解为当地的楼兰美女。这位叫马羌的女孩写的这封没有发出的情书，是一九〇一年斯坦因在楼兰古城中心遗址三间房发现的，虽然不足百字，但其中蕴含的情感和想象力，足可容纳山盟海誓、柔肠寸断之无限情思。

丝绸之路三千里，楼兰文化近万年。楼兰古城曾经见证了丝绸之路的繁华。千载而下，繁华不再，但情书凝结的审美价值，使我们倍加珍视。相信这封存世最早、历经沧桑的情书，在新时代中华民族的家国情怀传承中历久弥新，启示我们在反哺古人挚诚情感的过程中活出一个更加丰裕的自我！

七

航天员在太空中看到的万里长城，只不过是明长城而已。我们在谈论中华文明的时候，总是把长江长城、黄山黄河作为中华文明的主体在谈，其实在汉代，长城就修到了罗布泊楼兰这一带。

说起楼兰的历史，从最初的罗布泊岸边吐火罗人逐水而居、楼兰始创到这一绿洲在北魏时期的最终消失，也就几百年时间。而在她消失的千百年里，世界各地的政客、商人、学者、旅行家、基督徒、僧侣的目光总是如影相随。就是在那些漫长的、波澜不惊的日子里，人们总是在有意无意地期待从楼兰的精神家园里传来喜出望外或者惊心动魄的声音！

一个把人生道路铺展得很宽广的人，一定会把目光转向苍茫西部。楼兰消失一百多年以后建立了唐朝，这个朝代的诗人只要赋诗楼兰，他的诗名就能流芳百世。盛世大唐是一个把人的精神高度看得高于一切的时代，这种高贵的文明，辉映中国乃至世界文明史。中华民族的编年史谁也不会忽视唐朝。

我们可以想象一下盛唐气象，一大批代表时代精神、反映时代风貌的诗人群体演绎了盛唐气象，群星璀璨，光彩熠熠。尤其是边塞诗，描绘了壮阔深远的意境，把一个时代的人生境界提到了前所未有的高度。在中国的诗歌丛林中，如果缺少了边塞诗，面貌将会怎么样！边塞诗是唐诗中思想性最深刻、想象力最丰富、艺术性最强的一部分，体现了我们这个民族的雄性基因。即便是文人，也要去西部建功立业。他们的人生画卷总是在一片更宏大、更辽远的背景上展开。盛唐时期边塞诗人王昌龄就是这个群体的领军人物，他写有一首脍炙人口的代表作《从军行》："青海长云暗雪山，孤城遥望玉门关，黄沙百战穿金甲，不破楼兰终不还。"金甲尽管磨穿，报国的壮志并没有销蚀。深沉的誓言奠定了他在中国诗坛七绝圣手的地位。在七绝上能与他比肩的可能也只有唐朝的李白了。在王昌龄生活的那个年代，地理版图上压根儿就没有一个叫楼兰的地方。楼兰，作为一个古国，始建于汉文帝四年（公元前一七六年），到四五五年被北魏兼并。楼兰消失一百多年以后才有了大唐。那么到了大唐盛世，为什么王昌龄还要跑到西域去斩楼兰呢？据说他出生比较卑微，到了四十岁才考取了进士，后因禀性耿介，不愿苟媚取容而获罪被贬岭南。他一生中两次被贬，身心饱受煎熬的岁月不但没有扭曲消解他，反而成就了他人性的高昂和独立。他的足迹到过楼兰这一带，他的边塞系列成就了他的一世英名。

在中华民族历史上彪炳千古的大唐盛世，也不是没有内忧外患。先是突厥与大唐争锋，后来又有吐蕃入侵。而王昌龄怎么会把一个消失的楼兰作为假想敌呢？当然不是王昌龄无知。

何止一个王昌龄，高适这样一个把大漠雄风扯出男儿血性的猛男，留下了“马蹄经月窟，剑术指楼兰”的诗句。像李白这样一位皇帝也不屑于伺候的酒坛诗圣也要“挥刃斩楼兰，弯弓射贤王”。当然李白和巴州的渊薮，我还会在另外一篇写焉耆的文章中写到。而孟郊不过是唐朝一位大孝子，他也提到过楼兰。“拟脍楼兰肉，首怒时未扬”。横刀立马的气概一下就出来了！悲天悯地的诗坛领袖杜甫也有“卢绾须征日，楼兰要斩时”之句。楼兰是个时代话题，不斩一下楼兰，显示不了诗人的风骨。

全唐诗约四万八千首古诗词，围绕整个西域，“楼兰”出现的频率是最高的。也就是说，盛唐的边塞诗人经常干的一件事就是“斩楼兰”。翻开历史的版图，楼兰只是一个小国，那么大家为什么喜欢斩楼兰？是恃强凌弱吗？当然不是！因为楼兰这方水土地处丝绸之路的一个重要节点，是多种文明的交汇地、东西方贸易的枢纽，又夹在汉朝和匈奴之间，大汉和匈奴谁也惹不起，首鼠两端就要被斩！楼兰王在元丰三年（前一〇八）就被汉军抓过。太初三年（前一〇二）这次楼兰王不但被抓，还被押回长安游行示众。到了汉元凤四年（前七七）为了从根本上解决楼兰在汉匈之间的墙头草问题，权倾朝野的政治家霍光部下傅介子自请出使楼兰。在楼兰王宫，傅介子使用谋略和智慧把楼兰王给斩了！

国家意识往往是由一些杰出人物的爱国故事书写的。傅介子不仅在楼兰的都城以少胜多，把楼兰王斩杀了，还把他的脑袋带回了长安，挂在外国使馆区示众。这些外国的使臣再把这个消息传给他们本国国王，可不就把他们吓晕了，有谁还敢来犯大汉，犯我大汉！从唐朝的整个历史来看，最大的边患在西北部，这样就使得整个大唐的政治家、军人、文人的注意力都落到了楼兰古国所在的西域，斩“楼兰”也就成了超越生命之上的社会共识和时代心理。

生命的消亡总是从气数渐弱开始的，国家也一样。为什么世界所有的古老文明，唯有中华文明生生不息，充满着无穷的活力？原因就在于我们这个民族的精神气质，经受再多的磨难与屈辱还能强劲起来，就是这种宁死不屈的家国情怀让中华文明历久弥新，永远昌盛！

唐朝社会有尚武的风气，军人是这样，文人也一样！“功名耻计擒生数，直斩楼兰报国恩。”

文明的高贵，在于我们文化特质的无与伦比和博大包容。唐朝人推崇大汉，并非厚古薄今，而是以汉朝来砥砺鞭策唐朝。王维的《少年行》诗：“出身仕汉羽林郎，初随骠骑战渔阳。孰知不向边庭苦，纵死犹闻侠骨香。”唐朝诗人王翰的名句“醉卧沙场君莫笑，古来征战几人回”同样抒发了他们把生死置之度外的坦荡胸怀！

中华民族五千年的文明史从来不敢放松对西域的经略。魏晋时期，楼兰是西域长史府所在地，与鲜卑、猃胡、柔然的血腥征战从来没有停止过。太平真君六年（四四五）北魏吞并楼兰，楼兰王国的历史彻底画上了句号。

八

一个绕不过去的话题就是楼兰的发现。我在说到盛唐文人的楼兰诗作时说道，只要他写了楼兰就能流芳百世。说到楼兰的发现，也可以这样理解：无论你是任何国籍，也不论你是哪个民族，只要你对楼兰有所发现，你就可以扬名世界，名垂青史。

斯文·赫定，瑞典人，因为对“楼兰位置”的发现而成为世界著名探险家，受到世界注目，与诺贝尔有齐名之誉。德国学者康拉底因为在楼兰找到了汉文木简与纸本文书，证实这就是见诸《史记》《汉书》的楼兰故城，也因此而成为世界级人物。英国人斯坦因也是这样，他因为发现楼兰国的边境绿洲重镇精绝藏有楼兰王国时期档案库“沙埋庞培”，也成为世界级的标杆人物。

十九至二十世纪，对楼兰的发现几乎没有停止过。这个距离海洋很远的楼兰掩埋着失落的古老文明。二十世纪三十年代，瑞典的贝格曼在奥尔德克的引领下发现了“一千口棺材”的小河墓地。他的报告一经公布，国际学术界把钦佩的目光投向了贝格曼。也有学者认为在楼兰发现的《李柏文书》，其史料价值超过了楼兰发现的其他众多文物。这又要说到日本人大谷光瑞，是他把小和尚橘瑞超派往楼兰，在斯文·赫定曾挖掘过的一个角落不到两指宽的缝隙里发现了四张墨迹清晰、书法优美的《李柏文书》，这两个日本人也借此轰动了世界。

长达半个多世纪的盗窃风潮，斯坦因、斯文·赫定、橘瑞超等世界级探险家从楼兰及其西域沙埋城市和石窟中搬走的壁画、手稿、塑像等文物，可以说数以吨计。这些文物至少分布在四十七个国家和两百多处博物馆，共有一百六十万件。有些博物馆就是因为有了中国文物而成立的。历史文物记载着一个民族文明演进的历程，是无法替代的有形遗产、文化家谱和精神寄托。

九

关于楼兰的一切发现，怎么谈论和研究都不为过。对那些外国的探险家我也没有太大的兴趣，他们不择手段地把别国的东西搬回了自己的国家，由此而炫耀对文明的拯救，我是不敢恭维的。我要说的是对于楼兰的发现，我们不能忽略第一个发现者奥尔德克。

奥尔德克是罗布人，一八六四年出生于巴州若羌县米兰镇北部塔克拉玛干沙漠中的阿不旦村。因为他水性极好，可以不驾舟，独自钻进水里捕鱼、抓鸭子而一天不上岸，游走如飞，还可以背着一百斤重的麦子浮在水面上。所以有个外号叫“野鸭子”。

其实，奥尔德克才是发现楼兰与小河墓地的第一人。如果没有他，这两座震惊世界的遗址有可能与两位探险家失之交臂。奥尔德克是当地的活地图，那些探险家根本找不到的地方对奥尔德克来说也许是司空见惯。也正因为如此，斯文·赫定让他当向导。

似乎是神示和天意，只需去按部就班地演绎不可复制的精彩一幕就成了。在穿越大片雅丹荒漠之后，探险队发现了一座隆起的沙丘，上面有三间房屋的遗址，经过挖掘，发现一些古钱币、石斧和风化的木刻人像。然而这并未引起斯文·赫定的足够重视，他打算快速前进，尽早完成预定中的考察计划。探险队向前走了二十多公里，在一处洼地准备掘井取水时才发现，他们唯一的铁锹丢失了。

诚实的奥尔德克愿意回去把它找回来。他走后不久就刮起了可怕的沙尘暴，直到第二天下午才带着铁锹返回营地。他说，风沙使他迷了路，但他偶然看见了几处他们没有发现的废墟，还有几件精美的木雕露在沙子外面，他捡了两件木雕，但他的马受了惊，死活不愿驮回来，就只好把它们扔下了。斯文·赫定突然意识到这可能是一个差点失之交臂的重要遗址，立即派奥尔德克带几个人回去，把这些东西取了回来。奥尔德克取回的木雕如此精美，令人眼花缭乱，斯文·赫定兴奋极了，抑制不住内心的激动："我打算回去，可这又是多么愚蠢的想法。我们只剩两天的用水了。"他只好带着遗憾离开了。后来写道："无论如何，明年我一定要再回到罗布荒漠，奥尔德克已答应将我带到他发现雕花木板的地方。他遗忘铁锹真是一种运气，否则我永远回不到古城，永不可能有这样大规模的发现来给中亚古史投下新的意想不到的光辉。"

一九〇一年初春，斯文·赫定又回来了，从藏北高原返回罗布沙漠中的神秘遗址，有计划地进行全面挖掘。除出土大量汉代钱币、木雕佛像、衣饰残片、陶器和其他小物件外，更重要的是发现了三十六件文书残片和一百二十一枚木简。这些文物特别是古代文书经德国汉学家希姆莱研究和解读，谜底终于揭开了——奥尔德克和斯文·赫定发现的沙漠遗址就是西域历史上著名的楼兰！这座赫赫有名的卫戍边城曾在古丝绸之路上繁荣一时，后来因为自然和人为的双重原因废弃了，湮没于沙漠之中已有一千多年。它的发现被誉为“东方庞贝城”，轰动了国际学界，并引发了整个二十世纪的“丝绸之路热”。

也正是奥尔德克，多年后又将沃尔克·贝格曼带到了传说中有一千口棺材的小河墓地……

是奥尔德克首先发现了楼兰古城和小河墓地。这样说，并非是要贬低和否定两位探险家的惊世发现。一种人云亦云的习惯性谈论已经太久，往往遮蔽了历史的真实面貌——毫不夸张地说，斯文·赫定对楼兰的发现，贝格曼对小河墓地的发现，是奥尔德克发现之后的再发现！如果没有奥尔德克，这两座遗址可能仍埋在沙漠中不为世人所知。小人物在关键时刻发挥了大作用。在两位瑞典人的探险伟业中，无疑包含了一位罗布人的卓越功绩。因此，在我们记住斯文·赫定、贝格曼的同时，更不应忘记一位普通罗布人的名字——奥尔德克。

奥尔德克在罗布荒原上犹如神助般的发现，无疑为斯文·赫定、贝格曼的再发现确认了方向，指引了道路。如此说来，奥尔德克既是出色的向导，更是沙漠里的预言家。一位土著居民不自觉的发现与职业探险家的自觉发现结合起来，才使我们对历史的挖掘、对文明的探寻成为可能。

楼兰的发现是二十世纪西域探险史的开端，也是持续百年的

“丝绸之路热”的滥觞。一九三六年，奥尔德克双目失明。一九四二年，他病故于卡拉庄，终年七十八岁。让我们记住他——罗布人奥尔德克。

十

今天的罗布泊主要因为自然环境的恶化，无可奈何地干涸了，生命迹象也一点点消失了！

楼兰作为中心枢纽城市，作为咽喉重镇，由盛而衰。行走在楼兰大地，万千思绪纷至沓来，她的精神高度和遭遇的灭顶之灾只能是一个永恒的梦幻，罗布泊什么时候才能重回楼兰故地？天地日月怎样轮回，我们生活在一个未知的世界，我们期待罗布泊蓄水，楼兰绿洲新生！也不断有楼兰文化复兴天时、地利、人和的消息传来！但愿这一天不会遥远！

李希霍芬

在这本写楼兰的书里，要不要把李希霍芬这个德国人单独放进去，一直是我权衡的一个问题。

在这本写楼兰的书里，要不要把李希霍芬这个德国人单独放进去，一直是我权衡的一个问题。

放进去是因为楼兰的发现直接来源于他的地理、地质学理论研究成果，而且发现楼兰的斯文·赫定是他的学生，也是因他的指派而进入中亚探险的。不放进去是因为在记载中，他就没有来过楼兰这一地区。他和楼兰的关系真的就有这么重要吗？

随着认知的深入，李希霍芬不仅对于楼兰，对于中国历史或学术上的一些重大事件也有着极其重要要的影响。轰动世界的地理大发现，他就是始作俑者。基于这样的认知，写一写李希霍芬也就是一件顺理成章的事情了！

在追寻楼兰的日子里，理智和情感的双向互动，总是在开出一朵朵灿烂的花，而在这个花团锦簇的园林里，越来越感觉到不能没有李希霍芬这个人。从文明的意义上，所谓的国界、人种、信仰、语言、习俗固然重要，但更重要的是向着无穷无尽宇宙散射的文明物质。从这个意义上说，李希霍芬是有重大建树的。如果把楼兰文化作为中华文明的一个重要组成部分来看待，那么积极地评价李希霍芬也是恰如其分的。

李希霍芬是蜚声全球的地理学家，一八三三年生于普鲁士王国，留着恩格斯一样的大胡子、秃脑门、眼里透着不可一世的光。中国的近现代地理学和地质学是在李希霍芬的调查基础上建立起来的。横贯欧亚的“丝绸之路”也是由他命名的，我们可以理解为是他预测了楼兰古城在罗布泊的存在，同样也是在他的影响和驱使下，斯文·赫定发现了楼兰。

一八四〇年第一次鸦片战争失败后，长期闭关锁国的大清朝被迫打开国门。德国在这一波对华掠夺中，似乎并没有占得先机，自然也不会置身事外。在他们派出的外交使团中就有一个二十七岁的地理学家李希霍芬，他扮演的角色就是秘密勘察选址。在普鲁士人看来，他是一个能猜透西部秘密的人，派他来就是为了开展一项旨在发展商业机会的对华考察活动。

那个时期的欧洲，试图到亚洲腹地来施展抱负的大有人在，李希霍芬是幸运的，他得到了一个财团的资助。一八六八年他再次路上了大清的国土。也是为了示好吧！他把自己的名字前面加了个李姓，一方面有中国化的意思，更主要的是想攀附一下权倾朝野的李鸿章，尽管他也讨好李鸿章，但他在中国考察的目的和成果是不会告诉李鸿章的，他加个李姓只是为了实现他的价值最大化。中外都一样，善于钻营的人都会玩这个套路。

他在中国的四年时间里，几乎跑遍了大半个中国。每到一处都从专业的角度进行了详细的记录，并从地质学的角度进行潜心研究。四年的时间里他也经历过艰难的岁月，但凡有这个条件他总是要把德意志国旗铺在桌子上，总是把国家利益作为他最高的人生理想。他曾秘密致函普鲁士首相俾斯麦，提出普鲁士有必要发展海军以保护这些重要的利益和支持已订的条约；要求在万一发生战事时普鲁士商船和军舰有一个避难所和提供后者一个加煤站。这是一个可以影响国家战略的人，他在德国的分量可想而知。

这些所谓的欧洲探险家们大多具备比较深厚的知识学养，怀揣着高远宏大的人生愿景，以九死不悔的人生信念和坚忍不拔的苦斗精神为自己的人生开辟了理想的田园。他们在楼兰的获取，往往都奠定了他们在国内学术界的最高地位，楼兰的成果也就成了这些人一生价值的顶峰。他们拿走的那些文物，都以最珍贵的方式永久性地陈列在他们的国家博物馆。

李希霍芬这个人为什么要单独拿出来说一下，一方面是基于他的德国背景，还有一个因素就是他的直接影响和安排斯文·赫定到楼兰探险，直接致使楼兰被发现。如果不是他，楼兰的发现可能就是另外一回事了！斯文·赫定是他的学生，他在李希霍芬的学术思想和人格魅力影响下，至少在楼兰发现这个问题上，站在了世界的顶峰。显而易见，楼兰文化的光焰不可能没有他们的璀璨在里面。斯文·赫定在瑞典的名气可与诺贝尔媲美，从这一点也可以帮助我们认识到楼兰的意义有多大。

“丝绸之路”这个概念就是由李希霍芬提出来并被广泛运用的。只是他提出这个概念时，范畴远没有现在这么广阔，他自己也没有想到有这么大的影响力！而就是因为这个提法，让他在丝绸之路先驱者的众神殿里占据了一个显赫的位置。罗布泊具体位置也是由他确定的，并指出这是一座咸水湖，旁边有楼兰遗址。

李希霍芬与普尔热瓦尔斯基对罗布泊位置之争的分歧，曾在西方引起了一场世界级的争论，导致持续不断地有人作别亲友，身背行囊，踏上奔赴楼兰的艰辛之路。而大部分的探险家和旅行家都没有能力对罗布泊进行更深入的考察和研究，只是从现象上看到，支持了普尔热瓦尔斯基的观点。在西方地理学方面有着霸主地位的李希霍芬怎么可能对这个俄国人善罢甘休。恰恰是这样一场跌宕起伏、荡气回肠的大戏，呼唤着一个人还没有出现就已经注定了的传奇。

他是代表德国在华资本利益的人，由他带头发起，外国人纷纷打着“游历”和“科研”的旗号来华勘测，由于清廷的管控失序，最终造成了楼兰文物大量流失国外。同时，中国近代以来的地理学和地质学又是在他的学说的基础上建立起来的。

他曾在美国加州做了大量的地质勘察，发现了金矿，他的研究直接导致了加州后来的淘金热。一八六八年到一八七二年间，他来中国做了七次远征，是他第一次指出罗布泊的位置。这位研究阿尔卑斯山的地质学家，同样在对中国的地质地理研究中，预测到了楼兰古城的存在。如果没有他的这一预测，楼兰古城的发现也许是另外一回事了，也不可能有斯文·赫定轰动世界的楼兰发现。

鹰一样的普尔热瓦尔斯基

俄罗斯的国徽是双头鹰，一头俯视欧洲，一头俯视亚洲。

一

俄罗斯的国徽是双头鹰，一头俯视欧洲，一头俯视亚洲。你若看到普尔热瓦尔斯基的眼神，也会觉得像一只鹰，总是在亚洲这个方向上的山涧与盆地猎获他的目标。

现在时兴把国运不济的俄罗斯称为战斗民族。看看这些年普京和美国以及整个西方社会、阿拉伯世界斗法，该出手时就出手，凭借着强大的核武器似乎扳回了这一局。如果回眸历史，这个战斗民族把多少中国领土据为己有了呢?

要么向前，要么战死。这是普尔热瓦尔斯基到中国西部以后，常常挂在嘴边的一句话。因为这一天对他来说太不容易了，孤注一掷、不给自己留后路也就成了他的必然选择。他是一个令人望尘莫及的探险家、博物学家。就他坚强的生命意志而言，又无法不令人刮目惊叹！一个民族的血脉中究竟流淌着什么东西，决定着这个民族的未来。

他对楼兰罗布泊地理位置的重新发现，掀起了一场震惊西方世界的地理大发现，他也因此而成为一位千秋功罪任尔评说的人物。在发现的背后，如影相随的就是掠夺、盗取。所以我们在回望楼兰的过程中，普尔热瓦尔斯基就成了一个绕不过去的人物。

二

鹰一样的普尔热瓦尔斯基，在少年时代就把目光瞄准了中国西部。他自认为血管里流着高贵的血，又有军人背景，而他毕生最大的爱好就是探险，所以在地理学上下了很大的功夫。来中国探险之前，他还担任过大学的地理教授。有了这些常人难以具备的综合素质，目标清晰又不怕死，还不近女色。一个人走向荒原的探险本能要膨胀到何种程度，才能把好色的本能覆盖掉呢？在普氏眼里，女人那点事太不屑一顾了，所以他一直单身，直至辞世。要说日后地球人为他轰动一下，似乎也是一件顺理成章的事。

从他那桀骜不驯、傲视群雄的眼神中，可以窥知他是一个具有世界眼光的人。楼兰这个地方的魅惑对他来说，比娶一位新娘走进华丽的殿堂不知要幸福多少倍。同样是对楼兰的趋之若鹜，每个人心态是不一样的，在这一点上普尔热瓦尔斯基和斯文·赫定、斯坦因一样，一辈子终身未娶，也没有听说有什么桃色新闻。那个时代到中亚来的探险家是不是都有这样一个特质？但凡有了这样的特质，才成全了他们的一世英名。

西方文明有一个特征就是，一旦强大或者说为了彰显强大就向外扩张。那个时候的沙皇俄国对积贫积弱的大清觊觎已久，普尔热瓦尔斯基就是受沙皇俄国陆军总部的委派，来到敦煌以西的广阔地域来绘制地图的。也就是说，为沙皇俄国侵吞中国的土地做准备。他的中亚探险就是殖民主义的表现，因此他常会把地图上未官方命名的地方用本国地名来称呼。

三

对楼兰罗布泊的探险而言，远不是一个人凭着抱负就能抵达的。通往楼兰的路当然也不可能一帆风顺，他亲率的由六名探险队员组成的探险队还在青海湖一带就遭遇了上百名武装匪徒的袭击，当时一致的声音是赶快逃跑。而他坚定地说：要么战死，要么前进！“我们的处境很危险，只能把全部希望寄托在土匪的怯懦上。”考察队坚持前行，土匪果然退却，他也因此躲过一劫。

普尔热瓦尔斯基的第二次探险是在一八七六到一八七七年间。时间不长，行程也只有四千多公里，然而这一次的重大地理发现成就了他探险生涯的最高境界。

整个欧洲对楼兰的向往是蓄谋已久的。无论是从国家意识还是学术知识方面，一直都在做着各种准备。这个普尔热瓦尔斯基捷足先登，披着探险者的外衣，实际上扮演着间谍的角色。他怀揣着一本《马可·波罗游记》，一辈子几乎走遍了中国西部的所有地方，但给他带来荣耀、让他名垂史册的还是楼兰。他心里清楚，如果他能够顺利抵达罗布泊，那他就是继马可·波罗之后第一个抵达罗布泊的西方人。

他从伊宁出发，沿伊犁河谷地前行，沿途满目苍翠，杨柳依依。他跨越了天山山脉，他带领的这支相当规模的考察队伍，从库尔勒涉过塔里木河，对塔里木河下游地区进行了认真而细致的考察。且末的阔那沙尔古城、若羌的瓦石峡等地，就被他标注到了亲手绘制的地图上。

有一天，他在阿尔金山北麓六十公里处的区域见到了两处湖泊，当地人称为“喀喇布朗”和“喀拉库顺”。古史中的罗布泊是一片碧波荡漾、群鸟翔集的巨大湖泊，可眼前的喀拉库顺湖深度只有一到两米，有的地方已经露出湖底。而塔里木河的最终注入的，明明就是眼前的淡水湖喀拉库顺湖。那么，这里到底是不是罗布泊呢？

这里野生动物很多，有好些连普尔热瓦尔斯基这位颇有造诣的业余生物学家也叫不出名来。普尔热瓦尔斯基躺在苇草上稍事休息，脑子却转个不停。探险家的敏感使他沉思：这里是不是神秘的罗布泊？

于是，普尔热瓦尔斯基回俄国后宣称他找到了罗布泊。一石激起千层浪。消息传出，地理学界大哗。因为普尔热瓦尔斯基说的罗布泊的位置，与地图上标示的罗布泊相距四百公里，当时地理学界权威、德国的李希霍芬对他的说法进行了猛烈的指责。后来的考察使学术界的意见趋于一致：两人都没错，原因是罗布泊是一个频频变迁的湖泊，游移的湖泊，其位置受流入湖内水量的多寡的影响。

当时在欧洲的地图上根本就没有一个叫阿尔金山的地方，所以普尔热瓦尔斯基的发现就像哥伦布发现了新大陆，一下轰动了欧洲地理学界。

四

普尔热瓦尔斯基曾说过：“如果任何事情都要考虑得万无一失的话，那我们什么时候也到不了罗布泊，到不了阿尔金山。在我们这样的旅行当中，有一点是明确的，那就是无论遇到什么艰难险阻，也要毫不犹豫地往前闯。”普氏经历过生存的考验，若非亲自体验，光靠一支笔肯定写不出来这样的话语。

普氏也说过：“我要重新奔向荒漠，在那里，有绝对的自由和我热爱的事业，在那里比结婚住在华丽的殿堂里要幸福一百倍。”对自由生活的向往是普氏毕生的追求，他说：“我已不习惯彼得堡的生活了。在荒漠里有自由，而在彼得堡过的是镀了金的奴隶生活。我也永远不会习惯这种人为的文明生活，确切点说，这种丑陋的生活。”一个人若想取得超逾常人的成就，恐怕真得牺牲太多的东西。

普氏探险中国的时代，正值列强瓜分世界的狂潮期间。普氏的探险目的很单纯，就是为沙俄政府服务，普氏的所有考察报告都成为后来俄国制定对华政策的文献来源，而且普氏也丝毫不掩饰自己的侵略目的。在考察新疆巴音布鲁克时，普氏在给沙皇政府的报告中建议：“俄国边界从那拉岭移到达兰达坂，以便在强占伊犁外，再将大小两个巴音布鲁克确定为我国领土。”

普氏在罗布泊探险中曾表露过：“我从多年中亚旅行的经验中得出一条实际的信念：在这野蛮的地区，在当地的野蛮居民中间，囊中有钱，手中有枪，善于用这两样东西对土著采取命令态度，这正是一个旅行家事业成功的必要保证。”

在我看来，普氏这个人尤其复杂，身上鲜明地兼具天使和魔鬼的双重本性。为了猎取荣誉，为了达到目的，他不惜采用各种手段，包括大开杀戒，既杀人也杀动物。

新疆野马奔驰迅速，普通马根本没法追得上。据说当初成吉思汗征服西方的时候，胯下坐骑正是驯化过的野马。考察队猎获野马的过程尤其令人心痛，他们用四匹马追逐，不停更换马匹，不给小马驹喘息之机。在换第四匹马的时候，一匹刚生下来三个小时的马驹还是落到了后面。母马飞起后蹄，令考察队员的顿河马当场毙命。后面追来的考察队员一齐扫射，母马倒地。小马驹不认识枪弹，只认识母亲的身体，折回母亲身边。考察队员先后在小马后腿上放了两枪，马驹跪倒在母马跟前，交颈相磨。

母马被制成了标本，从此轰动西方，因为这是世界上仅存的野马种类，是他发现的，因此以他的名字命名。普氏野马的名字被传到欧洲后，殖民者开始来新疆疯狂地捕猎野马，以至于后来原生野马彻底消亡。以他名字命名的还有普氏小羚羊，在新疆已到了濒危的境地。

五

种种重大发现都令普氏名垂学术史。普氏亲赴阿尔金山，纠正了欧洲地图上的错误，因为当时欧洲的地图上根本就没有阿尔金山，欧洲人就不知道世界上还有阿尔金山。普氏是第一个深入青藏高原中心的欧洲人。普氏的旅行不仅仅满足于地理学考察，他搜集到七百〇二张兽皮，爬行和两栖动物一千二百种，鱼类七十五种，鸟类五十余种五千多只。普氏采集的动物标本汇编成三卷本科学巨著《哺乳动物纲》《鸟纲》《冷血脊椎动物纲》。普氏还搜集到一千七百种共计一万五千株植物标本。他把所有的新发现物种都绘成了图画。

普氏在地理学、动物学、植物学、博物学等方面都取得了巨大的成就，举世公认。普氏的这些工作对后来中国西部地区的研究，逐渐地显现出巨大的意义，而且越来越重要，因为普氏曾经记录并标本的有些物种如今已完全消失。

如今阿尔金山高原上仍旧奔跑着普氏羚羊，以普氏命名的物种还有许多。普氏对罗布泊的研究引发了后世的大讨论，对新疆虎的描述也激起后人的兴趣，普氏的许多探险工作都是具有开拓性的。

从一八六七到一八八八年的二十一年期间，普氏有十一年完全是在中国探险，先后完成了对远东乌苏里地区、蒙古青海、罗布泊、西藏以及黄河源头的五次探险。他的初衷是为了抵达西藏的拉萨，然而始终未能实现这个愿望。但他却在新疆走完了前无古人的路程。他的兴趣主要在于记录动植物和地理考察。除了“罗布泊位置之争”外，新疆“三山夹两盆”的地理结构就是由他标注在中亚地图上的。

在二十一世纪初，以我们现有的技术条件到达上述任何地区都可说轻而易举，连火车都开到了拉萨。但是在普氏生活的十九世纪，如果不是透过文字，我们已很难想象考察的艰难与险阻。

勇敢和无畏一直是探险家的首要条件，也就是说，想做探险家，必须得有亡命徒的气概，否则像一介文弱书生那样只会在故纸堆里徘徊，终成不了大器。

六

一八八八年，普尔热瓦尔斯基病殁于第五次中亚考察的途中，享年四十九岁。

这一年的十月二十日，普尔热瓦尔斯基病倒在伊塞克湖畔的萧瑟秋风中。高烧中他呻吟道："好啦，这回我要躺下了……我死以后，一定要把我埋在伊塞克湖畔水波打不到的地方，墓碑上只需简单地写上旅行家普尔热瓦尔斯基。"这只雄鹰终于再也飞不起来了。沙皇下令，把伊塞克湖畔小城卡拉科尔改名为普尔热瓦尔斯克，用以纪念这位帝国侵略先驱。

斯文·赫定

十九世纪下半叶是一个世界范围内的地理大发现时代。楼兰文化的发现，成全了那个时代，也成全了许多世界级的人物。

一

十九世纪下半叶是一个世界范围内的地理大发现时代。楼兰文化的发现，成全了那个时代，也成全了许多世界级的人物。如果说在这个群星璀璨的族群中选出最闪亮的一颗星，我想绝大部分人的目光都会投向斯文·赫定。不仅对于楼兰，他还以其的社会影响力和野外实践，真正让“丝绸之路”广为人知。

在瑞典，斯文·赫定是与诺贝尔齐名的人物。他在一生中五次进入中国西北探险，先后穿越塔克拉玛干沙漠，考察塔里木河，揭开罗布泊之谜，发现丹丹乌里克、尼雅和楼兰古城，穿越可可西里和柴达木盆地，发现雅鲁藏布江源头并探察古丝绸之路。他终身未婚，自称“和中国结了婚”。他就是享誉世界的探险家斯文·赫定。

二

一九〇〇年，八国联军从东部沿海的天津攻入北京，慈禧太后挟持光绪皇帝仓皇西逃。就在同一年，一支由斯文·赫定亲率的探险队走进了罗布泊。这已经是他第三次进入罗布泊了，显然不能说如入无人之境，但所有的人似乎都在帮助他。

正是他的卓立独行，使他走近了一个秘密，一个令世界目瞪口呆并给他带来无上荣誉的秘密。

罗布泊的缘起在整个欧洲地理学界掀起大战，何止是学界泰斗之间的针尖对麦芒，那些发达一些的欧洲国家的国王、总统、首相都在关注这件事。这些在中国被看作的文物大盗的家伙，一旦回到国内就成了最高领袖的座上宾，各种荣誉纷至沓来。所以他们就是冒着死亡的恐惧，也要在漫漫黄沙中找到他们梦寐中的楼兰，哪怕是拾到一块楼兰美女身上的佩饰，也就会成全他们一辈子的荣华富贵。

斯文·赫定坚信自己是对的，而他两次在圣彼得堡遭际的尴尬与羞辱只会让这位戴着毡帽、叼着烟斗，坐在首峰骆驼上像鹰一样傲视荒原的人内心更加坚定。他一生的学习、思考、漫游经历告诉他，生命的全部意义就是罗布泊这方水土上。

三

奥尔德克的神奇在于他不仅找回了铁锹，还给斯文·赫定带回了两块刻有花纹的木板。也就是说，奥尔德克对两块木板是有感知的，否则受了一夜惊吓还在迷途中的奥尔德克是不会负重把木板给斯文·赫定扛回来的。

同样是这两块木板，两个人的心理差异太大了。当斯文·赫定看到这两块木板后，热血一下涌上心头，两眼发胀，木板上的造型属于佛教文明，艺术风格是希腊化的，这就是某个远古时期的神秘国王向自己发出的邀请吧！其实这一刻他的世界改变了，也改变了世界。

人生就是这样，只要你行走你就会有发现。在发现的过程中，并非所有的事情都是理性的，有时候一个偶然相遇胜过一生的韬光养晦。

四

其实对于塔里木河流域，全世界有点抱负的人类学家都在猜想。一句最经典的话就是：“塔里木河是世界文化的摇篮。找到了这把钥匙，世界文化的大门便打开了！”而这把钥匙从这一刻开始，已经落在了斯文·赫定的手里了！

拿到了钥匙只是为打开大门提供了可能性，这个时候的斯文·赫定随身携带的饮水几近没有了。再要折回去探究古城遗址，整个探险考察队就会面临渴死沙漠的可能。这一次，他怀揣着这个秘密打道回府了！

五

翻过年的一九〇一年初，斯文·赫定重整旗鼓，走进了山寒水瘦、寂寥空旷的罗布荒原。沙漠就像一个孩子，有时你根本就揣测不到他的喜怒哀乐。此次楼兰之行并没有想象中那么顺利，每天都在死亡线上挣扎，每天又在向死而生的渴望中期待着奇迹的出现。

三月三日这一天，算得上是斯文·赫定的黄道吉日，他的驼队意外地踏上了一条依稀可辨的古道。和其他原始自然环境不一样的地方，就是仿佛出现过人类生存的痕迹，虽然这些隐隐约约的印痕是极其靠不住的，但其中隐含的魅力实在是太大了！

在一个没有雨季的地方，风就会特别的狂暴。由它雕凿出来的风蚀地貌同样具备人类的力量所达不到的审美效果。只是眼前出现的这一座，绝对不是自然的造化，而是一座印度式佛塔遗迹。

放眼望去，一座古城出现在视野之中，一道人工河反射着夕阳的余晖，成片的古建筑分布在佛塔和运河之间。细沙之下的官署、寺庙、僧舍、马棚、街市、瞭望塔、生活用具、纸本汉文文书、汉文木简、佉卢文文书静静地躺在那里。谁能想到它一睡就是千年，而发现它只是在一个瞬间。

车水马龙，人潮涌动。也许他还想到了人流中曾有他的先人抵达这里，想到了楼兰美女盼顾留情的风韵和自己无缘美女结婚生子的艰难含弃。

斯文·赫定这个人看上去，比欧洲的那些高头大马般的人足足小了一圈，文质彬彬，戴着一副深度的金丝边眼镜。古城的粗鲁和斯文·赫定的雅致就像一幅世情画，像一个裸露双肩的美女骑在一只老虎的脊背上。哪有老虎不吃人的，可是驯虎的美女会怎么说？发现楼兰的为什么是斯文·赫定？考古的乐趣是用证据来揭秘，而旁观者通过问一个为什么来反刍人生。

对楼兰的发现改变了整个世界，由此而掀起的全世界范围内的中亚考古热，把一种掩埋了一千多年的文明呈现在了世界面前。

六

斯文·赫定这样的探险家，实际上就是一个幻想家，一个超越种族、疆域局限的人类代表。他的思绪从来不会拘泥于一时一地。在某种程度上，他就像自己所说的“在夜空中翱翔”的精灵。

许多年以后，当他坐在自己的书房里写作曾经的楼兰过往的时候，空间的距离已经不存在了。瑞典与中国，西方与东方，是一体存在着的，甚至时间也是一体的。沙漠中的古老遗迹与每每响起的驼铃，在斯文·赫定的思绪中此刻在一起漫游。他的心灵深处，就是一个探险家“永恒的宇宙”。我相信他对世界的认知方式，才使得人们不得不从一个更宽泛的意义上去不断地重新界定他。

七

在罗布泊的日子里，他绕着大湖走了两天。在回忆录中，他写道:“天空、大地和湖水在日落时分充满了奇妙的颜色，太阳将绯红的光芒洒在沙丘上面……这是一幅辉煌的、几乎令人畏惧的图景。”

一九三三年，六十八岁的斯文·赫定带队，乘船沿孔雀河前往罗布泊。他租借了十四艘独木舟并雇用了十一位船夫，然后登上满载着粮草的船只，沿着孔雀河及库姆河顺流而下，前往未曾有人类进入的秘境。

孔雀河入湖口处草茂树密，水鸟成群，野兽出没。眼前的船夫还是罗布人，他们唱起了父辈的古老歌谣，让斯文·赫定的思绪回到了三十多年前第一次探险罗布泊的情景。

到达罗布泊后，展现在斯文·赫定眼前的罗布泊比三十四年前的水面大了许多，从北到南约有一百三十公里，最宽处有八十公里，总面积约两千多平方公里。

斯文·赫定特地拍摄了一些照片。其中一张是两个罗布人站在齐膝深的水中，其中一人手里还托着一条从湖中捕获的肥硕的大头鱼。

万万没想到的是，在他此次离开罗布泊后不到四十年，烟波浩渺的罗布泊竟因人为因素完全干涸……

八

日复一日的日子延伸着，远在北方积着雪的天山苍茫矗立，阿尔金山渐渐地清晰起来，界线越来越分明。到了晚上，在那山脚下住宿，那里有一个帐篷。和蔼的本地人来到河岸边，售卖他们用捕兽夹或罗网捉得的野鸭、野鹅和鱼类。斯文·赫定差使那处的伯克到附近路上的村庄去买船夫穿的皮衣、皮靴和吃的米、面、青菜，给了他应需的款项，还约好在一个地点相会。当然也担心他携款潜逃，因为都不认识他。好在他采购好所需物品以后，来到那个预定的地方。

坐着产自英国的舢板船，当然是一次难得的罗布泊之旅，不经意间就会成为一次难忘的远行。

随行的卡司姆是一个幽默而机灵的家伙，很会捕鱼，拿着自己做的鱼叉，在一个小河流汇成的瀑布地带叉到了鱼，然后带回营地与大家一起分享。此次旅行忘了带来复枪，若是他们太久不回来或是找不到回家的路，家里的人便会在夜间生起烽火，指引他们在星光铺展的湖面去迂回寻找灯火阑珊处。

船队乘着极快的风，在河中漂移，经过一处狭窄地方，到达第一处湖泊。湖中长着很多芦苇，但是仍有开豁之处。一群雪白的天鹅在那里游泳，很高兴地看着他们的船只。等他们离得很近，它们飞起来喧噪，但飞不多远又停下来。巴音布鲁克天鹅湖的景象原来最早的时候就在罗布泊。罗布泊消失的日子自然也包含着天鹅之死的咏叹，不需要思接千载的遥想，如果现在去看一下罗布泊，满目的枯死和对生命的恐惧，不知这把悲怆的泪水含着忧伤更与何人说！

到日暮黄昏的时候，他们在树林中搭帐篷。斯文·赫定的爱犬多甫勒特好几日很沮丧，动作也异乎寻常。它跑到岸上，在小树林间尽力地寻觅，最后抽筋而死。失去了它，斯文·赫定很伤心，在奥希得看到它的时候，它还是一条可怜的小狗。现在已经长大，可望成为一条很好的狗了。可是他就这样死去了，斯文·赫定一行为它举办了隆重的葬礼。

次日，在一个河道弯曲的地方，有一条林中小路。沿着小路走入林中，就发现了一处寺院。院墙是用树干和木板制成的，直埋在沙土中，四面围着一道篱笆。进去以后自然会有一种仪式感，去祈祷先知。

卡司姆驾着一只小船在前面漂流，以便测量水的深度，还可以警告船队前方河中有沙滩。他拿了一根杆子立在船尾上，忽然将杆子支到河底，可是因为用力太大，拔不出来，整个人也倒翻入水中。大家见状，都笑得止不住声。

许多成群的野鹅排成箭头式，向湖那边飞去，有一群在离船很近的地方停下。船队因为食物足够了，未曾为难它们。第二天早晨，它们又向前飞去。船上养熟的那只野鹅因而苦恼，注目看着它们。其中有一只未曾飞走，或者是疲乏了，但不久觉得孤独，便又飞翔起来，追随它的同伴的无形的足迹凌空而去。它知晓它们下一站的停处，定能赶上它们。

几天以后，船队从一间茅舍中寻着一个舵夫，也是一个猎虎的人。赫定向他买了一张虎皮。不过也有一种说法，是说斯文·赫定的团队猎捕了一只老虎。现在斯文·赫定在斯德哥尔摩的书房中的虎皮就是从罗布泊取得的，这一点毫无疑问。

在罗布泊的丛林里，就算是英雄般的猎虎神手也算不上有多勇敢。通常的情形是老虎咬死了一头牛或一匹马，吃饱以后便到深林中去休息，等第二天夜间再来吃。它常常随着牧人或牛类所走过的路前来。当时牧人们已会在那通到贪婪的动物卧下的地方的来路上掘好一个坑，上面安设了一个捕兽夹。老虎一旦踏上捕兽夹，沉重的铁框便将它的脚夹住。老虎无法摆脱，更无法捕食，于是便消瘦得可怜，终究必饿死。过了一段时期以后，猎人才敢出来，骑了马按照那容易寻找的足迹走近老虎身边，将生命垂危的老虎打死。

九

为什么二十世纪整个世界的地理大发现产生的那些群星璀璨的传奇人物，大都是西方人？中国人“父母在，不远游”的居家意识，与西方人奔向荒原的人格特征形成了鲜明对比，这也可以理解为中西方文化的差异之一。

楼兰的历史成全了斯文·赫定。除了他那些远播世界、经久不衰的考古发现故事以外，我更加关注的是这样一个人的内心。

成为一个卓越探险家的前提是，要有一颗强大的内心，也许斯文·赫定就是因楼兰而来到这个世界的。就他的一生来说，世界观也在不断变化，甚至和世界的主流意识形态相左，但对于楼兰的虔心却从来都没有改变过。

德国是一个产生思想家和哲学家的国度，他在德国的学习经历奠定了他的世界观的基石。当然，接下来这个地理意义上的选择就变得异乎寻常的重要了，亚洲腹地的新疆南部就具备了这样的因素。生命的快乐横到边纵到底，不就是为了心中的那点渴望吗？

已故著名西域研究专家杨镰说："斯文·赫定是中亚最后一位杰出的'古典'探险家，也是第一位使其探险活动与时代的、社会的进步步调一致的现代中亚科学考察的组织者。"

一九四二年十二月十二日，斯文·赫定在《亚洲腹地探险八年》一书的序中这样写道："岁月一天天逝去，摆脱掉对这万花筒般的庞杂纷繁的追忆，考察团里那令人愉快的时光愈发清楚明晰地进入了我的脑海。但见一群勇士兀立在辽远宏大、无边无际、与天地长存、似日月不朽的荒凉空寂的亚洲沙海上。寂寥无声的沙漠之夜，闪烁的星光下，从遥远的天边仿佛还隐隐传来一阵渐渐遁去的驼铃声。"

多么感人的一幅生动隽永的画面啊！一种内涵丰富的意象，仿佛他的探险人生的全部意义都浓缩在这样一个场景之中了。

十

斯文·赫定的父母有儿女七人，二子五女。斯文·赫定是老大，终生未娶，他说楼兰就是他的新娘！

在斯德哥尔摩最美丽的海湾有一座小岛，这座小岛属于斯文·赫定家族的私有财产。一个家族拥有一个小岛，且亲切地居住在一起，无疑是因为家族中出了一位享誉世界的斯文·赫定，他们都感到荣耀和骄傲。斯文·赫定也就成了这座海岛的一面旗帜，一股浓郁的诗意。

斯文·赫定的家族延续了热爱中国文化的传统，在那座小岛上到处都有中国绘画和刺绣等中国元素。

历史就是这样，拿到今天来看，带有太多的复杂性，从任何一个角度看过去，呈现的形态和感觉都不一样。当我们看到斯文·赫定离我们远去的背影的时候，也可以穿越时光，更深地感受一下这个人的内心。

十一

斯文·赫定于一九〇五年当选为瑞典皇家科学院院士，一九〇九年又获得牛津大学和剑桥大学名誉博士学位。他早已享誉世界，著作等身。然而，他也是一位有争议的人物。在两次世界大战中，他的政治立场都站在自己的恩师、地理学大师李希霍芬的祖国德国一边，因而受到孤立，但他也曾成功营救了一些被法西斯迫害的人。对于中国的抗战，他也发挥了积极的作用。

一九三五年四月，在完成历时八年半的中国考察后，斯文·赫定回到斯德哥尔摩，此时他已七十岁了。晚年的他眼睛一直不好，最后十年几乎是处于双目失明的状态。

他再也没有重返中国。他回到自己的国家，回到家人身边。“我带着一个神秘深奥的感觉回到我亲爱的故乡，回到在斯德哥尔摩的姐姐身旁。万能仁慈的主带着无限的爱心，一直保佑着我们和我们所承担的事业。”几年后，他这样描述回到家人身边的感觉。

十二

在《亚洲腹地探险八年》的结束语中，斯文·赫定写道：“驼队如一片剪影，贴补在沙漠这偌大的画布上，更衬托出它的鲜明、美丽。中国的赶驼人是走在最前面的。最后面是一个警卫坐在高高的驼背上，那铃声伴着这支孤独的队伍渐渐远去，宁静又展开它的翅膀笼罩着大地。无边的思绪载着我在夜空中翱翔。繁星如钻石一样闪着微光，它照耀着我们，也照耀着我们居住的这颗行星。它不屈不挠地向着不知名的目的地漫游，向那片神秘的永恒的宇宙深处飞去。”

罗布人就住在岸上的芦苇舍中，以鱼类为食。有一个罗布人向他们展示了捕鱼的方法：在河岸和一片突起的泥岸之间形成的长狭水湾的口上，张开一张渔网。水湾已经结冰，他就沿着外边划船前进，尽力地伸桨打冰，每次将渔网慢慢地向岸边移动一些。鱼都退隐到水湾上去，所以最后将紧靠岸的冰打破的时候，鱼都要奔到河中，反而被网捉住。这个方法既快而又巧妙，人、水、鱼构建了罗布人的一种基本生活。

想象在一个春天里，泛着独木舟在平缓的孔雀河上观览着四面的风景，是何等惬意的一件事情呀！吐出嫩芽的胡杨虽然没有秋日暖阳下的胡杨那么炽热，但在黄沙漫漫的罗布泊腹地感受到如此沁人心脾的清新，令人难忘。沐浴着春风的斯文·赫定拿出了自己的绘画工具，记录着两岸的风景。如果他不做探险家，肯定也会是一位出色的画家。这一次的楼兰之行被斯文·赫定称为“牧歌的旅程”。

下午，斜阳西照，斯文·赫定的桨手萨迪克突然大叫：“奥尔德克，来了！”斯文·赫定朝河对岸望去，发现有两名骑手正纵马追来。其中一位白发老人正是自己从前的向导奥尔德克，另一个是奥尔德克的儿子。

斯文·赫定急忙让船夫靠岸，奥尔德克张开双臂，快步奔下河岸，三步并作两步跨到船上，两人含着热泪拥抱在一起。这个拥抱和上一次分手相隔了三十二年，那时候他们都还年轻，现在年逾古稀。

三十二年前，他们一同发现了楼兰。现在斯文·赫定已经是蜚声世界的名人、国王的座上宾、诺贝尔奖的评委，在瑞典买下了一座私人海岛。而奥尔德克，脸上刻着岁月留下的深深皱纹，长长的胡须也没有打理过而显得凌乱，头上戴着一顶破旧的毡帽，腰间扎了一根布满污垢的破布条，身上退了色的袷袢已经破烂不堪。一起发现了楼兰，甚至可以说奥尔德克比斯文·赫定发现得还要早。同样是流金岁月，两个人当下的差异竟然如此巨大。再多的感慨更与何人说？只能归结为命运！

十三

斯文·赫定基于对新疆的了解，担心新疆有被分裂出去的可能，便建议民国政府修一条铁路。如果条件不具备，一时间修不了铁路，那也要修两条公路，以确保对新疆的统治。

一个世界级的探险家对政治也是敏感的，具有洞悉未来的前瞻性和不容置疑的政治智慧。如果可以把一个人分作两面看，斯文·赫定的悲悯和对中国所尽的这份责任是让我敬重的。

后来他被聘请为铁道部的高级顾问，带领他的西北科学考察家完成了勘测公路的职责，并提交了可行性方案。

斯文·赫定对铁路的测绘成果得到了民国政府的肯定。他于一九三五年二月到达南京，国民政府主席林森接见了他，行政院长汪精卫率领二百五十名官员听取了他的演讲。他还赶到汉口，向军事委员会委员长蒋介石汇报了考察成果，蒋介石夫人宋美龄为他做了翻译。

毫无疑问，斯文·赫定在中国西部的探险硕果累累。但也有一些中国学者认为，正是他的探险，打开了西方文化强盗掠夺中国考古资源的大门，这种说法值得商榷。

斯文·赫定在回忆录中一再表示，绝不与各国古董商人进行任何交易。他对西方一些文化强盗掠夺敦煌千佛洞文物的行径表示极大的义愤，还对一九一四年英国两次侵略西藏十分愤慨。

一九五二年冬，斯文·赫定在斯德哥尔摩逝世，享年八十七岁。

斯坦因的罪与罚

面对楼兰古迹，谁最贪婪？我选择奥莱尔·斯坦因。

一

面对楼兰古迹，谁最贪婪？我选择奥莱尔·斯坦因。这是一个把人性的恶演绎得最彻底的一个人。作为一个中国人，把这个人钉在楼兰文化的耻辱柱上是再恰当不过了。而他关于楼兰的学说和研究成果至今还为我国沿用，还在通过他的几本书对楼兰进行进一步的发现。至今还有一种普遍的共识，楼兰在中国，楼兰研究在西方。我搁笔而思：不知是楼兰的悲哀还是楼兰的欢欣！但我们无论从正反两个方面，都要记住这个人！从心碎的楼兰之殇中，激活出一股正能量，反哺正待复兴的楼兰文化，使楼兰文化回归本质，而不只是西方冒险家炫耀的资本。

看看斯坦因那些人的嚣张日子。皇帝在逃亡，朝廷风雨飘摇，又怎么能有这个精力和能力对楼兰文物实施保护呢！而他则大摇大摆地一次次把大批楼兰文物搬回了异国他乡，成就了他在西方世界的一世英名。

在若羌大地行走，当年楼兰的盛世繁华和笙歌曼舞的景象，如今只有满目苍凉的碎片化记忆。在楼兰的日子里，常常掩卷长思，如果我们国家足够强大，悉心把楼兰的前世今生梳理一下，一定会再造一个楼兰，让更多的楼兰发烧友或者想来楼兰的人不再只是在梦里漫游。

斯坦因于一八六二年生于匈牙利布达佩斯一个犹太人家庭。这个匈牙利是不是当年在中国北方一直和汉朝相抗衡的匈奴后裔建立的国家，尚待史学家认真考证。

从小他就无限向往亚历山大大帝不可一世的远征，加上他也以为自己是匈奴的后人，所以对中国的楼兰有着一种偏执性的贪婪。还有两个人让他心心念念，一个是马可·波罗，还有一个是玄奘，他们都是周游世界、影响世界的大咖。在《马可·波罗游记》和《大唐西域记》的感染下，到东方去追寻马可·波罗和玄奘大师的足迹，已经化作他的生命意志和信仰，由此而裂变出的欲火，变成了对楼兰文化的最大浩劫。

斯坦因把一生赌在了亚洲腹地。楼兰成全他得以彪炳史册，同时也成为西方对华殖民侵略的可耻见证。为了他所谓的事业，他终身未娶，这一点和斯文·赫定一样。在考察中，他被冻掉了几个脚趾头，依然在所不惜、无怨无悔。他一生节俭，没有房屋，没有私产。他精力过人，终日写作不辍，著作等身。他觉得自己这一条命能和楼兰捆绑在一起，无论怎样也值了，那么你又怎样评价他呢？

二

有人喜欢做白日梦，而且把它融为生命的一种基因，无论你用怎样的力量驱赶它都挥之不去！从幼小的时候开始，斯坦因所有的学习经历都是为了圆这个亚洲腹地的梦。他的意识、潜意识、无意识的每一个暗角，都在发酵为一个梦中的楼兰。

他的学业基本都是在英国完成的，剑桥、牛津、伦敦，他读完研究生读博士，读完博士以后又读博士后。除了学业以外，他也非常清楚，没有相当的人物和资金的支持，要进入东方这片土地，谈何容易。

其实即便是科学和交通如此发达的现在，要想很轻松地进入楼兰地域，也实在不是一件容易的事。很多人都认为，楼兰是一个神秘的梦幻，此话也不无道理。斯坦因以其睿见和攀附能力，终于让英国方面把他派到了印度来工作，使他有可能一步步向中国的楼兰逼近。

他到了印度以后，很认真地给英属的印度政府写了一份很缜密的报告。他在这份报告中说，中亚这片地方历史上曾经属于英国的势力范围，我们即使拿不回来这片土地，也要拿回属于我们的荣誉。通过这个层面的揭示，我想对于后来他来到楼兰的表现也就会有更加深刻的了解。

三

一九〇〇年，斯坦因从克什米尔启程，先到了喀什。他在喀什最大的收获，就是认识了清末的这位卖国师爷蒋孝琬并当了他的秘书兼翻译。当蒋孝琬的个人尊严和利益得到了极大满足时，什么国家利益和良知也就显得太微不足道了！这样的人无论在任何一个国家，都实在是太多了。然后他们到了和田。凭着对《大唐西域记》的研究，他知道有一个名叫尼雅的古城，就朝那儿奔去。他们到达尼雅镇之后，驼夫从外面拿回了两块木板。斯坦因看到后，眼睛霎时一亮，他马上就认出来木板上的文字是三世纪贵霜帝国的佉卢文。

几经周折，顺着藤也摸到了瓜。沿着干涸的尼雅河床行进，终于找到了木板的出处。遗址位于民丰县城以北一百公里处，散落在古尼雅河谷的沙丘之间，以佛塔为中心，呈带状南北蜿蜒二十五公里，有住宅、墓地、佛寺、作坊、城墙、古桥、栅栏、果园、沟渠、池塘、田地等二百五十处遗址。最初是精绝国的都城，后来成为楼兰国的边境重镇。

就这样，大量的文物被斯坦因劫走，很多东西都是这些欧洲人从来没有见过的，一共装了十二大箱。今天，这些珍贵的文物仍躺在大英博物馆和大英图书馆。

在斯坦因发现尼雅的时刻，斯文·赫定也在罗布泊发现了楼兰。其实斯坦因内心在盘算：你斯文·赫定的发现更多是从地理意义上填补了那一片不毛之地，而周围古城的那些宝藏，就凭你斯文·赫定，你还欠火候。他内心清楚，楼兰的周围的古城有一大批珍贵文物在等着他，他已经在盘算他下一步的楼兰之行了！

四

一九〇六年，斯坦因终于带着驼队，牵着爱犬达西，向楼兰出发了。他还听说，法国的伯希和、普鲁士的皇家探险队都来到了楼兰，展开了对楼兰的围猎。

十二月上旬，斯坦因抵达若羌，招募了五十名民工，准备了五个星期的粮食，收集了二十一峰骆驼，在物资准备上做足了功夫。对于楼兰来说，一场巨大的浩劫开始了。

斯文·赫定的注意力重在发现，而斯坦因就不一样了，他是重在发掘，然后盗走。即是在斯文·赫定已经发掘过的地方，斯坦因也绝不放过，展开了拉网式的梳理，拉网式的排查。任何一件文物对他来说，都能让他热血奔腾。他用了十一天的时间，把楼兰古城以及周边遗址所能找到的遗物全部清理出来，发掘出成批的写在木板与纸片上的中国文书，写在木板纸片和绢上的佉卢文书，具有古希腊和古罗马风格的木刻残片，青铜箭镞、汉代方孔铜钱、古织品残余物等珍贵文物。仅仅在三间房西侧的垃圾堆中，他就得到了二百件文物，有汉文、佉卢文、印度语文书，还有粟特文书。羌女情书就是此次发现中的得意之作。

五

大漠冬季，寒风刺骨，滴水成冰。兴奋而急切的斯坦因已经对严酷自然失去了感知，即使这一刻命悬一线，他也不会放弃米兰古城遗址的。

米兰，是一片长满芦苇、绵延十里的古建筑群遗址，这里城堡巍然，寺院众多，佛塔林立，古墓处处，水渠纵横。他先是进了一座吐蕃人的古戍堡，从中获取了上千件吐蕃文书，证实此地曾被吐蕃长期占领过。然后，他进入古堡附近一座坍塌的佛寺，挖掘出几尊泥塑的佛头，许多梵文贝叶书。在古堡西方一点六公里的土堆群中，挖掘出了一座圆顶佛寺米兰大寺。当清理到离地面四英尺左右时，一面绘着有翼神像的护墙板显现出来，他不禁大吃一惊，在亚洲腹地中部荒凉寂寞的罗布泊岸边，怎么能够看到这种古典的天使像呢？

大量描写佛教故事的精美壁画被他挖下，连同泥塑佛头一起仔细装箱。斯坦因在书中不无骄傲地说："我十分满意的是，两年后打开这些箱子的时候，因为装箱时十分谨慎，所有绘画的泥版遗物竟能完整地到达不列颠博物院。那是我的忠实的朋友助手安德鲁斯先生用混有膨胀性铝的石膏粉很巧妙地托在壁画残片后面，把原物好好地保存下来。"

斯坦因从米兰盗走的有翼神像，后来被认定是希腊神话中的爱神阿弗洛狄忒，并错误地将其冠名为"有翼天使"，其实那是佛教有翅人物迦陵频迦。他在书中毫不掩饰自己的激动："这种天使像一共存有七尊，都很安全地运了回去，现在分别存于不列颠博物院和新德里我的收藏品处。"

为了剥离运走的这些壁画，他可谓费尽心机。因为整个墙体都已经酥软，稍一碰壁画就会碎裂。为此，斯坦因将产自和田的一种十分柔韧的桑皮纸贴在壁画表面，用锡片插到绘画层和墙壁之间，小心而缓慢地将壁画从墙体上剥离下来，画面向下装入特制的填有棉絮的大木框中，木框又被装入塞满芦苇的木箱，然后由驼队、火车、轮船接力，经喜马拉雅山山口、克什米尔、孟买，三年后运抵大英博物馆。

他原计划在米兰挖掘四到五天，实际上却不分昼夜地劳作了十八天，出土品之丰富，令人叹为观止。他内心窃喜："人类的秘密藏在塔克拉玛干沙漠里。"他清楚，这里的确隐藏着人类的许多秘密，其中的部分秘密正在由自己解开。

六

斯坦因在楼兰收获颇丰，仍意犹未尽。他带上休息够了的蒋师爷，继续向东奔波到六百公里外的敦煌，去收买那位外表猥琐的莫高窟王道士，上演了更加贪婪可耻的历史丑剧。

他在一九〇九年一月返回伦敦时，带回了九十三个装满中国文物的箱子。他被国王接见，并授予骑士勋章，还被封为爵士。即使处在荣誉的巅峰，他的内心深处还是在惦记着楼兰。他觉得自己对楼兰的挖掘还不是太彻底、不充分，范围也小了一些，因此一定要再去楼兰。

一九一四年，中国国内形势一片混乱，反袁起义此起彼伏。混乱的时局，恰好是探险者掠夺文物的最好时机。此时，斯坦因已从印度辗转进入中国。

进入米兰以后，他将上次考察时未带走的精美壁画全部剥下，共剥得壁画十一块，然后装上背垫，放入六个大箱子中。没有任何力量可以阻挡他对楼兰的狂想和执念，他越是走向楼兰腹地，越感到轻松。他在给友人的信中说：“我已经进入外来干扰和阻挠全都达不到的地方。不管今后会发生什么，我深信单是凡人的力量，不能阻止我对罗布卓尔一带未知地域的考察，也不能阻挡住我去探寻那条自公元前一二〇年就有军警、商人前往西域的道路。”

在千疮百孔的米兰废墟上，目前用国债资金已经在全面修复这座古城。我完整地看过这个设计方案，相信这朵重放的鲜花一定会吸引四面八方的宾客，回味久违了的楼兰文化。

七

楼兰腹地之行，可以说每一天每一刻都和死亡面对面，谁也说不清楚斯坦因的内心为什么那么强大。即使在骆驼因疲惫而走不动的情况下，他会竭尽全力地驱赶着骆驼蹒跚而行，越过连绵不绝的台地，然后把帐篷扎在高高的佛塔下。

这个时候的斯坦因就有了一种君临天下的感觉，仿佛世界都在他的主宰掌控之中。眼神中弥漫的那种惬意，感觉到这才是他生命中的高光时刻！比他在英国与国王握手的时候还得意。有那么一种人，只有把内心的某种执念通过对现实的咬噬达到极致的那一刻，才会萌生出常人无法体会到的那种幸福感！由此可见，人与人之间对幸福的诉求的差异有多大吧！

这一次他扩大了搜寻半径，拉长了时间，加大了投入。他曾在日记里这样写道："驼队的母驼在佛塔下产下幼崽并哺育成长起来，以至于完全不需要别人照顾，就能跟随驼队走出滚滚的流沙。"这种在死亡腹地的荒野从容态度，是不多见的吧！斯坦因这种人，按照常规逻辑来说，怎么辱骂他在楼兰的恶行也是不为过的，但他这个人的性格因子就是如此，不是遗臭万年就是流芳百世。

这一次，他在楼兰遗址附近发现了一座公共墓地，洞穴里有数不尽的古代文物。还发现了一座汉代的堡垒，最典型的标志是那座傲然孤立的烽火台。就在烽火台的北墙附近，发现了有纪年的汉文文书，说明汉朝在这里驻军在三世纪之后。就在这个烽燧地附近，他还发掘了一处古墓葬。

他为了给自己加持"揭开楼兰文化全貌"这个标签，将过去楼兰发现的所有遗址进行了测量和编号，然后把坐标公布给了世界，这样的历史由他来固化了，世界接受了，他的这些成果到现在还在沿用。

米兰是他的福地，之后他又去过一次！他发现橘瑞超的行为极为不道德，也不专业，因为留下了太多的壁画碎片。在他撰写的《中亚旅行记》一书中，毫不客气地用尖酸语言贬损嘲笑了那个像女孩的橘瑞超。而他自己则用了四十五峰骆驼，满载着壁画和其他文物。后来他被中国政府驱逐出境，以后再也没有让他踏进中国的国土。

一九四三年十月，这位二十世纪最大的探险家死于美国驻喀布尔的公使馆中，也可以说死于考察的路上，他的遗体就近葬在喀布尔的基督教墓地。

他对楼兰和中华民族的伤害，我们的后人永远都会品嚼。其中的滋味一定会化为我们这个民族不懈的动能，让永恒不息的中华文明再次强大。

小姑娘一样的橘瑞超

就算你是一个娇柔的小女孩，一旦你铁了心要来蛮荒遥远的西部，你不仅能够抵达，没准儿一场相遇就会创造世界奇迹！

一

就算你是一个娇柔的小女孩，一旦你铁了心要来蛮荒遥远的西部，你不仅能够抵达，没准儿一场相遇就会创造世界奇迹！二〇二〇年五月，我顶着烈日在罗布泊楼兰遗址三间房来回踱步，沿着每一条墙缝静心细看，试图证实一下日本小和尚橘瑞超发现《李柏文书》的是哪一条墙缝。

在三间房周边住下来的日子，每天晚上最惬意的事情就是看银河星月，有时一阵风起，天地浑然出一个心身的意外景象，把过去、当下和未来叠加在一起，油然而生对生命的几多感悟：太精致的生活容易让血流的速度减缓，在荒原，干热的风容易释放出心灵的野性。血流也在这高天阔地的激荡下提速了，于是凝聚起了作为人的最可贵的血性！

二

中华民族历史上的清朝末年，外国人趁机进入了西北腹地，进行了大规模文化遗产的掠夺。当时罗布泊乃是人迹罕至的地区，瑞典、英国等多个国家的人先后组织了探险队，前往罗布泊，抢走、盗走、偷走了大量珍贵文物。

一旦小日本出现，接下来的大戏就会更加吊诡、狂暴、狡黠。我们的近邻日本，在这场世界级的角逐中怎么可能放过楼兰？于是也很快加入了抢夺罗布泊的狂欢中。

日本人中有一个和尚叫大谷光瑞，静穆慈悲的外表挂着几分禅意，而内心并没有看上去这么淡定，先是去了欧洲学习科技。他看了欧洲的那些博物馆里陈列的中国楼兰文物，受到了深深的刺激。

不怕贼偷就怕贼惦记，于是，他发起并创立了日本中亚考察队，名义上以调查佛教东渐史迹为幌子，可想而知中国的文物，特别是佛教经卷遭洗劫也就在所难免了！

一九〇二年，大谷光瑞顶着佛祖的光环，怀着贼心，带着一批盗墓贼，窜进了中国西北一些地区，成功盗走了一批文物遗产。

三

第二次进入楼兰是一九〇八年，大谷光瑞非但贼心不死，贪婪之心反而一再膨胀。这次他正式将目光瞅准了罗布泊以及楼兰古国。

这次他派了两个人，一个叫橘瑞超，出生在名古屋市的真广寺，长得面目清秀，身材瘦小，梳着三七分，穿着日式西装，是本愿寺的小和尚。无论是见过他的人或是从照片上看，都像个女孩。这样的模样到西域来也有一个好处，就是最残忍的匪贼也会对他动了恻隐之心，而不至于引来杀身之祸。

由于大谷光瑞没有办法自己亲自去，所以派出了自己的小徒弟，也就是橘瑞超前往。当时的橘瑞超才刚满十八岁，按当下的说法就是刚成人。大谷光瑞则在日本幕后指挥，多方面打听楼兰遗址的精确位置，终于在别人醉酒时从他人口中套出了楼兰遗址的精确位置。大谷光瑞马上通知了橘瑞超，告诉了橘瑞超准确的经纬度，于是橘瑞超就以最快的速度找到了楼兰遗址。

真人不可貌相，海水不可斗量。干大事的人命里要有，还要看机缘。后来的事实证明，这个女性化的外表反而帮助他在最野蛮的地方，干成常人一辈子也难以干成的大事。另外一个叫野村荣三郎，也是扮演着佛僧的身份而实际上有军人背景，还有可能就是个间谍。他们两个进入楼兰以后就分开了，一个走的北道，一个走的南道，可能还是想来一趟不易，实现价值最大化吧！

楼兰的象征比较多，譬如说楼兰美女，但凡对楼兰历史了解得稍微深一点的人就会知道有一封《李柏文书》，它的史料价值和文化意义无与伦比。不要说对它的发现，就是对它的研究能够品嚼出一点艺术的原真滋味，也会让你扬名天下。为什么说人往高处走，学术上、交际方面都是这样，只有绑定一个高度你才能在这个高度上发出光来，就算是沉沉黑夜也没有关系，反而会闪耀得更清晰。

心力笃定的橘瑞超众里寻它千百度，终于找到了三间房。那可是一百多年以前，就算是交通和科技发展了的今天，没有向导带路，要在茫茫死亡之海罗布泊找到楼兰古城，也并非一件容易的事。

所谓三间房也就是字面意思，本来是官署衙门办公的地方，但是在经历了时间的摧残和劫难后只剩下四堵残墙，看上去就像三间房子一样。橘瑞超在这里也翻天覆地找东西，可仍是一无所获，他在怅然若失的苦闷和狼性铺天的觉知中，把日子一天一天地踩在了脚下。歪歪斜斜的印痕里植入了一个小姑娘一样的日本少年不为人知的野心和贪婪。他知道自己从哪里来，干什么，要到哪里去。

四

那是一个乍暖还寒的春日，因为西北的春天来得本来就要比江南的早春二月晚许多。橘瑞超到达楼兰后，在斯文·赫定和斯坦因翻过的佛塔和三间房附近，跟他组织起来的民工已经地毯式翻捡到第五天了。

他坚信，在这个地方无论怎样翻捡，总会有价值的。就算你有能力走遍世界，也不如盯在一个不算大的地方深深地、细细地，再深深地、细细地观察、体验、寻找，因为他清楚，别人都不会像他这样做。

突然间，在三间房的土坯墙下部离地面十厘米的地方，一道不足两指宽的缝隙引起了他的注意。他捡起地上的一段干树枝，伸进缝隙，这个像小女孩的橘瑞超的手感可能也比寻常人更灵验，他觉察到了有些异样的感觉。他屏住呼吸，听到了自己心跳的声音。果然，一个被揉皱的纸团随着树枝，随着他的手感露了出来。寻常看不见，偶尔露峥嵘，谁也不可能想到千年后见到它的第一个人，就是这个来自日本的长得像小姑娘一样的小和尚橘瑞超。

他把这个纸团小心地铺展开来，发现是几张墨迹清晰、书法优美的汉文文书。它就是轰动世界的楼兰象征物《李柏文书》。先不说它的史料价值，单就书法这一点，可与王羲之的《兰亭序》相媲美。

也就是说，这张草稿在墙缝中已经留存了千多年的时间。就在这个发现的瞬间，橘瑞超的名字已经可以和斯文·赫定、斯坦因齐名了。就是这个瞬间，可以让橘瑞超的名字流芳百世，世界著名的探险家行列里必须列入他的名字，否则历史的发现也未必有现在这么精彩。这就是楼兰的魅力。

五

《李柏文书》共有三张纸，是一封书信的三次草稿。写信人是进驻楼兰的前凉国西域长史李柏，收信人大概是焉耆王龙熙，时间是前凉建兴十六年（三二八年）五月。当时，西域长史李柏奉命征讨反叛的戊己校尉赵贞，为了取得焉耆王对前凉讨逆的支持，所以李柏在信中对焉耆王的表现还有那么点谦恭的意思在里面。

书信的第一稿已经残破，只能看清十几个字。浓墨饱蘸，浑厚华滋，笔力遒劲，气势如虹。以隶书为主，也透出了些许行书的意蕴。拿到今天来看，也可以看作是章草。

书信的第二稿，笼统一点说就是行草。写得比较随意，笔断意连，气势畅达，用笔豪迈，参差错落，其间也夹杂着一些隶书的意韵，把晋书风貌展现得淋漓尽致。信的内容为：

五月七日，海头西域长史，（关内）侯李柏顿首顿首。别恒不去心，今奉台使来西，月二日到此（海头），未知王消息，想国中平安、王使回复罗，从北虏中与严参事往，想是到也。今遣使符大往相闻通知消息，书不悉意。李柏顿首顿首。

书信第三稿的内容：

五月七日，西域长史、关内侯李柏顿首顿首。阔久不知问，常怀思想，不知亲相念便见忘也。诏家见遣，来慰劳诸国。此月二日来到海头，未知王问，邑邑！天热，想王国大小平安。王使□□俱共发，从北虏中与严参事往，不知到未。今遣使符大往通消息，书不尽意。李柏顿首顿首。

这一稿又是一番面貌，主要用笔尖书写，尽管墨色渐枯，满纸飞白，但古拙老辣，神采飞扬，与颜真卿的《祭侄稿》有异曲同工之妙。

《李柏文书》的出现，填补了西凉在西域经营的一些空白区，也是现存最早的中国纸质实体书信的证据，所以是无价之宝。而我们的这个无价之宝被发现者橘瑞超带回了日本，现今仍旧保存在日本京都龙谷大学，也是中国近代痛失的国宝之一。

六

中国的文人风尚自汉以后逐渐形成了另一种整体风格，后世称之为魏晋风骨，我想这也是中华文明中的一个重要的部分，涌现出了一大批后世难以企及的风流人物。而李柏作为东晋派往西域的长史，文韬武略，自然不是等闲之辈。

我花了很多年的时间研究《兰亭序》，也用心临过《祭侄稿》，他们的光焰已经璀璨了几千年。《李柏文书》因为深埋荒原一千多年，这是一千多年的时光呀！就算是重放的鲜花，又用什么才能弥补这些落寞的岁月呢？

在中国传统文化振兴的喧嚣声中，不知什么时候才能让《李柏文书》释放出它应有的光辉。有一个研究者说道：《兰亭序》价值连城，如果用现在的市场价值来评估，《兰亭序》可以换来一座城市，而它的真迹也随着唐太宗殉葬了。现在所有流行的《兰亭序》都是后人的临本。那么《李柏文书》呢？虽然可以与《兰亭序》相媲美，但是真迹却被像小姑娘一样的日本人拿走了。我们的东西，能要回来吗？要不回来能拿回来吗？如果我们再次强大，他们会给咱们送回来吗？

这个橘瑞超带着《李柏文书》回到日本以后，也确实风光了一把。他的老师大谷光瑞陪着他游览全欧洲，还去拜会了斯文·赫定和斯坦因。我想，这两位大名鼎鼎的欧洲同行看着这位面带羞涩的日本和尚，是欣然多一些呢还是悲哀多一些呢？

七

对橘瑞超而言，有《李柏文书》这样一个发现也就够了。如果还要说说这个日本小和尚，那就是一九一〇年他又一次和英国助手从伦敦出发，经俄国又来到了新疆楼兰地区。

这一次他来到楼兰，似乎没有上一次那么幸运。他还是按照原来的套路，又跑去米兰古城，在斯坦因挖掘过的地方寻寻觅觅，也没有像发现《李柏文书》那样触动灵感的感觉，但他还是有所收获的，那就是把斯坦因没有带走的壁画给带走了。他带走的这些文物，一部分存放在日本的各大博物馆里，一部现存于韩国首尔国立中央博物馆。而他在日本，并没有像斯文·赫定一样获得终身职位和荣誉，还牵涉进了一桩贪腐案。大约在一九一五年，他和大谷光瑞来到中国的旅顺定居了，中国人宽容地收纳了他们，从此走向沉寂。

楼兰成了他们一世的心灵狂欢，也成为中国人精神世界永远的伤痛。

行程八万里，四次进楼兰的黄文弼

在始于二十世纪初的楼兰文物劫难中，各国列强对中国文化的蹂躏，是中华民族永远的伤痛与凌辱，是浸入骨髓的记忆。

一

在始于二十世纪初的楼兰文物劫难中，各国列强对中国文化的蹂躏，是中华民族永远的伤痛与凌辱，是浸入骨髓的记忆。

欧美加上日本等国，有四十多个国家纷纷组团，一波接一波，接踵而来，涌进楼兰。能挖不能挖的也都挖了，能去不能去的也都去了，能拿不能拿的也都拿了。东方缄默、西方狂欢，不计其数的楼兰文物通过各种渠道传入异国他乡。几乎所有发达一点国家的博物馆里，都在最重要的展区陈列着楼兰文物。反过来说，只要有了楼兰文物，他们的价值所在就可以借此建一个一流的博物馆。

而中国人在这场文物的洗劫中，大都在微薄利益的驱使下扮演着可悲可叹的帮凶或下人的角色。一直到黄文弼的出现，这种情形才逐步有所改观。

黄文弼，湖北汉川人，生于一八九三年，一九一八年毕业于北京大学哲学系，次年在北京大学国学研究所任教，研究目录学，转治考古学，对西北史地学情有独钟。他平时留着小平头，戴着近视眼镜，胡子常常来不及刮，一脸的严谨与认真。发生在楼兰的一切，一直在刺痛他的心，这种疼痛感化作一种命运的力量，使他作为一个中国人，打破了发现楼兰外国人一统天下的局面。他是一个从理论和行为上唯一敢和西方叫板并顶撞斯文·赫定的人，因此也被西方人刮目相看。

二

黄文弼是中华人民共和国成立之前唯一到过新疆罗布泊地区进行考察工作的中国考古学家。在清末民初这一历史阶段，用一个人的个体生命去拯救凋敝衰朽的国运和千疮百孔的考古发掘与研究，就算是被沉沉黑夜全覆盖，终会发出一束光的。当你见到黄文弼的照片，再读到他的故事，感觉真是太难为这位文弱书生了。终其一生，行走楼兰，发现楼兰，就是他的命运！

北京大学对我们这个民族来说，就是一个心灵淬火的地方，其实黄文弼入北京大学学的是哲学，但他遵从心灵指引，一直牵寄着西北的罗布泊地区和楼兰，注意力也一步步转向考古。

他为英籍匈牙利人斯坦因和瑞典人斯文·赫定一次又一次在我国边疆发掘、搜掠大量文物珍品，使之流散国外的行径扼腕顿足，十分气愤。

在北大学习、教书的过程中，已经把自己彻底修成了一个楼兰文化的捍卫者，就算是飞蛾扑火，也要把中国人的名字写在发现楼兰的编年史上。为了这一天，他等得太久了。直到一九二七年，他才争取到了这样的机会，走进楼兰。这一天，距离斯文·赫定于楼兰的发现已过去了二十多年。

黄文弼于一九二七年入疆时，新疆省长杨增新把考察团设在内蒙古额济纳河的气象仪器当成了大炮，于是如临大敌，派出一个团的兵力防守在哈密一线。当他弄清考察团的团长不等于军队的团长时，才准许考察团有条件地进入新疆。

也是这一年的春天，斯文·赫定率一个大型远征队第五次来华，准备去我国西北部进行考察，并与北洋军阀政府达成了不平等协议：不准中国科学家参加，采集品全部运往国外。消息传开，中国学术界强烈反对，最后达成由中国和瑞典联合组成中国西北科学考察团，斯文·赫定、徐炳昶任团长，采集品全归中国所有的协议。

一九二九年春，为了探寻埋藏在荒漠中的古迹和古河床，揭示塔里木盆地的古代文明和地理变迁，黄文弼用重金购置了十头骆驼，以一个月零三天的时间穿越了“日出沙深口冒烟，日落石冻马蹄脱”的塔克拉玛干大沙漠。

黄文弼作为此次考察的成员，第一次踏进了梦寐以求的新疆。在三年多的时间里，他行走了一万八千九百公里。他在新疆考察期间的日记，大半是在白天的艰苦跋涉后，晚上在蜡烛或月光下写成的，有些线路图甚至是在零下十多度时迎着风沙、骑在骆驼背上绘就的。当他结束考察，带着八十余箱采集品回到北平时，已是“形容枯瘦，牙齿脱落”。他在楼兰城东北发掘遗址所获得的七十多枚写有明确西汉纪年的汉文木简，至今仍是楼兰研究中的珍品。

在考察团与斯文·赫定相处的日子里，他既热情地予以合作，也严肃地反对其损害中国主权的言行。一九三〇年在楼兰遗迹考察时，斯文·赫定竟将瑞典的国旗插在沙丘上，黄文弼当场提出严正抗议：“这是中国的领土，不许插上外国的国旗！”他一边说着一边拔掉瑞典国旗，插上了中国国旗。斯文·赫定在他日后出版的《长征记》中，称赞黄文弼是个“忠于祖国的博大学者”。

一九三〇年四月十四日，一个在迷信的人看来不祥的日子里，他在烟波浩渺的罗布泊北岸遥望，突然远远望见湖泊对岸有一座方形城墙，城墙似为土筑，有水冲洗之迹。这座隔水相望的方城，给这位三十七岁的年轻学者所带来的，是一种常人无法想象的诱惑与期待。在他的心目中，前方应该就是古城楼兰。

他将带来的四个油桶绑成筏子，在上面铺上木板，用铁锨划水，试图尽快到达远远望见的“古城”，可是没有成功。实际上，他所看到的，不过是一处形似城垣的雅丹，楼兰城距离此尚有三十公里。

尽管没有进入想象中的楼兰古城，但黄文弼在寻觅道路的过程中，却意外发现了土垠，一座汉代居卢仓遗址。

那一刻，镜片后面的小眼睛放射出惊异的光。他拧开装水的新疆土葫芦，一边大口饮水，一边欣赏自己的伟大发现：遗址位于罗布泊北岸一处深入铁板河湾的半岛上。它东西南三面环水，只有北面有光平的古道通向陆地。在南北长约一百一十米，东西宽八十至一百米的范围内，是地势开阔的广场，南北端有用于防卫的壕沟。广场东部房址是西域都护府左部左曲侯或后部曲侯的治所衙署区；广场西部的一段残存的城墙，中间是烽燧亭，烽火台上竖立着五根木杆，木杆上端凿有方孔，显然是用来举烽用的。

在此期间，黄文弼发掘七十二支西汉木简，大量五铢钱、青铜器，还有铁器、漆杯、毛麻丝物等。

尤其令他兴奋的是，近代西域发现的汉晋时期的汉文木简、纸文书数量不菲，但明确有西汉纪年的文字，却只见于土垠遗址。这七十二支木简中，纪年最早的是汉宣帝黄龙元年，最晚的是汉成帝元延五年。其实，公元前八年汉成帝已将年号改为绥和元年，但土垠路途遥远，将士们无从得知。不管怎么说，这些木简足以证明，那时的土垠承载着四大功能：第一，它是楼兰道各烽燧的粮仓和官署；第二，它是西域汉军的后勤保障补给中心、大本营；第三，它承担着交通、邮递、接待等繁重任务，还曾经是汉军的水运码头；第四，它是进入楼兰古城前的最后一道关口。

黄文弼对土垠遗址的发现，并不比楼兰古城逊色。

三

一九三四年，黄文弼风尘仆仆，第二次进入新疆复查高昌、楼兰故地及天山南麓许多古遗址。

那时到新疆，不要说铁路，就连公路也没有，交通主要依靠骆驼和毛驴。要通过沙漠戈壁，还得带水、粮食和燃料。黄文弼知道自己的生命与这片土地的关系，大部分的时间就是用来行走的。在他看来，走路可以使他的注意力集中在土地上，更有利于他的发现。

每次外出行走，他都要身携用来装水的新疆土产葫芦和拓印碑文的笔墨纸张，这种习惯一直到一九四三年交通干线通了汽车，还仍然保持着。

此外，考察中政治恶劣和自然险阻给黄文弼带来的也是难以想象的困难。

次年夏天，黄文弼沿着塔里木盆地边缘进行考察活动时，杨增新被刺杀了。新上台的金树仁对考察团设置了更多的障碍，密令沿途道、县监视黄文弼的行动，阻挠他的考察。幸亏沿途的一些老于世故的道、县官僚要为自己留后路，所以金树仁的命令并没有得到认真执行，考察团几经周折，才克服了一个又一个障碍。

四

一九四三年，黄文弼已年过半百，但他对考古事业、对祖国民族的热爱丝毫没有减退。就在这一年，他第三次赴新疆。途中，他感慨地对同伴说："斯坦因和斯文·赫定这两位外国人，面对浩瀚戈壁的恶劣气候，在死神的威胁下，在死去许多随从后，仍不放弃掠夺中国文化的野心，一再深入到新疆境内许多古代文明遗址。我们中国人难道无动于衷吗？小伙子，你还年轻，要为中国人争气啊！我们现在所看到的新疆五十万分之一的地图，是斯坦因雇用印度人测绘的，我们身为中国人难道不应引以为羞吗？难道我们就不应该为新疆考古多做一些工作吗？"

这次实地考察使黄文弼发现了斯坦因的新疆五十万分之一的地图所没有测到的空白点，为中国人争了一口气。

当年九月底，黄文弼转向南疆，翌年返回内地。这次较前两次有利的条件是，有汽车做交通工具了。他利用这一有利条件，力争多做些工作，废寝忘食，不知倦怠。黄文弼患有严重的痢疾，那时他已经五十多岁了，加上多年来受沙漠恶劣气候的折磨，人已瘦得不成样子。同车从事综合考察的专家们，都劝他稍事休息，养好病再前进。但他鼓足勇气仍坚持工作，带着一葫芦水和笔墨纸张到天山庙去拓印汉碑。

五

一九五七年，年过花甲的黄文弼第四次进入新疆。在这一年里，他与中国科学院考古研究所的同事共调查了古城、遗址及寺庙约一百二十七处，并在焉耆、库车做了一些发掘工作，采集实物颇为丰富。

漫长岁月里，支撑着黄文弼在新疆考古的长征路上顽强跋涉的精神动力是对祖国深沉的爱。一九六〇年二月，当获悉美国政府和蒋介石集团签订所谓“合同”，企图以展览为名，大规模地掠夺我国在台湾的文物的消息，黄文弼万分愤怒。他与尹达、夏鼐、徐炳昶、郭宝钧等人共同发表抗议文章《坚决反对美国政府劫夺我国在台湾的文物》，揭露美帝分子偷窃、盗卖、巧立名目骗取我国文物的罪恶行径，警告“美国政府必须立即停止这种无耻的盗劫行为”，并且严正声明：“这批文物无论运到哪里，势必追回！”

六

一九六六年，黄文弼已是风烛残年。早年在西北大沙漠中度过的时间太长，体力消耗太大，但他依然抱病执笔，想把自己的最后一点心血献给祖国文化事业。十二月十八日，他与世长辞，终年七十三岁。据其子黄烈讲，老人家临终前还盼望着有那么一天，能继续他所未完的工作。

在后人印象里，黄文弼是个干瘦老头儿，揣着手，驼着背，气喘吁吁，总是踯躅独行。他和家人关系并不密切，而只热衷工作。但是只要有年轻人向他请教学问，他便从不吝惜时间，不知疲倦地长谈。

他被称为“中国西北考古的第一人”，从一九二七年夏天首次进入新疆起，到一九六六年冬天离开人世，三十九年间黄文弼四进新疆，总行程八万里，可谓中国考古史上的长征。

在横无际涯的漫漫黄沙和戈壁荒漠上，在塔里木河岸边和罗布泊黄与绿的纵深带，清晰地留下了他的生命印痕。他的精神和研究成果价值永恒，他以自己的一颗中国心，改变了楼兰的考古发现者都是外国人的格局，以自己看似柔弱的身躯唤回了一个民族的尊严。

我想楼兰文化复兴的这一天，一定有黄文弼先生砥砺同行，他所走过的这八万里路呀！这条长路上的孤独足音，一定会变奏出新时代楼兰文化的雄浑交响。

楼兰神曲

如果在银河系里瞭望我们生存的地球，再怎么寻寻觅觅，看到的也只是一个微粒。

一

如果在银河系里瞭望我们生存的地球，再怎么寻寻觅觅，看到的也只是一个微粒。

人类的历史与星河相比，不过弹指一挥间。在芸芸众生中，总有那么一些人，会把目光移向世界文明史，试图追问文明的起源。无论纵看还是横想，原生古老文明只有一个，那就是中华文明。

楼兰文化作为中华文明的一部分，无论是高光时刻的风起云涌还是灰飞烟灭后的黯然沉寂，她那特有的魅力，总是让人难以释怀，如同一部跌宕起伏的雄浑交响曲，狂放和低吟同样迷人。

每个人心中都有一个属于自己的楼兰，就如同每个人心中都有一个哈姆莱特一样。千百年来，各国的史学家、考古学家、人类学家、旅行家，对于楼兰前世今生的争论从来都没有停止过。

试想一下中华文明周边所面对的：西边是喜马拉雅山高入云天，东边是太平洋波诡云谲，北边是沙漠与草原无法穿行，南边是大海和热带雨林望而却步，只有西北角有一条通道，被称为文明小径，也叫丝绸之路。而楼兰就是这一唯一通道上的重镇。

昆仑月、天山雪，去的去，来的来，胡杨萧萧须睛日，罗布泊荡漾泛小舟，该是怎样的一曲渔歌唱晚呀！

有一天，面对朝臣，汉武帝转过头挥手指认：万山之祖昆仑山是黄河文明的源头，当然也就是中华文明的源头了。至于是西王母故事更神奇还是罗布泊岸边的情调更迷人，那就要看对谁而言了！

罗布泊地区有着早期人类活动的留存，无论是刀耕火种还是茹毛饮血，楼兰文化从这里滋生。也是在这里，诞生了人类最早的村镇和城市。罗布泊地区曾是一片水源充足的沃土，从出土文物来看，这段历史可以追溯到一万年以前。

我们对人类活动的追忆主要依赖考古发现，发现不了人类活动的踪迹，能发现劳动工具也行。人类学家通过在楼兰地区发现的石器推断，早在一万年以前楼兰地区就有了人类的活动。那时候的人类可能还处在经历由猿变人的漫长的演进阶段。有的专家学者们说是欧洲人种，那时候的人类还处在蒙昧时期，也没有发达的交流工具，怎么能够迁徙到亚洲腹地来繁衍生息，这也是一件难以想象和值得商榷的事情。

两河流域、尼罗河流域、恒河流域、黄河流域范围内产生了世界四大古老文明，是人类文明最早的诞生地，是原生文明。这也就是说，包括爱琴海文明在内的其他文明都是从以上这些文明中派生出来的。如果这个前提没有问题，那么楼兰的人种问题也就不言自明了。我们说中华民族的历史有五千年，而楼兰的人类活动可以追溯到一万年以上。可以想象一下，这样一个历史的长度对于人类世界将是何等诱惑。我想，这一点也是楼兰文化引起世界轰动的原因。

你从哪里来？人对自己的追问是一个哲学命题，也是人的本能。中华文明的这种唯一性让我们欣然，但是文明的断裂性也让我们警醒。如果我们要站到文明的巅峰，我们只能汇天下之精华，也只能靠我们自己！

二

只要你行走，无论通道是经过塔克拉玛干沙漠，还是跨越天山山脉或帕米尔高原，都必须穿越险要地带。这需要多大的豪情和勇气呀！就用这短暂的生命在这冰川和草原上小憩一会儿吧！也许我们停留过、走过的地方就不会再有来路，狂歌一曲《信天游》吧！

浑然成山河大地的交响，在云端慢慢飘散！

极端的高温也是一个巨大考验，这也是骆驼那样弥足珍贵的原因，它能忍受极其恶劣的气候环境，对致命性沙漠风暴的到来非常敏感。它们在预感到风暴来临时会“立即号叫着聚成一团”，商人和商队见到后会马上用毡布将自己的鼻口包裹起来。当然，骆驼在预测天气方面也会出错，人们在商路上常会看到大批的死亡骆驼和尸骨。

贸易的主要产品是丝绸，丝绸的作用远远不在于其使用价值。除了让游牧部落觉得它珍贵以外，丝绸在古代还扮演着诸多重要的角色。在汉朝，丝绸与钱币、粮食一样可以用作支付军饷。从某种意义上讲，丝绸是一种最值得信赖的货币。铸造足够数量的钱币是个难题，事实上，货币在当时的中国也尚未完全普及。在支付军饷方面更成问题，饱受战火的边疆地区百姓抱怨不断，那里的铜钱一文不值；粮食也会随着时间腐烂。于是，成匹的丝绸经常被用作货币，或作为军饷，或作为中亚佛教寺院惩罚犯戒僧人的罚金。丝绸作为一种奢侈品的同时，还成为一种国际货币。如果你有足够的想象力，江南与楼兰这个关系，穿越时空，就大有文章可做了！

汉武帝派张骞凿空西域的目的，更主要地体现为对这条丝绸之路进行有效管控。试想一下，为一个民族复杂、文明各异、诉求不同的世界上最长道路建立规则，肯定不是一件容易的事，背后没有一个强大的国力作支撑，怎么可能管理维护好这条道路呢！

在这一东西方各种文明全方位汇流的过程中，处在十字路口的楼兰自然扮演了一个重要的角色，当然也是很难当的一个角色。所以今天的人们总是试图在楼兰跌宕沉浮的历史嬗变中反刍自己，我想这种思考一定会是有益的。

历史有的时候会有惊人的相似之处。现在的南海和当年的丝绸之路，从逻辑上是不是也有相似的地方？新时代正在实施的“一带一路”倡议，同样也是中国智慧在世界文明进程中的具体体现。

作为中巴经济走廊承载地的楼兰，又将奏出怎样响遏行云的乐曲呢？

许多人都认为，丝绸之路只是一条古代的贸易之路，但二〇一六年轰动全球的现象级畅销书《丝绸之路：一部全新的世界史》的作者、牛津大学顶尖历史学家彼得·弗兰科潘指出：事实上，自建立伊始，丝绸之路就始终主宰着人类文明的进程，不断影响着世界的贸易、宗教、文化、政治、战争，使得全球化早在一千年前就已经形成。一个地区性实践，经过丝绸之路，如同蝴蝶效应般，可以影响到数万公里之外的另一个地方。

三

西方文明的一个特征就是远征，只有远征才能给自身的文明带来更多的资源，以此来建立丰厚的财富基础，用来享受奢靡生活。到了近代，鸦片战争也是这个目的。现在美国到处找事，不也是这个目的吗？

不能不说，人们对物质的沉迷和奢求在推动人们远征的同时，也推进了文明的发展。这一切如果没有军事实力作保障，也是徒劳的。所以历史上的楼兰也是一首用残暴笔触来书写的叙事诗，那么多心醉神迷的故事背后又有多少血淋淋的黑幕阴谋被遮蔽在重重雾霭之中。

其实人的欲望是差不多的。中国在建立丝绸之路时已经形成了“华夏”的观念。巴音郭楞蒙古自治州定位为华夏第一州，以前总以为是一个地域辽阔的概念，今天突然悟到，也许中华文明的源头就是现在巴州境内的罗布泊一带。

为了抵抗来自草原游牧部落的入侵，不断修建、延伸牢固的防御网络，最终形成了举世闻名的长城，在它的最西端，就修到了楼兰门口。这种做法的出发点与亚历山大不谋而合：一味扩张而忽略防卫，终将一事无成。

中国主要通过文明的力量将整个亚洲连在了一起。此前，这些交通网络曾受到月氏特别是匈奴人的阻碍。匈奴是中亚地区像斯基泰人那样的游牧民族，他们一直引人担忧，但又是重要的牲畜贸易伙伴。据记载，公元前二世纪时，成千上万头牲口都购自这些草原民族。汉人十分需要马匹却又经常得不到满足，因为他们需要装备有效的兵力，以确保中国内部的稳定，同时还要应对匈奴或其他部落的进攻和偷袭。来自西域的马匹最为珍贵，部落酋长们可从中赚到大笔的钱。有一次，一位月氏国首领用马匹换取了一批货物，然后将货物转手卖掉，他的财富一下子翻了十倍。

最著名和最值钱的一个马种繁殖于费尔干纳谷地，即广阔的帕米尔高原山地的边缘地区，跨越今天塔吉克斯坦东部和阿富汗的东北部。一位汉朝的历史学家说，就是龙族也敬它们三分。人们将其称作“汗血马”就是源自其明显的红色“汗水”：或由于其身上的寄生物；或由于马种皮肤太薄，奋力奔驰后容易出现血管破裂。一些特别精良的品种广受喜爱，成为诗歌的题材，雕塑和绘画的对象，并被称为“天马”。有些马甚至被带着陪伴主人去往来生：一位皇帝的墓穴里有八十匹他所宠爱的马陪葬，马匹的墓地有两座种马的塑像和一座赤陶武士雕塑在站岗护卫。

现在，驼队马帮的时代已经过去了。楼兰拥有自己的铁路、公路和航空，一个立体交通网已经形成，楼兰的复兴指日可待！

四

匈奴人驰骋在北方整片的蒙古干旱草原，他们和汉人的关系并非一直在征战。当代历史学家将这些部落人群描述为野蛮蒙昧，可以吃生肉，喝生血；有位学者还说，真的，他们是“被上天遗弃的民族”。汉人宁可向他们进贡，也不愿他们进犯自己的城市。汉人常常派大使造访这些游牧部落，这些大使从小就受过捕捉耗子、小鸟甚至狐狸和兔子的训练；皇帝还会礼貌地问候匈奴最高首领一向可好。在一套正式的朝贡体系下，汉人要给游牧部落提供许多奢侈的礼品——包括大米、美酒和纺织品——只求换得和平。

事实上，和平相处在经济和政治上都需付出巨大的代价。不断的进贡不仅是经济上的负担，也显出政治上的软弱。所以汉帝国决定一次性解决与匈奴的纠缠。首先夺取河西走廊，控制农业富庶的西域地区，接着经过近十年的多次征战（结束于公元前一一九年）将游牧部落赶回他们原来的地方。河西走廊的西部是帕米尔高原，高原以西就是一个崭新的世界。

生命就是一场冒险，如果是一个善于沉静思考的人，一定可以从中品嚼出人生的真谛。楼兰在贸易集散地缓慢的形成过程中，迎来送往的都是从这个绿洲去那个绿洲来的人们，无论向西还是向东，路途肯定都不是那么顺利，所以来到楼兰这个地方，就是想好好安顿休息一下。有了闲暇，情感和艺术就会升腾，所以在楼兰这一带，各色人种融合在一起，绘画和歌舞都很发达，盛产美女那就是再正常不过的事情了！

五

世界上所有文明的发祥都与水有关，所以最古老的文明往往都是以河来命名的。巴比伦河、尼罗河、幼发拉底河、恒河、黄河等，全是这样！唯独楼兰文化并非如此，是塔里木河、孔雀河、米兰河、车尔臣河、疏勒河汇成的罗布泊孕育了楼兰文化。

一般来说，楼兰作为一个城邦，历史的年代判断也就是几百年。但最终定论究竟是几百年，也没有一个确切的说法，这些事只有靠史学家去考证了。对于我们来说，通过对楼兰文化的守望，给予我们怎样的启示，这才是最重要的。

交通的发达也带来了民族的融合，说楼兰是一个世界级的民族博览园也不为过。那个时候的楼兰王也是比较开明的，可以自由恋爱通婚。按照进化论的观点，楼兰出美女也就是顺理成章的事了！

楼兰后来迁都了，迁到相对封闭一些的地方也有一个好处，外来的战乱少一些，但如果不思进取，也容易变得虚弱。

正如古埃及，它最初有封闭性，当人们都不会骑马的时候，外来部落很难到达。又有尼罗河哺育，它就有一段特别漫长的安静的发展时期，孕育出那么灿烂的文明。但是随着生产力的发展，从非洲北部登陆越来越简单，它就变得很难防守。

我们姑且把楼兰的历史拿六百年来说事，虽然政权和种族都有过交融和更替，就算是外族在这里专权了也都要适应这片土地。

咱们的中原，很多东西都是通过楼兰传过去的。在五谷六畜里面，猪狗鸡我们驯化得很早，但是像羊牛马，这样吃草就能长大，并不消耗人类本身资源的牲畜，是从西亚那边过来的，包括小麦这样与黄河流域天生绝配的农作物，也是从西亚过来的。从哪儿过来？从楼兰过来！

特别重要的青铜器，也不是我们的独立发明，是从西亚过来的。包括春秋战国时期战争最重要的战车，同样是从西亚传过来的。

在文明竞争中，也有后来者居上的特点，这些农业、军事工具到了我们这里，迅速地到达一个巅峰期。青铜器不是我们独立发明的，但是商、西周的青铜器的工艺之复杂、铸造之精美，在世界文明中遥遥领先，谁也比不了。

中华文明是世界上唯一没有中断的文明。从楼兰历史的跌宕起伏来看，虽然楼兰政权在中原和北方的几个草原部落之间摇摆，但自身就有一个不断选择和优化的过程，而这种文明的特质有些方面一直都没有变。譬如说楼兰的包容性和楼兰在这个特定的地域所承担的功能发挥。一旦楼兰为讨好匈奴而杀了汉使，也会给自己带来杀身之祸。楼兰的繁盛显而易见，主要是地理因素，同时各种文明在这里交汇，又有一个融合提升的过程。

六

我们在讨论楼兰文化的时候，不能小视佛教的影响，佛教在很大程度上丰富了楼兰文化的基因。从印度传来的佛教到楼兰后，经过了一个楼兰化的过程。如果没有佛教寺院、佛窟和佛教影响下的道观，我们的古建筑还剩下什么？现在楼兰最重要、最有名的遗迹要数楼兰佛塔了，中央政府还拨了专款进行维修。

除了佛教壁画造像等，我们的美术还剩下什么？我们的汉语词汇会缺失多少？包括像王维、李白、苏东坡、王阳明、李卓吾，你看看中国的顶级知识分子受到佛教的影响有多大，就会知道佛教对中国文化的繁盛、搅拌、推动，起到了多大的功劳，对中国人心灵的改造和教化有多大。

可惜的是，楼兰石窟被破坏得太严重了，以至于那些精美的壁画大都陈列在国外的博物馆。

七

楼兰作为一种文明，与罗布泊如影相随，这个说法是没有问题的。水草丰茂的时候人丁兴旺，水一干人就走，就像人一走茶就凉，道理是一样的。

楼兰的消亡究竟是什么原因，我的感觉应该是罗布泊没有水了。原来是几条大河的水奔涌到罗布泊，后来一条一条渐渐断流了，湖泊就干涸了！水为什么没有了，这是一个复杂的问题，也不可能去研究几千年的水文资料，但有一部分水是出于人为的原因而被截流了，去屯田、去灌溉、去发电，这个事情从汉朝的时候就开始了。有人说中国的西域史就是一部屯田的历史，今天咱们肯定不能说屯田不对。实际上最早的时候楼兰人民的生活来源主要靠水产品，畜牧业比较脆弱。从文明的形态来看，农业文明可是中原的强项，可以说胜过任何一种文明，农业的传入对楼兰文化肯定是有反哺的积极作用的。所以说楼兰文化一直在更替，一直在变化，正是因为这一点在它消失了千年之后还是那么灿烂。

罗布泊在整个西域的位置比较低洼，塔里木河、孔雀河、车尔臣河、米兰河等河流都汇集在此处，因此形成了一个大湖。但由于罗布泊深度不够，最深的地方只有三米左右，因此当上游河水改道后，整个罗布泊就成了一大摊浅水，很快就蒸发干净了。

千百年来，关于罗布泊的消失有种种猜想，专家学者、科学家对此的研究从来都没有停止过，于是就有了战争说、瘟疫说、改道说等，而改道说又有丝绸之路改道和河流改道的说法。各种说法此消彼长，莫衷一是，而又找不到靠谱的证据来印证，于是各种说法也就只能停留在推理的层面。有的时候需要把一些事情搞复杂，其实目的就是得到一个简单结论。在我看来，楼兰的消失最大的问题还是出在水上面，水是生命赖以生存的主要条件，水干了，人走了，无论是乡村还是城市也就凋落消亡了。

八

人类命运共同体和全球化已经成为引领世界的话题，无论美国怎样唱反调、脱钩，也阻挡不了这一文明的进程。其实在两千多年以前的楼兰文化中就已经蕴藏了这样一种精神。虽然楼兰这座城邦在历史的更替中消失了，但作为一种精神，楼兰文化已经不朽。

回到当下，通往楼兰的无垠大地和辽阔天空，公路、铁路、飞机纵横交织，在这样一片广袤的天地间刮起的季风，把彩云和尘埃交织在一起，滚动着新时代豪迈无比的中华文明。如果回到一百多年以前，斯文·赫定骑着骆驼在罗布泊腹地的沙海漠风中探险的日子，会不会想到今天的楼兰作为一个世界级的文化符号，再也不可能任由西方人随性盗取，把咱们的国宝搬回家？

文明的核心在于其前瞻性和包容性，中华文明几千年不衰落的原因也是这一特质。那么当我们的文明出现相对落后的时候，就会从先进的文明中吸纳有益的东西。中华文明有着自己的强大的修复能力。包括在中国历史上出现的元朝和清朝以及北魏孝文帝的改革，无论是哪个民族当政或者是朝代更替也不能把中华文明吞噬，而是融合以后让中华文明变得更为强大。

楼兰是中华文明的奇异闪耀，就像一曲散板在星空中飘荡。如果说中华文明是一支阵容强大的交响乐团，那么楼兰就是这雄浑交响曲中的一把圆号，虽然没有小号那么激越，也没有小提琴那么悦耳，但她独特的音乐质感以最贴心的柔韧度让你沉迷。就像坠入温柔之乡，需要的往往不是最强劲的音符和疯狂激荡，就是这沉厚、低回、稳健，让你行稳致远、闪烁星空，永远长新。

张骞与楼兰

对于楼兰史的研究，主要还是靠后来的出土文物。

一

对于楼兰史的研究，主要还是靠后来的出土文物。仅凭史书记载，汉朝的汉文帝刘恒时期才第一次听匈奴的使者为了炫耀在西域的强盛，顺带说到了有一个叫楼兰的地方。也可能就是楼兰这个好听的名字，让皇帝一下就记住了。

我相信，这一时期的西方书籍也没有关于楼兰的任何记载。而事实上的楼兰城国，已经有千百年的历史了！楼兰人以舟楫、灌溉、放牧为生。凭借着优越的地理环境与自然资源，楼兰人已经在罗布泊西岸构建了令人叹为观止的绿洲文明。

光阴荏苒，斗转星移。经过汉文帝与汉景帝四十年的休养生息，汉文帝之孙、汉景帝之子——汉武帝刘彻当政的汉朝，已有了与匈奴决一雌雄的资本，于是西域战略由守转攻。中原与楼兰博弈的大幕徐徐拉开。

汉武帝要派使臣出使西域，上朝时大声说出了自己的想法，但没有一个人应声。朝廷只得贴出黄榜，面向天下招募使者出使西域，代表大汉与大月氏缔结军事同盟。这个差事也不是一般人能干的，不仅路途遥远，风沙弥漫，而且要穿过匈奴控制的河西走廊，不可预测的凶险实在是太多了，各种死法都是有可能的，所以无人揭榜。

朝臣文武不敢吭声，下层庶民也不敢揭榜，谁又能想到这是一次改变中华文明史的机遇呢！作为中华民族历史上的一个有作为的皇帝，他也是孤独的，而张骞理解了这种孤独。

现在我们说，你若想成功，必须有勇气站在风口浪尖上。没有机会你要创造一个机会比较难，而机会来了是不是可以判断出来并抓住它，这又是另外一回事了。

我想张骞绝对是悟到了汉武帝的心思，能懂皇帝心思的人绝不是一般人，那个胸襟和格局也要能够担负国家使命。对于一个一心想要建功立业的皇家警卫队成员的张骞来说，可能这就是上苍的眷顾。他从容地拨开人群，郑重地揭下了这张影响世界的黄榜。

当着全体文武大臣的面，张骞和皇帝过招，一般人恐怕会吓得尿裤子的，但张骞没有。他洪钟般的声音在朝堂回荡，历数了自己在性格、地理、语言方面的优势。句句都中了汉武帝下怀，创造历史的人，都是非凡的人。谁又能想到汉武帝和张骞的相遇，让一个伟大的文明惠泽了西域大地，改变了中华民族的版图呢！

所以开国领袖毛泽东主席就说过，历史是人民创造的！一个底层百姓，当在民族兴亡的关键时刻敢于站在潮头挺身而出，几千年过去了，在中华民族的西域历史上，我看还没有哪个人的声望和功绩可与张骞比肩。

二

公元前一三八年，二十六岁的张骞率百人使团从长安出发，一路西行。为了避开匈奴，这支骆驼蹄子上裹着棉布的驼队悄悄地穿过了狭长的河西走廊。

人算不如天算，何曾想到有一天还是和匈奴迎面相遇了，倒霉透顶的使团成了匈奴的俘虏。对待张骞这样的硬汉，酷刑和美人计哪个更奏效一些呢？匈奴人选择了后者，就这样，一位美丽的胡人女子走进了张骞的帐篷。想象一下，两个人帐篷里的世界，再说女人对张骞是真挚的，有的时候身体其实不受意志掌控，这两人不仅双双沉入爱河，不久就有一个儿子在帐篷里呱呱坠地。

漫长的岁月让张骞变成了胡人，不仅是衣着、习惯，甚至连长相也变得像个胡人了。匈奴也放松了对他的戒备，但他对自己的使命一直拳拳于心，一直在权衡这个合适的时机，谋划着并实施具体的行动方案。

这一天终于来了。他怀着无限惆怅，看了妻子一眼，转身和几个心腹乘着夜色溜出了帐篷，潜入了无边的夜幕之中。

辗转几十天后，他们到达了今天的巴尔喀什湖与咸海之间，最终抵达大月氏。那一刻，他觉得自己的神圣使命就要完成了。

但造化弄人，在张骞滞留匈奴的十余年里，大月氏已经安居乐业，乐不思蜀了。无论张骞如何巧舌如簧，共同夹击匈奴的想法引不起大月氏的丝毫兴趣。张骞在大月氏整整周旋了一年，无果而返。

三

其实这一次的返还，张骞最想去的地方就是梦萦魂牵的绿洲城国楼兰。可是到了若羌以后，听说楼兰被匈奴控制，也就不得不放弃观览楼兰的梦想。

祸不单行，他又落到了匈奴人之手。匈奴人如果要杀他，易如反掌。这时候他的妻子站了出来，救了他，理由当然是这个世界最不缺少的东西。女人对情感的偏执和对丈夫的誓死捍卫，不得不让匈奴人让步。再说张骞也没有构成对匈奴的实际威胁，也就信了这个从广义上说也是楼兰美女的女人。

一不做二不休，公元前一二六年，张骞趁匈奴内乱，索性把妻子和堂邑父都带上，逃回了长安。

张骞的西域之行虽然没有达到联合大月氏夹击匈奴的目的，但是他对西域全面而深入的了解，引起了汉武帝和满朝文武的极大兴趣。那可是一片疆域极为广大的崭新世界啊！几个时辰过去了，刘彻和群臣仍张着嘴巴听张骞讲西域那些神奇的绿洲、河流、物产、人事，一直把刘彻听得合不拢嘴，都忘了退朝的事。

做好了被杀头准备的张骞非但没有被汉武帝怪罪，而且被封为博望侯，就连堂邑父也被破格封为奉使君。

张骞如果就此止步，从人生而言也算得上很有成就了。但他没有，又向汉武帝建议联合乌孙抗击匈奴，居然被汉武帝批准了。

一个人追寻星星，却得到了月亮。就像哥伦布发现新大陆，难怪司马迁称张骞“凿空”了西域。而凿空西域先从楼兰开始，楼兰的意义就可想而知了。

四

公元前一一九年，汉武帝又一次派特使张骞率领三百人的庞大使团，第二次出使西域，联合大月氏、乌孙等国，夹击匈奴。根据文献记载，汉武帝在未央宫前殿为张骞赐发符节，并在直城门外为其送行。

使团走丝绸之路干道，从敦煌出关，直接向西穿过白龙堆沙漠，顺利到达罗布泊西北岸的明星城市楼兰。梦里寻她千百度，张骞终于到了！

此后，他从南道到达于阗，然后北上翻越天山，直达乌孙王都赤谷城，又访问了大宛、康居、大月氏、大夏、安息等城国，把汉的声威和汉文化的影响传播到了西域极地，沟通了一条通往中亚、西亚和南亚乃至欧洲的陆路通道。

张骞过往在西域的日子，一直在经受着屈辱和艰难。后来作为汉使，一方面精心地了解各地情况，另一方面不遗余力地传扬汉朝治国安邦的理念。他是通过春风化雨，动之以情，晓之以理，让相互防范、猜忌、博弈的各方逐步接受了汉武帝的观点，传播中华文明，有效地促进了各民族的和解，消除了彼此的壁障，促进了中原与西域以及东西方政治、经济、文化的交流。无怪乎到了清代，乾隆皇帝还说："不是张骞通异域，安能佳种自西来？"

这条由张骞"凿空"的伟大道路，后来被德国地理学家李希霍芬诗意地称为"丝绸之路"。

五

为什么楼兰传扬四海，为什么楼兰经久不衰？我们在追问历史的时候发现，最根本的原因还是楼兰所处的地理位置。出了玉门关，走楼兰道，到了楼兰以后，被塔克拉玛干沙漠分割成了两条通道，一条称南道，一条称北道。玉门关到楼兰的三百八十公里的路，一般要走二十天以上。其中必经的白龙堆沙漠，古称“八百里沙河”，是一段令人绝望的旅程。东晋高僧法显路过沙河后是这样记录的：“沙河中多有恶鬼、热风、遇则皆死，无一全者。上无飞鸟，下无走兽，遍望极目，欲求度处，则莫知所拟，唯以死人枯骨为标识耳。”

张骞清晰的思维和雄辩的口才，从他揭榜出使西域这件事情上就一览无余。他给汉武帝所作的详尽汇报，按张骞说服皇帝和朝臣的能力，应该是相当出彩的。但在史书上为楼兰留下的也就四十多个字：“楼兰、姑师邑有城郭，临盐泽。盐泽潜行地下，其南侧河源出焉，多玉石，河注中国。楼兰、姑师小国耳，当孔道。”《史记》关于楼兰的那几十个字的记载，确实是轻看楼兰了。重大的历史事件被忽略也是常有的事，但张骞和楼兰的光焰无论如何也是遮盖不了的。

张骞第一次看到楼兰，就发出了这样的感慨：大漠天堂，海市蜃楼，英雄都醉心于美女。他的注意力在这里，也可能他是在说自己。张骞眼里的楼兰是这样的：远道而来的行者追寻楼兰，就是为了和这位古典美人相会。你看她斜倚在碧波万顷的罗布泊，如诗如梦，风情万种。每天清晨，她睡在蒙蒙雾气里，优雅而恬静，然而还会露出令人沉醉的丰韵胴体。

英雄爱美，张骞也不例外，回忆一下他在朝廷上是怎么说的，可是煞费苦心：楼兰美女可不是黄皮肤，而是像白云一样；眼睛就像宝石蓝，里面不停地闪着光；头发就是陛下的黄袍还打着卷；至于腰肢嘛，就和水蛇一个样。可以想象，这些风花雪月的故事是怎样地勾起了人们对楼兰的神往，这位凿空大师把多少情怀寄托在了楼兰美女身上。

六

通过张骞的渲染，中原一波一波的使团发往楼兰，最大的使团有数百人，最小的也有百余人，一次行程就是许多年。有张骞先例在前，有的人也就把孩子抱回了中原。许多西域使团也随汉使来到长安。看看丝绸之路的开通，人性的力量有多大吧！

一时间，楼兰城客栈连片，商旅云集，美女遍巷。在我们的楼兰，任何货币都可以交流，中原的丝绸、茶叶，西域的葡萄、珠宝，最早都是通过楼兰交易的。这对于使者、客商、伴侣来说，楼兰是他们心中的圣地，是一个可以给他们身体慰藉、精神滋养和香艳符号的审美标识，是一个可以使他们储存梦想、寄放记忆的异域净土上的人间天堂。正因为如此，楼兰迅速成长为塔里木盆地超过万人的城邦。

楼兰是幸运的，有那么多温煦与惊悸的目光关注着，上自皇室贵胄，下至商旅驼夫。春花秋月何时了，这里永远是驼峰拥挤，征人接踵，羌笛幽幽，驿马声声，充斥着“行路难”的感叹，响彻着“将进酒”的规劝，少不了“桃园结义”的传奇，免不了一见钟情的邂逅。同时，楼兰又是不幸的，每当东西失和、兵戎相见，这里大抵总会遭遇一场血与火的劫难。

拿今天的话说，张骞是楼兰热的最初推手，也是楼兰美女的始作俑者。

班超父子与楼兰

班超应该是个文人，因为他的父亲是史学家班彪，哥哥是《汉书》的作者班固，而妹妹班昭更是有名的才女。

一

班超应该是个文人，因为他的父亲是史学家班彪，哥哥是《汉书》的作者班固，而妹妹班昭更是有名的才女。

但有的时候，事情往往会以逆反的方式呈现出来，班超就属于这一类。从长相上看，他就不是一个文质彬彬的书生，不修边幅，但文人气节他是秉承了的，以自己气吞山河的豪迈，直挂云帆济沧海。如果再关注一下他的精神长相，那就和他的史官家族史完全背道而驰了。他的家族在修编历史，而他在创造历史！

年少时节，他也在砚边青灯黄卷、抄写文书，转了几年。文墨世界里的天边云彩，只有去触摸才能乘风归去。

有一天，他对身边的同事说："大丈夫应当效法傅介子、张骞立功异域而封侯，怎么能天天围着笔砚转呢！"然后，将毛笔狠狠地扔在地上。由此而留下了"投笔从戎"这个成语。

班超在四十一岁时，在军中获得了一个极小的职务，随大将军窦固北征匈奴。走出书斋的那一瞬，他便有了可以自由发挥的广阔空间。在中国的西域史上，能和班超比肩的人也没有几个。班超那超凡的胆略使他在西域的首战中大获全胜，一下就得到了窦固的赏识和信任。不久，窦固就把出使西域的重任交给了班超。

二

班超也不过带了三十六名骑兵，向西进发。就军力而言，他这几个人放进西域这片马蹄驰骋的辽阔疆界，随便遇上一股力量也可以让他们灰飞烟灭。但是班超就是班超，一旦开场，他的雄才大略就把整个西域揽入了大汉的怀中。

班超一行抵达楼兰（鄯善），受到楼兰王的热情和高规格接待。但是没过几日，班超就感觉到这个楼兰王在有意疏远他。凭着班超的智慧，很快就察觉到了匈奴的使者也来到了楼兰。

一个人不缺宏大的理想，问题在于理想与现实相遇时，呈现出的往往是难以逾越的艰难险阻。对于班超来说，他必须赢下初到楼兰的这一局。

傍晚，班超摆酒宴请三十六位壮士。酒到酣处，班超通报的险象环生的处境，一步步激发出大家的英勇，然后发布动员令："不入虎穴，焉得虎子。当今之计，唯有乘夜色火攻匈奴使者。灭此虏，则楼兰破胆，大功告成。"

天一黑，班超率众神不知鬼不觉地潜入匈奴使者营地。一把大火，匈奴大乱，大部分人被烧死，偶尔逃出者被击杀。

第二天，风和日丽，班超将楼兰王请到了自己的房舍，然后下令将匈奴使者的首级扔在楼兰王面前。这样令人大惊失色的剧情，班超演绎得从容淡定。惊恐万状的楼兰王一下匍匐在班超的膝下，哀号着归附汉朝。这个场面正是班超想要的。

那一刻，班超轻轻扶起楼兰王。他把目光移向天上，仿佛在轻吟："从这一步走出去，西域的万里山河将在我大汉的庇荫之下。"楼兰成全了班超，成为他成功统辖西域的第一块垫脚石，而历史也将不断证明，楼兰的地理位置对于整个西域而言是多么重要。

前方将消息快马报给了窦固，窦固上书汉明帝刘庄，为班超请功。班超受到重用，西域的未竟使命落在了他的肩膀上。"举世滔滔，舍我其谁？"几千年过去了，班超的声音一直在西域的长空轰响。此后，班超收复了疏勒、莎车、大月氏、龟兹、姑墨、温宿、焉耆、危须等国，西域大大小小近五十个城邦全部归附了汉朝。

三

永元四年（九十二年），班超被正式任命为西域都护，从此开启了一个长达二十余年的西域班超时代。有些文史典籍上形容班超是一个虎背熊腰、浓眉豹眼、不修边幅、行侠仗义的武林中人。我感觉是有失偏颇的，他的家族传承和文墨生涯极有可能才是他在西域大展宏愿的根本所在。和他的雄才伟略相比，对他所谓粗陋狭义的看法也成为他经略西域的外在标签。就像张骞，在西域的日子久了，样子也成了胡人！

在西域各种势力的角逐中，班超能够让各方宾服，靠的绝不仅仅是武力。他没有动不动就把别人的国王换了，也不动丝毫钱粮，不须大军远征，便得远夷之和，同异俗之心。从这个意义上，绝不是说简单的武力臣服，而是中华文化先进的文明引领。不是同化，而是包容，班超通过国家意志对西域实施了有效的管控，简单地把他说成是一尊战神是有失公允的。

试想一下班超的辛酸与荣耀。如果他不是忘我地为国尽忠，如果他有一点儿私心，如果他只是忍辱负重，如果他只是依着自己的性子做事，那么他也就不可能至今被中华民族深深铭记。班超就是这样一个人，有严苛杀戮的一面，而宽容起来更是忍得胯下之辱。正是这种人格的力量，在敌寇林立的铁血风尘中鞭霆掣电，拔山贯日，支撑起东汉在西域的一片天。

四

班超六十八岁时，上疏皇上，自己年事已高，请求东归。后来班超的妹妹、东汉才女班昭又上疏为哥哥求情。汉和帝刘肇看完上疏，已是泪眼蒙眬，班昭的才华可见一斑。

终于，刘肇诏命任尚接任西域都护，允许班超东归故里。班超在西域留下的烙印太深了，换作任何一个人，都无法达到班超的威望与境界。班超一走，西域又进入了烽烟四起、群雄争霸的年代。

从历史上看，中原王朝强盛西域便安宁，一旦疏于管控，西域便会大乱。汉安帝刘祜时期，邓太后专权。她一下想到了班超的三儿子班勇，这个出生在西域的名将后代，不仅熟悉西域的山川地理，而且有着超群的智慧和理想。梦想有一天像父亲一样，提三尺剑立万世功，让荆棘成沃土，令歧路变通衢。于是，她以朝廷的名义向班勇发出了进宫参加朝议的邀请。

班勇在朝廷力排众议，痛陈放弃西域的后果，要求朝廷恢复对西域的管制。他指出，汉明帝时期西域内附后，匈奴远遁，边境得安；而放弃西域后，北匈奴对西域一味奴役与压榨，使得西域各地“皆怀愤怨，思乐事汉”。特别是楼兰王（鄯善）尤还，乃是汉人的外孙，如果匈奴得志，那么尤还必死。若出兵楼兰，足以招抚其心。应该派出西域长史，率兵五百人屯居楼兰。“西挡焉耆、龟兹路径、南强鄯善、于阗心胆，向北抗拒匈奴，向东拉近敦煌”。班勇的看法领略了吧！这就是班超的儿子！而楼兰在整个西域的地位也就显现了出来。朝廷自然采纳了班勇的主张，后来还任命班勇为西域长史，在楼兰王尤还的配合下，亲率五百军士进驻楼兰古城，在美丽的楼兰绿洲恢复了中断多年的大规模屯垦，并把西域长史府也设在了楼兰。

他不再是那个躲在父亲班超身后背影里的孩子，而是一个飞天遁地、迅雷烈火一般的汉子，一个令九泉之下父亲引以为骄傲的存在，一柄神剑，两面开锋，一半是海水，一半是火焰。

不过班勇的结局就没有父亲那么幸运了。他遭到小人诬告，差点惨死狱中。出狱后默默还乡，含泪将父亲和自己在西域的经历整理成了《西域记》一书。神弓自然好，无箭也枉然。书成之日他病死家中。在他的遗梦中，一定有楼兰的月色，清辉一片，凉白如雪。

米兰河水

在阿尔金山上，米兰河水像一条银色的玉带，从源头的冰川雪原上融水滴滴，涓涓细流，浸润成溪，汇流成河。

一

在阿尔金山上，米兰河水像一条银色的玉带，从源头的冰川雪原上融水滴滴，涓涓细流，浸润成溪，汇流成河。多么诗意的一个名字呀！米兰河水。

千百年来，润泽了沧海桑田、良辰美景，酿成了《西游记》里不朽的神话传说，她还有一个名字叫子母河。就是这条河的水，让猪八戒怀上孕了，想想是怎样的一条传奇的河，神秘的水吧！

生命就是一条河，人们习惯于叫人生长河。我这一辈子，回眸山河，哺养我生命的主要有三条河：一条在我的出生地，发源于天山南麓的河叫托什干河，她是孕育了人类童年的塔里木河的源头。

记得小的时候没事干就一个人跑到河边打水漂，很多乐趣就在那充满张力的曲直里，也在那沉浮的石片上。这条河沿着天山山脉，挟着激流和泥沙滚滚而下，流进了曾经水美鱼肥的罗布泊。

还有一条河就是湘江源头的资江。我在长篇小说《红痣》中描述过她，大约和沈从文小说《边城》里的情形相似。每天我都要去这条河里挑水喝，游泳也是在这条河里呛着江边水学会的，有几次差点淹死在这条河里，河里河外雕刻着我少年时光的生命印痕，那些青石板上打湿的草鞋印记，总是湿润着人生旅途中的一路沧桑。

每个人都会走在还乡的路上，在反刍生活的过程中嚼出全新的味道。感恩生活让我走进了米兰河水，几个月的时间里，每天都从他的河边虔心走过，如同青藏高原上藏民们转山转水，整个身心充盈着一股子信仰的力量。每天听着她的水声，仰望着她的来路，逆着湍流把思绪捎到莽山深处，谛听那冰面开裂发出的声声脆响，万年冰川呀！就这样一滴一滴，汇成了永恒的人类山河。这样的日子久了，无形当中就有了一种信仰的力量。

偶尔兴致来了，卷起裤管，蹚着激流，深一脚浅一脚，或掬一把含锶水，闻闻她的味道，再把她扑在脸上，一任凉爽通过面庞向全身流过。

再到河边，悉心捡拾着白玉、青玉、戈壁玉，摘上一束苇子花，盯着芦絮轻轻飘散，多么惬意的时光呀！说她是条玉带河，并不是想象的夸张，而是这山的背后就是一座座玉矿，在玉矿里流下来的水可不可以叫玉水呀！

一个人在一座中心城市居留得久了，喝的瓶装水、用的自来水，与河的关系慢慢就疏离了。奔波于钢筋水泥和熙熙攘攘的人流中，就像生命之根露在了外面一样！人就是这样，走着走着，总会有一方水土和你不期而遇。米兰河的金山玉水是我深深眷恋的故乡，记忆中的乡愁会一直伴随着我走过人生长河。

二

一个人和水在一起久了，就会有一些关于水的思考。古人云："海纳百川，有容乃大；壁立千仞，无欲则刚。"

每天学着古人看水，物我两忘，君子似水，君子如水。孔子缓缓地说："水奔流不息，是哺育一切生灵的乳汁，它好像有德行。水没有一定的形状，或方或长，流必向下，和顺温柔，它好像有情义。水穿山岩，凿石壁，从无惧色，它好像有志向。万物入水，必能荡涤污垢，它好像善施教化……所以，水是真君子。"富华和水，帖服在哪一边更惬意一些呢！

老子说："上善若水，水善利万物而不争。"做人就应该像水一样，造福万物，滋养万物，却不与万物争高下。在庄子看来，逍遥如水，是像水一样柔软灵活，随遇而安，不被外界所影响，获得真正的精神自由。如果改变不了别人，那就改变你自己，坚持你自己情愿做的。原来中国哲学的最高境界总是和水关联在一起的呀！

人一旦能够做到虚怀若谷，便能够汇集百川而成为汪洋。人如能做到无欲无争，便能如峭壁一般，屹立云霄。

我不敢说走过千山万水，但在所有走过的河里，最美依旧就是米兰河水。

三

唐玄奘在《大唐西域记》里有记载，丝绸之路南道从米兰河水这儿走过。在《西游记》中，猪八戒就是喝了子母河的水才怀上孕的，米兰古城就是其描述的女儿国，不管是吴承恩笔下虚构出来的理想国，还是历史上真的有过这样一个女儿国，犹见繁华褪尽，历经千百年风沙洗礼，米兰古城篆刻着的历史痕迹，依然挡不住古城背后的风韵犹存。这也是中国自古以来的屯垦第一城，也叫伊循城。

这给人世间，带来的是一幅怎样的世情画呀！难怪有那么多善男信女，飞越千山万壑都要来若羌掬一把米兰河水，耕播一番新的生命！

四

新疆的河流大都是季节河，米兰河水是季节河吗？不是！这是不可思议的，因为阿尔金山的内在热能释放出来的温暖，使她成了一条冻不住的河，就算是在隆冬难熬的苦寒里，依然把这稀世的生命之水赐给高山原野，千家万户。

沉睡万年的古冰川是她的母体，无论斗转星移还是物竞天择，总是一滴一滴慢慢滴着，滴水成溪，汇流成河。从冰雪岩缝中流出，流过山崖坠落着晶莹剔透，穿过草原河水就如牛乳一般，和成群的野兽相欢之后，混入各种稀世矿物质，这时候在阳光的映照下变成了橙黄，不一会儿又翻转成青绿！从来没有见过一条河能如米兰河这样五彩缤纷。河流串起的自然形成了无数小湖，个个都是蓝宝石、绿宝石、红宝石、紫宝石。流过雪海、沼泽、沙漠，穿越漫长的无人区，把成群的珍奇动物哺育喂养，经过沸腾的新能源富地和依吞布拉克人间仙境。

镶嵌在阿尔金山米兰河畔的静碧湖，如同梭罗笔下的瓦尔登湖，能洗净尘世间的一切烦恼、焦虑、浮躁，幻化出一个独有的芬芳世界，令人深刻而宁静地活在当下，让生命真正回归本真、本我、本质。

人这一辈子一定要有几次走进远山，当然无人区最好！也可以把这样的跨入作为人生新境界的一个节点。如果能够随着米兰河水走一趟，不亚于当年梭罗在瓦尔登湖畔的生活。他独自一个人搬到了瓦尔登湖畔，开始过一种远离尘嚣、离群索居的简单生活。其实生活就是一场从心出发的探索和试验，我们最需要的就是找到自己，然后寻找属于自己的生活方式。我们可以对生活多一点想象，为什么不呢？

如果生活不试图改变，生命的意义究竟为什么！每天重复一样的日子，你有钱、有权，有全新的体验吗？有激扬生命的内在原动力吗？只有超越红尘，才会回到红尘更好的生活！

五

米兰河水库采天地之灵气，汇资源之精华，人与自然的天作之合成就了这一汪平湖秀水，如果她是一位美貌的少女，必定倾国倾城。她陪睡在阿尔金山的一个山坳里，一面是奇异得让你难以想象的水库，一面是规划得井然有序的生活区。四面群山环抱，我曾在小说《红痣》写我的故乡，群山环绕看不到遥远的地平线，一条毛绳似的小路伸向远方。用在水库完全吻合，只是我故乡的小路延伸去了国境界，而水库的这条小路延伸去了若羌县城。

库区整体就是一个小盆地，东边上玄月升起的时候，落日红霞染红了西边天际。水库选在一个两山环抱的山湾里，坝高八十余米。每天都在储能，每天都在为下一次释放能量做准备。泻一次水，冲刷过的河床为捡玉人提供了最好的机会。

库区生活着来自天南地北的五十余号人，其实大部分都是年轻人。他们把自己的智慧融入自己的选择中，每天都可以在自己栽种的菜园、果园里免费采摘，过着属于自己的精彩人生。

事实上，在今天，米兰河水库不仅仅是传说中的子母河。进水口上游是阿尔金山的冰川融水，水中蕴含着五十多种矿物质，经过水库的沉淀和净化后，不仅可以帮助农作物生长、增产增收，对人体的微量元素也会起到一定的补充作用。

米兰河山口水利枢纽工程的建成，促进了罗布泊的可持续发展，对保护米兰河流域生态环境，合理配置水资源，促进区域矿业大开发，推进新型农业化进程都具有重要意义。与此同时，米兰河山口水利枢纽工程还是一座承担综合利用任务的水利枢纽工程，是新疆罗布泊的水源工程。

在米兰河水库旁边，就有一座名为楼兰子母河饮水点的玻璃房，里面摆放着现代化净水机器，直接抽取河水，经过八步净化生产出可以供人饮用的矿泉水。

这座神奇的水库也已经敞开心扉，与有缘人一道，打造成养生度假、田园采摘的圣地。

六

在国人的餐桌上或果盘里，也许就有米兰河水的基因。米兰河水的直接价值就是通过二百六十公里玻璃钢管管道的长途奔袭，抵达罗布泊，然后保障了沉睡亿万年全国最大的罗布泊盐湖矿床中硫酸镁亚型天然卤水资源制取硫酸钾、氧化钾的生产生活用水。每年产值达三十亿元以上，若羌县财政收入的百分之七十由罗钾提供。罗钾是世界上不可多得的无氯优质钾肥，它以其所具备的生态、绿色、纯天然、高肥效品质，成为我国特色农果业的首选品种，对我国的农果业产生了不可估量的影响。

罗布泊钾盐基地是世界硫酸钾的“航母”，让罗布泊从昔日的“死亡之海”变成中国农果业产业新动能的，就是这支生命之水——米兰河水。我们将之理解为楼兰文化的延伸，也是恰如其分的。

在阿尔金山脚下米兰河谷的臂弯里，躺着一泓碧透的绿水，气息悠长，似睡非睡。这个秋日，特别炎热，每当来到，诱人的清凉就会把满身的暑气尽消，还灵魂一抹无法言释的轻欢！

七

如果你有期待，就会有一个晴朗的早晨，早晨是清纯的、诗意的、神圣的。我相信大山里的绚丽有一种神圣，你可以在纯真自然中吸取更多的活力，自然的气魄会不会让你过上真正的高贵生活呢！

米兰河的山坳里藏着很鲜为人知的童话。当晚霞和月光交映，山腰上会栩栩如生地幻化出孙悟空的影像，山的造型和颜色就像罗布泊原子弹、氢弹爆炸的蘑菇云。各种珍贵苗木正在生长，预期中的花果山也在规划中。一种全新的生活方式正在开怀迎客，如果你要试验，你就前来！看看自己能不能按自己所渴望的生活方式来生活。

一个人并不是一生只有一种生活方式，我们可以过不止一种生活方式。这个世界上有无数种生活等着我们去体验。

只有对生活缺乏想象力的人，才会沿着一条大家都拥挤的旧路，顺着惯性，跟着人群，一直麻木地往前走，我们为什么不能寻找自己的瓦尔登湖呢，然后开始自己的生活试验。

一个人懂艺术固然美妙，但更重要的是有没有塑造日子的能力，影响日子的质量，那才是最高级的艺术。学会把自己的日子弄得很漂亮。

米兰河就如同一位顾盼生姿的少女，呈现出变幻莫测、摄人心魄的魅力。你说他有永恒之美不错，你说他瞬息万变也对，王洛宾《在那遥远的地方》就出自阿尔金山的山那一边。

重　生

在阿尔金山下的米兰河畔，我和新昆仑航空公司总裁李健先生饶有兴味地神侃了一番关于阿尔金山雪山探险。

在阿尔金山下的米兰河畔，我和新昆仑航空公司总裁李健先生饶有兴味地神侃了一番关于阿尔金山雪山探险。因为这个项目是由浙江名淘控股投资的，我又担任了这家公司的文化艺术顾问并随几位决策者多次登上阿尔金山的冰峰雪岭。于是有了这样一番对话，并刻骨地感受到所有攀登者的内心渴望就是为了生命的重生，由此跨入人生新境界。

作者：到阿尔金山旅游就是为了生命意识的觉醒，因为人的潜能是无限的，在阿尔金山这样的自然环境面前，但凡有点哲学思考的人都会获得某种启示，让生命的价值体现得比较高贵。一是动物的天堂，再就是原始的自然形态和纯真本貌，你置身其中，仿佛换了一个生命的参照系统，自觉不自觉地开始重新思考人生的含义。

李健：在阿尔金山探险过程中的这种震撼心灵的力量，只有对人生有终极思考的人才能体会到。在我看来，阿尔金山不可能成为令人趋之若鹜的旅游胜地，一定是为那些要重新为生命注入活力的人准备的。

作者：你们做高端旅游，这一点说得太到位了！所谓的高端，不是说有花钱是高端，更主要是人的思想和精神的高贵。

每个人的内心都有一种把自己推向荒原的渴望，也就是说，循规蹈矩的日子难免让人腻味，城市生活日子久了，就像米兰昆德拉《生命不能承受之轻》所写的那样，被琐屑与精致所困扰，需要到阿尔金山这样的地方与豪迈和雄壮、辽阔和犷悍相遇，去让生命淬火。

你认为到阿尔金山的高端探险旅游应当具备哪些元素？这个魅力究竟在什么地方？

李健：阿尔金山作为一个高端探险旅游区域，有这么几个显著的特点：第一，阿尔金山的区域面积大，体量大。像我们这一次的旅游线路探线，这么一走就接近一千公里。这样的情况在一般的省市是不可想象的。因为新疆的山，特别是阿尔金山区域的景观要素非常丰富，有大草原、大沙漠、大戈壁做背景，阿尔金山有了它们做衬托，视觉效果和审美感非常震撼。

第二，阿尔金山有非常丰富的雪山资源。每一位喜欢旅行、喜欢探险的人心中都有一座神圣的雪山，都有一个雪山的攀登梦，都有一个雪峰的登顶的梦。雪山对于东部地区的人来说是非常神圣和神秘的，阿尔金山的雪山资源丰富，雪山上的冰川资源也很丰富，终年积雪，景色壮观奇特，雪峰的形态和地理地貌都非常具有多样性。

第三，阿尔金山区域的河流湖泊形态奇特，资源极其丰富，体量巨大，其中最有名气的就是阿雅克库木湖，面积有九百六十平方公里，占据中国国土面积的万分之一。所以这种大体量的画面、大体量的景色给人带来的视觉和灵魂的冲击是非常大的。

第四，阿尔金山区域是野生动物的天堂，那里有数量庞大的野驴、藏羚羊、牦牛、狼、鹰、熊等野生动物，我们每次探险旅行时基本都能遇到这些野生动物。所以如果到阿尔金山来旅游，这些景观要素、情感要素、审美要素都可以得到充分的体验和满足。

第五，阿尔金山区域的海拔高度差非常大，从若羌县城到阿尔金山的部分区域海拔高度从九百多米到四千五百多米。若从山脚下到阿尔金山的希尔曼莱雪峰营地的海拔高度从三千二百米到五千二百米，这样一个海拔高度差的旅游景区也是很奇特很罕见的。到达阿尔金山的人基本都会有高山反应，高原反应的时候非常痛苦，虽然上山后经过几天的适应，症状就会逐步缓解，但是这个适应的过程是很痛苦的。我觉得这个痛苦的经历，正是这些高端旅客或者说是这种有追求、有情怀的人的一种精神境界的追求。执着于这种超越自我、挑战极限追求的人，不管他以前是在事业上遇到任何的挑战和挫折，他们都会以最大的忍耐和毅力来接受和经历那种挑战，这就逾越了个人原来的状态，来实现一种生命的飞跃，转变成一种积极的人生常态，或许这就是一个心灵重生的过程。

作者：用土话讲，就是熬过了磨难之后，就会有更加充足的精神底蕴，用这个来继续鼓励支撑自己以后的人生。他可以很骄傲地拍着胸脯说，我曾经到达过海拔四千七百米、五千米、六千米……会当凌绝顶，一览众山小。况且又是冰峰雪岭的一个世界，蕴含的就是这个道理。

李健：还有一点，就是之前没有开发过这片大山的旅游，大家也都是隐隐约约、朦朦胧胧地知道阿尔金山。这山太神秘了，又因为有国家级自然保护区在里面，所以它的神秘感特别强，这种神秘感，对这种有追求的高端的旅客和这种高端旅游市场来说，是他们最向往的一个地方。

作者：为了打开阿尔金山高山探险旅游这扇门，吸收国内外的成功经验是很有必要的。在这方面的谋划非常重要，听说你们做了大量工作。

李健：为了更好地借鉴国内的高山探险运动的成功经验，我们带着对阿尔金山的这种深度理解和责任，在前期全面详细地勘查调研的基础上，我们团队就来到了中国高山探险运动最发达的地区——四川省阿坝藏族羌族自治州小金县的四姑娘山，这个地方的高山旅游是全国做得最好的。

所以我们就带着对阿尔金山的理解，来到了四川阿坝州小金县，看看它的高山探险旅游是怎么开发、怎样管理的，有哪些值得我们借鉴和学习的地方。在这个过程中，我就发现四姑娘山有很多经验值得我们阿尔金山来借鉴和学习。

四姑娘山的景色景观要素和阿尔金山有许多不同之处，那里的温度高，湿度大，水多，所以植物生长茂盛，植被情况比这里丰富，但那里的大山过于密集，没有大的空间纵深来作为对比空间来衬托的观赏，人基本都是生活在大山的山沟里。相比之下，新疆的阿尔金山有大的空间进行对比衬托，更有大场面的感觉。大平原、大戈壁滩衬托的大山，所以可以感觉到那种极度开阔豪迈感和神圣感，这也是阿尔金山景色的独到之处。

阿尔金山还有一个优势。在阿尔金山的外围区域有一条进疆的交通要道三一五国道，这是驾车进入新疆的最重要的一条国道，由于沿途景色壮美奇观，沿途的收费站少，所以很多自驾旅游的人都喜欢走这条国道。

阿尔金山的高端旅游究竟应该怎么搞？我们还有一家低空观光的航空公司，可以为我们的高端探险旅游提供航空方面的业务支撑和服务。我们试图把各种元素进行最佳匹配，探讨一种最适合的高山探险模式。我们经过数次的长途深入的探线，也邀请了一些国内这方面著名的专家一起来调研考察。

作者：“不可到达的到达”是高端探险旅游最吸引人的地方，但是要做到这一点，必须创造相应的条件，这方面你们做了哪些准备？

李健：一次感受深刻的探险旅游，要有充分的物资、装备、时间、经验、配套救援等的保障，才能够顺利完成阿尔金山的探险之旅。所以不是所有人想去就都能去的，你一定要具备一定的高山旅游的基础和精神上的准备，物质上的准备，设备上的准备，车辆的准备等。满足这一切，你才能行动，不然的话会有生命危险，或降低了高端探险的体验感。

作者：听说有个“魔鬼谷”的地方很有魅力，你们考察研究过吗？

李健：沙子泉继续往东走，有一个叫魔鬼谷的地方，这里富含铁矿。很早以前这里有铁矿，现在关停了。因为铁矿资源丰富，所以地磁就比较复杂，靠地磁来导航的设备比如指南针就会失灵。这里海拔高，云层低，空气中的含水量偏高，湿度大，因此这里的闪电特别多。经常有些动物就在那里迷路了，在那里就被闪电打死了，所以大家越来越注意，就把这里称为魔鬼谷了。

所以对于热衷于高端探险旅游的这帮人来说，如果此生能去趟阿尔金山的魔鬼谷转一圈，也是极其幸运和神圣的，实现了不可到达的到达，这是高端探险旅游最让人着迷的地方。

作者：探险旅游是有一定的风险的，不可预测的情况多种多样。有来自路况的，也有地理地貌的，有气候原因，还有来自野兽侵袭等。那怎么来规避这种风险呢？

李健：其实野外探险的各种风险规避，有非常成功成熟的经验和应对处置的设施设备。国外对于高端探险旅游线路的管理和运营的经验也很丰富，所以就必须按照正规的高水平的这种成熟的模式来管理阿尔金山的探险旅游。高端探险一定不是随随便便弄个越野车就能进山探险的。

阿尔金山之后，我们又考察了天山和昆仑山，发现巴州不愧是华夏第一州，它不仅面积大，拥有的高山雪山的资源也是相当丰富，阿尔金山、昆仑山、天山这三大山都在巴州区域内。雪山雪峰资源非常丰富，关键是这些资源都处在未开发状态。

作者：雪山是全世界高端旅游的最顶端的场景，雪山从海拔高度来分，具体是怎么划分的呢？

李健：一个是雪线以上四千多米，大家只是对雪峰的仰慕，想去触摸一下，但是由于受到身体条件的制约，很多人不适应更高海拔的地区，所以四千米对他们来说已经实现了对雪山的向往、触摸雪山的目的达到了。

还有一群人可以攀登五千到六千米的雪山，但仍然是以探险旅游为主。再高的高度，以他们的身体和装备就无法适应了。

另外，还有一批人是具有高海拔登山探险专业能力的，他们对高海拔雪山的向往是痴迷的。他们都配有专业的顶级品牌的装备。

所以高山探险旅游，要把这三个层次的人群结合起来。通过我们前期的考察发现，阿尔金山的希尔曼莱雪峰是一座常年积雪的雪峰，拥有冰川、冰壁，高山地质地貌丰富。海拔五千七百三十九米，是一座适合高山运动初学者攀登的雪山。

这一带野生动物资源也很丰富，这些大山的生灵让人感觉非常好奇和亲切。巴州新昆仑探险公司牵头成立了巴州高山探险运动协会，就是要普及高山运动，我们的宣传口号是“以敬畏攀登高山，以无畏探险远方”，树立、培养和持有这样一份敬畏心是很重要的。

作者：我去过非洲一些地方，他们在探险旅游方面走在了世界的前列，应该把非洲肯尼亚大草原的管理模式带到阿尔金山探险项目上来，那些管理模式都是非常好的经验，既开发了旅游资源，又实行有效的环境保护法律法规，同时造福了当地百姓，通过收入改善提高了他们的生活水平。

李健：这也正是我们的想法，我觉得生活在新疆的人，有着得天独厚的优势，那就是可以接触、欣赏到原始的生态和大自然的壮美景色。

我们巴州是中国面积最大的州，巴州的若羌县又是中国面积最大的县，单单是“华夏第一”这样的概念就足以震撼人心。

阿尔金山这样的高端旅游，其实在西方已经开展上百年了，早在十九世纪就有了，他们有非常成功的经验。在这个过程中，不光是审美，不光是看自然，还有一种很难经历的人与人之间的信赖协作的关系的体验。因为进无人区至少要三辆车，每辆车上有三个人，这样就组成了人的团队和车的团队的组合，而且是多维度的团队合作。在这个团队里各有分工，在无人区旅行没有其他可以依靠的人员和信息。大家要在一起搭帐篷、支锅做饭、户外探险、搬运物资，遇到特殊情况还要一起排除险情、修车等。对于现代都市的人来说，这些工作平时是绝对不会经历到的，更不会亲身参与其中。只有团队里的这些人相互支持，相互协作，相互信赖，才能完美实现走出无人区。经历这种旷野生存的经历，对人的心灵和思想是一次重塑。这就是高山旅游对于生命的意义。

作者：在都市生活中，你可以蔑视一切人的苦难，可以逃避责任，但是在这里不行。你会对周围一切有温度的行为做出积极的回应，你对他人的言行变得极其敏感，所以在无人区的大山里，人的很多内在能力和灵魂一次又一次地经历重塑，经历重生。生命的旅行换了一趟列车，在西方有一句话叫“旷野重生”。一个人一定要把自己扔到绝境旷野之中，让骄傲的自己彻底地被震撼、被毁灭，然后重生。

李健：新疆在高端探险旅游方面的人才奇缺，从装备到运营管理、越野司机、探险向导都很缺乏，这也是我们下一步的工作重点。

我们的工作就是要把若羌这个远在塔克拉玛干沙漠深处的一个小县城，依托阿尔金山丰富的旅游资源，把世界顶级的高山探险、户外越野的装备、人才引进到这里来。我们已经启动了一个培训计划，逐步实现高端探险人才的本土化培养工作。所以，我们现在已经开始招聘了几位本地非常优秀的维吾尔族小伙子，他们身体素质好，性格开朗热情，熟悉本地的环境和地理情况，为人憨厚朴实，工作勤恳，能熟练使用汉语和维吾尔语。

作者：高山探险旅游的线路设计要考虑参与者的感受，不能仅仅是雪山，还要有胡杨、湖泊、河流等自然元素，要把一个多元立体的壮丽山河呈现给大家。经历现实版的“大漠孤烟直，长河落日圆”，会激发出每一个中国人内心的家国情怀和怀古忧思。旅游不再是看风景，而是一种情怀的释然和追索。

震惊地意识到生命的当下意义，才能让所有来过阿尔金山的人不虚此行。我曾经听过一个这样的故事：法国巴黎一个地铁站，有一个世界著名的小提琴演奏家，小提琴本身价值三百万美元，演奏的曲子也是世界名曲，而且这个人是享誉世界的小提琴演奏家。地铁站有几千人从这个正在演奏小提琴的演奏家身边走过，大家行色匆匆，无暇顾及，只有六个人停下来欣赏了他的演奏。这就好比现在的社会情景，人们往往因为自己的匆匆忙碌，而错过了世界上最好的东西。其实人不就是活在当下吗？如果我们不是在追赶的路上，珍惜当下，就会获得世界上最优美的音乐体验。

李健：其实这种忽略，是我们人生最可怜最可悲的一件事情，因为往往这些一生只有一次的经历会是一个最有价值的体验。人生不就是一个自思和体验的过程吗？高端旅游就是要让大家与最有价值的情景相遇，给旅游的人带来的是一种极致的享受。“情理之中，意料之外”或许是探险旅游服务的一种追求的感觉。英文叫surprise，翻译过来应该叫“惊异”。

高端旅游对员工的素质的要求很高。各方面的知识都要懂一些，咖啡，雪茄，红酒，历史故事，天文地理，文学历史，典故诗词，等等，都能和客人聊得来。对于线路上的地理历史知识，更应该是详细而准确的。所以员工的人文素养的培训也是非常重要的。

作者：若羌的交通四通八达，从目前来看，以过客居多。怎样来打造旅游目的地，还有很多的工作要做。首先要通过文化的力量把若羌旅游的灵魂塑造出来，讲好若羌故事，通过各种媒体进行广泛的传扬，让世界了解楼兰，了解阿尔金山。

李健：要普及相关的旅游知识，阿尔金山、楼兰、塔克拉玛干沙漠、塔里木河……这些都是世界级的IP，这些元素的书籍、艺术品应该随处可见，但是现在基本看不到。整个商业业态都维持在一个低水平的吃吃喝喝的状态。从县城的建设上来说，硬件设施和建筑物都要有很大的改善和提升空间。

作者：因为若羌是进入新疆的第一站，游客们特别是自驾游的人们在这里休整，给养补充购买，然后再整装待发，从这里进入新疆的审美体系。

李健：若羌县要为下一段旅程做好预备，而这个衔接就是我们的商机。我们要把下一段旅程另外一种审美运营好，这也就是我们新昆仑探险和新昆仑航空正在做的事情。你可以从这直接切换到那拉提去喀纳斯，就是纯粹绿色了，他去走走塔中的沙漠公路，尉犁县的罗布人村寨等，可以通过若羌县发达的交通体系得以实现。

云南的旅游值得借鉴，比如丽江，实际上都是外地人留下来发展建设起来的。到了这个山清水秀的地方，定位就是风花雪月，也就留下来不走了！资本也就跟随着人和理念来到丽江，建设了大量的各种风格、各种档次的民宿。那些来自一线城市的年轻人，他们最懂得应该怎样建设丽江，吃、住、行、游、购、娱，每种消费直抵行者的需求，一下就把丽江盘活了。政府并没有投资，仅仅是提供好的营商环境和收税而已。

作者：很多有情怀的旅游者希望经历更丰富更复杂的新疆感受，比如有很多人提出想经历一次全身心投入的沙尘暴，你是怎样看待这种需求的？

李健：若羌县具备这样的条件。亲身感受一下大自然的宏大的作品——沙尘暴，哪怕是在风暴来临的日子在那儿等待，在那儿住上一个月，只要经历一次就知足了。我们听了很感动。其实这些个体的要求就是未来高端旅游的方向。政府在规划时应该把这样的需求考虑进去，也许这就是供给侧结构性改革的一个方面。把个人体验需求转变成市场经济行为，也是若羌县文化旅游产业发展的客观要求，也是当地老百姓的福祉。

作者：若羌县阿尔金山高端旅游初潮兴起，东方风来，一定会掀起新浪潮！

若羌红枣　向阳而生

遥望西部，若羌的历史与楼兰的诱惑如影相随。

一

遥望西部，若羌的历史与楼兰的诱惑如影相随。在楼兰文化兴盛的日子里，若羌作为西域三十六国之一的一个小国，在羌笛怨尤的丝丝叹惋中，在颠沛流离的长路行吟里，总是若即若离地相守陪护在楼兰身旁。

在楼兰文化萌明幽暗的苍茫岁月里，只有若羌，无论日月怎样轮回，总是宠辱不惊地把生命附着在这片跌宕起伏、桀骜不羁的土地上，使楼兰文化不止是消逝的幻影，而是每个人心中都有的一个具体可感的坚实存在。

二

当下若羌，我用了一年的时间大地行走，且行且悟。楼兰和若羌，你中有我，我中有你。若羌地理位置的相对封闭性倒逼若羌人形成了昂奋向上的性格特征。若羌灿烂的阳光和这方不屈的水土，不但承载了楼兰文化不朽的前世今生，而且还耕耘出了以红枣产业为主旋律的现代文明。

如果你要追问楼兰、感受楼兰、研究楼兰、书写楼兰、旅游楼兰，你都必须到若羌来。今天的若羌，实际上用自己的智慧与创造不但守望了不朽的楼兰文化，而且正以博大的襟怀，汇聚祖国强盛的正能量，在这片沧桑古老的土地上，续写着新时代楼兰文化新的一页传奇。

三

从历史和现实的宏大时空来梳理新疆若羌，那么这个坐标系纵向的一轴非楼兰莫属，而横向的一轴自然是若羌红枣。就像茅台之于贵州，红塔之于云南，只不过若羌红枣对人的身体都是满满的正能量，没有任何负面伤害，而再好的烟酒，无论怎样的昂贵或奢华，其有害健康也是所有人的共识。

四

条条道路通罗马，而最佳的路只有一条。路漫漫其修远兮，吾将上下而求索。曾几何时，若羌是一片偏乡僻壤的孤岛，而其最大的优势莫过于土地和阳光。面对时代巨变，若羌人懂得任何常规思维都不可能寻找到若羌发展的属于自己的路。在不断的求索中，终于在二十世纪末，若羌上下一致地把目光聚焦到了红枣产业上。

若羌人把阳光的恩赐与眷顾凝结成了粒粒红枣，不仅整体上使全县七万余人摆脱了贫困，而且以自身的经济基础拥趸着举世闻名的楼兰文化绵延不绝、再造辉煌。

五

红枣的发祥和中华民族古老的文明一样，主要在黄河流域，今天的山西、河南一带依然是红枣的主产区。若羌县自二〇〇〇年从河南新郑引进了红枣苗二十万余株后，若羌人开始了改天换地的伟大传奇。

六

红枣对若羌来说是个舶来品，若羌人用了二十年的时间把大自然赋予若羌的光热水土资源创造性地融入了若羌红枣，使之具备了无与伦比的品质，以不凡的气度把中国几千年的红枣史拉升到了一个全新的高度。

二十年来，若羌人面对大自然的残酷和狂暴，以九死不悔的生命意志和汗水浇灌，在亘古荒原上打造了二十三万余亩享誉世界的一流的枣园！这是怎样的一个面积！绕周边一圈大约有五十公里，比北京的三环全长还要长一些。如果在全国进行一项红枣认知度的综合考量，若羌红枣肯定以自己的独特气质处在第一方阵。

在若羌种枣，是若羌人经过艰辛求索，面对严酷自然的一次严峻挑战，是对悲剧命运的一次浴火重生、一次凤凰涅槃。没有一种食物能像若羌红枣一样和人的血脉联系得如此紧密，更没有一种植物能像若羌红枣一样把阳光的馈赠演绎得如此传奇。

二十年的斗转星移，若羌人像愚公移山、修筑万里长城、修建红旗渠那样，在亘古荒原上披肝沥胆，开垦出了与罗布泊死亡之海形成鲜明对照的成片绿洲。这是人与自然相互融合而创造的伟大的奇观，是若羌这方水土给予我们这个民族的最完美馈赠。

七

若羌人在异乎寻常的艰难困苦中，探索红枣这个物种与自然的最佳结合，对红枣基因进行了成功改造，在特定的阳光地带，培育出了娇嫩的苗，开出了娇艳的花，结出了嫣紫色的枣，为我们这个民族提供一款独树一帜、滋养生命的若羌红枣。

若羌红枣对于人的生命意义会越来越充分地释放出来！每年秋天，若羌县都要举办“楼兰文化红枣节”。把这两件看似关联度不紧的事情融合在一起，有人会说稍显牵强，而一旦了解了若羌就会震惊地感受到，这是关于若羌创意的神来之笔。

八

粒粒若羌红枣，蕴含了新世纪以来我们这个时代日新月异的创造精神。它所昭示的精神意义，如同楼兰的名字一样，越来越成为人的精神盛宴上的一道靓丽风景！

九

若羌的每一缕阳光，仿佛都是对若羌这片奇特水土的反哺。如果说严酷的自然环境曾经摧折了楼兰盛世，也是上苍对若羌的亏欠，那么充足的阳光就是对若羌这方水土的补偿。

若羌的阳光，千百年的等待仿佛就是为了孕育出一款神奇的若羌红枣。若羌的阳光，直射红枣的时间是最长的，就算在空气中，也没有那么多的迷雾和云层让它穿过。

十

若羌县地处欧亚大陆腹地，位于塔里木盆地东侧，是世界同纬度最干旱的地区之一。位于北纬三十九度，海拔八百米，光热资源得天独厚，冬季寒冷，夏季酷热，全年少雨，昼夜温差可达三十度以上，年降雨量极少，年均气温在十一点五度左右，年平均无霜期为一百九十七天，光合有效辐射高。若羌红枣色泽紫红，肉质肥厚，同时若羌高温干燥，早熟，少有病虫害，若羌红枣质地细腻香甜。

十一

若羌的风，在舞动春天的同时也劲挺着红枣树的枝干，在一节一节开花的季节里，风的吹拂让那些柔弱一些的花蕊、花瓣无奈地漫天飞舞，随风而逝，而从疾风中洗礼过的花，自然蜕变成了一粒粒青涩的若羌红枣。

十二

天、地、人合力，在年复一年的撕咬磨合中，得出了枣树主干要粗而壮硕，枝条要柔软婀娜的树形塑造要求。若羌的枣农们从修枝的疏密和角度上，就懂得如何让每一粒红枣享受到最充分的阳光。在空间关系上，对枝叶、果实、阳光游移的角度做出最科学的布局，使太阳的恩赐在每一粒红枣上得到最充分的体现。

十三

若羌红枣从每年的五月到七月，花开四道，最好的是第三道花，所以若羌的精品红枣都是产自第三道花，上市的时间也要比一般的红枣晚一些。每一道花结出来的枣有每一道的长相和口感，包括皮、肉、核都是不一样的，口感入口和后味也都不一样。第一道花也是可以留一些的，留在什么地方、留多少都很有讲究。

十四

六次抹芽，多次修枝，任何一种技术都是若羌人心血的结晶。山西、河南是种枣的发源地，但有些看起来在当地成熟的技术并不一定适合若羌。若羌人以自身的不屈不挠赋予了若羌红枣独特的秉性，实现了人与自然的完美结合。

十五

若羌枣的颜色变化记录着年轮的印痕，从第一抹嫩绿到黄色的花，然后结出青绿的枣、渐渐发白、变黄、浅灰、变红，挂在树上风干。秋冬季节的风裹挟着尘土，就这样让鲜嫩的红枣退却了光泽，变成了一位满脸皱褶的老妪。若羌的主打枣是灰枣，不知是不是说的是这一期间的若羌红枣。

十六

懂若羌红枣的人就去枣园买这样带着土和褶皱、硬得像石头一样的红枣，你可以用一只不起眼的布袋随意往一个旮旯一扔，不与任何一种食物争艳美、争芬芳。一旦你要食用，只要用清水一泡，刹那间枣的面貌就发生了改观。浮尘退去，枣皮的外观泛起银色的光，红枣的内在活力也很快得以恢复。一旦获得水的滋养，自身又具备超强的保水能力，它的柔韧度可以与一个季节同行。

若羌枣核小肉厚，甜而不腻、糯而不黏，就这样凭借自己的特质把天下有缘人联结在了一起，汇成一个我爱若羌枣的强大粉丝阵容。

十七

若羌红枣精彩纷呈，有灰枣、冬枣、骏枣、圆铃枣、鸡心枣等四十多个品种，无论从审美观赏还是食用实用，都为我们提供了一个最权威的植物谱系。

十八

卓越的品质源自人的境界，若羌红枣的品质经历了漫长的土壤改良过程。若羌人坚持不上化肥，不打农药，不用除草剂，而是着力发展林下经济，把辽阔的枣园变成了养鸡场，让植物和动物和谐相处，良性生长。若羌红枣闻名遐迩，若羌的红枣鸡也名不虚传。

十九

二〇二〇年秋日，若羌县吾塔木乡尤勒滚艾日克村人头攒动，这个昔日杳无人烟、荒寒偏僻的不毛之地，如今已是万商云集、财富汇流的十里枣乡。

这个世界上古老文明的荟萃之地，如今因若羌红枣而把全国各地的商家大佬都汇聚过来了！北京、上海、武汉、大连等一二线城市的客商已经习惯徜徉于若羌大地上万亩枣园，在精心品枣的同时，根据市场需求再权衡出一个个最佳的订单和供销方案。

二十

“以前我们的每亩地收入不足千元，现在平均每亩地收入两万元，在合作社的技术支持下，我们种植的红枣更有品质保障；政府为我们联系了合作企业，不愁销路。”若羌县吾塔木乡巴格艾日村村民吾斯曼·麦麦提明如是说。

二十一

目前若羌红枣已经取得地理产品证明商标，地理标志产品保护，中国驰名商标认证。若羌红枣两次获评中国最美红枣之乡，若羌红枣地理标志商标被认定为中国驰名商标。若羌红枣获得中国红枣优质产品一等奖、中国绿色食品上海博览会畅销产品奖、全国绿色小康县等荣誉称号。

二十二

上苍是公平的，在狂风肆虐的地方一定会有阳光地带与之对应。

千百年来若羌的风把自然雕塑成永恒不朽、形态各异的雅丹，但摧折不了若羌人用意志构建起来的心灵长城。若羌全县上下拧成一股绳，他们相信阳光的力量，相信大自然给予的馈赠。

二十三

若羌人的任性就是追赶阳光的高度，做自己的品牌。若羌红枣与我国红枣产业一样，正在经历残酷的市场洗牌。由于整体上供大于求，若羌红枣的发展也在经历阵痛。当别的地方已经在砍伐红枣树的时候，若羌人自信他们能坚挺地走过这个困难的时期。精细化运营、创新驱动、可持续发展已经成为若羌县最热门的话题。

二十四

若羌县的历任领导一届一届狠抓红枣产业，咬定青山不放松，任尔东南西北风。县财政每年都会拿出三千万元来提升若羌红枣的品质，全县上下勠力同心，越困难越有机，努力实现二十万亩红枣有机全覆盖，就是不上化肥、不打农药，不求增产只求质量，以顽强的个性在残酷的市场竞争中，确保以卓越的品质傲立潮头，使若羌红枣的基因已经发生根本改变，引领中国枣业市场新时尚、新品质、新味道。若羌红枣只能走品质不断提升的精品战略，不能追求数量产量上的规模效应。

二十五

若羌种枣为全国提供了一个示范，更大的程度上是树立了一个无与伦比的精神标杆。从全国的市场来看，红枣与市场供大于求的矛盾依然存在，有的地方已经在成片砍伐，而若羌人自认为就是从苦难和艰辛中走来的，他们抗自然、抗市场的承受能力正是成就若羌红枣永不枯竭的精神动力。

二十六

若羌红枣已经昂首跨入了当代社会的最前沿，无论是从高科技、互联网、林果业或生态健康、时尚美学、品牌营销，都成为这个时代最靓丽的风景。若羌红枣是若羌人人格力量的化身，它所具备的强大的反哺能力，只会一步步更加茂盛茁壮，是任何力量也摧折不了的绿色长城。

世界上的任何成功都是从困境中熬出来的。若羌人苦难的底色一直可以延伸到历史的深处。羌笛何须怨杨柳的叹惋一直是若羌人生命深处悲鸣，但是他们从来都没有低下自然不屈的头颅。春风不度，我自豪迈。

二十七

若羌红枣可以鲜食、配药、泡酒、酿酒、添加、做辅料，还形成了独具特色的红枣菜系，各种深加工产品更是形成了一个强大的若羌红枣族群。

二十八

若羌红枣的成功突围之路，底气来源于党来源于全县上下拧成一股绳、把若羌红枣做成一个屹立不倒的蓝筹品牌。

若羌红枣像大白兔奶糖，由于糖分含量产生的黏度和糯感都是其他红枣所不具备的。

二十九

一方水土养一方人，一方人打造了一个品牌——若羌红枣。

三十

在历史的追问中，我们可以想象一下，同样是在这样一片地缘板块上，若羌兴盛付出了多么沉重的代价。是若羌人以不屈的生命意志把楼兰文化延伸到了今天，而且还审时度势，以非凡的智慧和勇气，举全县之力，成功打造了若羌红枣这个品牌。在中国这片土地上，很少有像若羌种枣一样凝聚了广泛的人心，把红枣的种植变成了全县人民的集体意志。

三十一

经济模式的改变，必然带来一次文明的变革。若羌红枣就是无中生有，弯道超车。相信红枣作为奠基的楼兰文化，一定会引发古老若羌的旅游狂潮。

三十二

铁路、高速、航空的运载能力正在提升，处在四省自治区交通大十字交叉点的若羌，规模的产业转移与经济合作正在形成。若羌的后发优势，在红枣品牌的打造上得到了充分体现。若羌这座梦工厂，是体验旅游的最佳目的地。

三十三

由小小红枣带动的产业集群正在崛起，仓储、加工、物流、冷链，每年都以投资五亿元以上的速度在增长，一个十平方公里的园区正在建设之中。整个若羌在顺势而为的筹谋中，正在取势上扬，同时借重于国家智囊，正在为若羌谋篇布局，试图造成一个更大的发展势头，乘上这场格局之变的浩荡长风，走向西部勃兴的未来。

三十四

山高人为峰，若羌人被若羌红枣托起的这个高度和阿尔金山的雪峰一样，在我们民族的编年史上卓然傲立、熠熠生辉。历史就这样滚动着，生命就这样延伸着，人生就这样书写着！

色如金磬　声如羌笛

在楼兰这方水土上，如果要选取一款来自自然的稀世之宝，我选若羌黄玉。

一

在楼兰这方水土上，如果要选取一款来自自然的稀世之宝，我选若羌黄玉。就像写《天鹅飞过大地》一书时，我试图在巴州的缤纷世界里选取稀世之爱的信物，结果提取了天鹅。天鹅成全了我，相信黄玉也会。

长河日月，天鹅轻吟，无论你飞得再高还是再远，我就在这原上，一直等你。等到秋草枯去，等到春野山花，当原上九曲十八弯镀上金辉的时候，你身披霞光，就会回到你独有的温暖土地上。虽然以等待这样一种略显传统的方式相爱，但对于爱情，无论这个年代怎样现代化，忠贞的爱情依旧是人类的永恒理想。

黄玉的尊贵在地球形成时期就开始了。作为万山之祖的昆仑山系，蕴藏的黄玉也就极少的那么一点点，而且还就在若羌这边的两条山谷里。以黄玉的前世今生，被尊称为稀世之宝是再恰当不过了。以稀世之宝来表达稀世之爱，应该成为我们生活的最高理想。如果这个前提成立，那就来若羌吧！黄玉就像迷梦一般的乐曲，把心里的话儿告诉你！

在若羌小城流连，玉店是一道靓丽的风景，每一块若羌黄玉都是一首生命的歌。如果你待得稍微久一点，不去看一看，摸一摸，悟一悟若羌黄玉，那就会成为一生的遗憾。在若羌的日子里，我收获了许多关于黄玉的故事。

二

若羌黄玉的颜色并不是我们平时经验上的那种黄，而是带有一丝冰冷，像是皎洁的月光和碧蓝的星空交融浸透出来的那种黄色，黄得直抵人心，黄得如梦如幻。释射出来的高贵让人如醉如痴，心驰神往。

我常常想，为什么仰止昆仑，冥冥之中一直在探寻这个答案。当我和黄玉特别是和大山深处的采玉人相遇的时候，渐渐懂得了黄玉是昆仑山的灵魂。

黄色似金，大地的颜色，火焰的光彩，佛徒的袈裟，帝王的龙袍，被视为神圣的颜色。我在中国大写意花鸟这条长路上蹒跚了许多年，如果让我说出一种最眷顾的颜色，我认为是藤黄。我所专注的胡杨，很大程度上就是把黄色用到了一个最能表达我情思和意境的临界点上，使之成为一个审美符号，我庆幸黄色带给人们的感动。

汉末刘熙的《释名》:“黄，晃也，犹晃晃，象日光色也。”东汉的经学家、文字学家许慎《说文》:“黄，土之色也。”象征着能使万物生长的阳光和土地，受到人们的崇尚。黄色与黄金同色，又让我们想到“古来金玉系良缘”之说，黄玉似乎融合了金与玉的天性，具有很高的观赏性和更深的文化底蕴。

观察它的颜色，一般来说，颜色越黄则品质越高，并且要求颜色纯正，没有杂色或者稍带其他颜色。古人以“黄侔蒸梨”者为最好。细分可分为密蜡黄、栗色黄、秋葵黄、黄花黄、鸡蛋黄等。因为是稀世之宝，经济价值超过羊脂玉。

三

黄玉本身自带一种古雅、高贵的气质，寄托蕴含着中国人对于富足、尊荣的期盼，不仅更能彰显社会地位，且具有招财进宝的口彩。

在玉世界，按色泽排序，黄为至尊，接下来依次是白玉、青玉、碧玉等。如果把碧玉形容为小家，那么黄玉则是大家或名门望族。我此文标题“色如金磬”，说的就是古代皇宫里的一种最华贵的礼器。而就大多数人的常识而言，对黄玉还是比较陌生的，原因主要是存世太少，物以稀为贵就是这个道理。

黄玉分为以下几个级别。首先是一级黄玉：颜色呈深黄色，柔和均匀，质地致密细腻，坚韧，滋润光洁，半透明状，油脂一蜡状光泽，基本无绺、裂、杂质等。二级黄玉：颜色由淡黄到深黄，较柔和均匀，质地致密细腻，油脂一蜡状光泽，偶见绺、裂、杂质等。三级黄玉：颜色淡黄，柔和不均匀，质地较致密细腻，蜡状光泽，常见绺、裂、杂质等。

用文字来解读黄玉是力不从心的。黄玉是灵物，总是和人的心性有某种契合。作为一种高贵的艺术品，用科技来测定的数据也是极不可靠的。为什么黄玉会让人痴迷，恰恰是它的品性把人的至深审美心理激活了，于是物我一体，心灵感通，心物一体，达到阳明先生所说的致良知的境界。

四

若羌黄玉是典型的热液矿物，深锁在花岗伟晶岩、酸性火山岩、云英岩和钨锡石英的环绕陪护之中。开采的难度非常大，就像女人心大海针，女人心天上云。为此，在昆仑山人至罕见的大山深处，有多少采玉人历经千辛万苦，最后以九死不悔的信念，才能找到自己的情人。

若羌黄玉硬度极高，达到摩氏六点五度，质地致密细润，韧性极强，散发着典型的油脂光泽，光芒内敛的特质代表着中国文化的深厚内涵，是极好的雕刻玉材，具有很高的收藏价值。

黄玉温润、细腻，其声若金磬之余音，绝而复起，残声远沉如羌笛。不知道王之涣《凉州词》“羌笛何须怨杨柳”的千古绝唱，是不是听了黄玉发出的声音而产生的灵感，什么事情一旦和女人的心扯上，那就成了千百年来文化艺术环绕的轴心，再伟大的抒情大师，面对楼兰美女的凄美或多变，也会变得无所适从。无论语言用来揭示美女还是黄玉，那也只不过是蜻蜓点水，沧海一粟。

无论在秦歌汉赋还是在唐诗宋词中，黄玉都那般光艳照人。如果说一个人的精神文化高度需要以物寄情，那么黄玉就是最适合的载体。

五

人与玉的关系和人与人的关系一样，缘分使然。人海茫茫，有太多的擦肩而过，也会有意外的一见钟情。同样道理，若羌再远，如果你有一颗高贵的灵魂，若羌黄玉就会在那里等你，一旦相逢，便和你一见钟情，风雨同舟，相伴一生。

若羌黄玉，挡不住的收藏。黄玉缘、黄玉缘，赋一首若羌归去来兮辞，选一块黄玉盟山海，再结一份楼兰缘，魂牵梦绕的日子就是这样酿成的。回忆是一条河，那些闪烁的光感和浸入骨髓的媚感定格在斜阳下的一家玉店。

这家玉店老板姓石，老家在扬州，美得让人惊艳！为什么烟花三月的柳巷没有留住你婀娜多姿的倩影，凝脂般的肌肤反射着黄玉的光，难道就为这一刻流光下的灿烂吗？哦，原来老公就是深山采玉人。因为玉缘，扬州相逢。再后来，分不清是玉还是人，便一步一步地跟随到了若羌安家。经营玉店，雕刻时光，把昆仑这座莽山和扬州的烟花三月融合得天衣无缝。

石老板告诉我，无论你到山里还是在店里，或者是在朋友的相聚中，具体看玉还得一掂，二摸，三看。在鉴赏黄玉玉器时，应注意作品的外观造型是否稳妥大气，是否富有节奏变化，还有比例地适度，层次空间的分布等各方面问题。

黄玉玉质的差异对玉雕作品价值影响很大，品质佳者，温润凝腻，天生艳丽；品质劣者，粗糙鄙陋，灰暗混杂，难成大器。

主要以密度、光泽、绺裂、瑕疵、玷污等方面因素鉴别玉质。玉雕属于造型艺术，主要通过造型美传递给观众审美情趣。造型既要有多样变化，又要有整体统一。多样变化是为了达到丰富耐看的效果，整体统一是为了获得平衡和谐的美感。

走出玉店，天边的云彩把雪山映成了金色。若羌黄玉，看不见的收藏在心里。

六

黄玉雕工主要从刀法和技法两方面鉴赏。刀法讲究或洒脱峻拔，或清灵俊雅，或朴实丰厚，或遒劲稳健，与书法运笔十分相近。无论技法多么纯熟，终将还是这个雕刻艺术家性情的外化。为什么机械打磨永远不可能取代手工，就是因为有心的温度在里面。尖锋插纸、力透纸背这些书法技法要求与雕工技法有异曲同工之妙。书法最终的高度是作者人生境界的高度，雕刻艺术也是这样。任何一件上乘的黄玉作品都是人与自然最完美的结合，达到天人合一的境界。

技法分为镂雕、圆雕、透雕、浮雕、链雕、篆刻等，相互并用，巧妙结合，渗透于作品之中，其技艺高低直接关系着作品的价值。玉雕从取材、构思、立意到艺术风格，是作者综合素质的体现。黄玉设计者通常依色赋形、依料造势、量料取材、因材施艺，他们手中的作品形色相依，主题分明，自然真实。

话说齐白石老人最初只是湖南乡下的一个木匠，因为身体不好而主要的注意力放在了木雕的技法上，但他并没有因此而止步，而是把磨砺的刀功潜心转移到了篆刻上，再把篆刻的功力传递到笔墨上，落纸云烟，雄浑华滋，成为我国最著名的享誉世界的人民艺术家。

黄玉啊！黄玉！你自天成，凝聚了多少人间最美情愫，把色如金磬、声若羌笛的诗意芬芳献给你！

小河流淌　这边风景

在楼兰文化发祥的古老源头，小河公主的故事一直被人们津津乐道，更有一些人远没有在传说的故事里止步，而是从历史、科学、审美的众多方面解构这一神奇。

一

在楼兰文化发祥的古老源头，小河公主的故事一直被人们津津乐道，更有一些人远没有在传说的故事里止步，而是从历史、科学、审美的众多方面解构这一神奇。就算是历经千难万险，也要到小河来看看，追寻我们的祖先，凭吊这位以自己的美丽把人类美学上升到一个特殊高度的小河公主。

她从小河岸边一出土，就惊艳了世界！逾越四千年，她的肌肤的色泽和弹性就像刚刚醒过来一样，一个重要的原因就是她脸上被今天的科技证明涂了一层奶酪。这个发现激活了人们的无边遐想，引起了整个世界一片惊呼。小河公主的墓葬方式就是棺木底下没有木板，借助牛奶的力量融入自然，又在自然中实现永恒，小河公主身上的奶酪，解读出了怎样的生命轮回呢?

楼兰美女泛指楼兰地区出土的木乃伊，而小河公主就是这个美女丛林里的一朵奇葩。在罗布泊无边无际的苍凉死寂里，发现小河公主的小河早已干枯，但小河岸边的故事一直在流传，流出了青青草原，流出了牧歌声声，流出了一片风起云涌的这边风景。

在人类的童年牧歌里，有一曲交汇着各色人种游吟出来的激越神曲响遏行云，把楼兰的历史天空装扮得轰然而魔幻，就算消逝千年，人们对它的迷恋和憧憬更加炽烈。

在一叹千年的时光流逝中，这支神曲依旧在昆仑山下的风吹草原上飘逸。从小河而来，氤氲着天地灵气，庇荫着华夏第一州物竞天择，到处都有如乳的溪水欢畅，到处都有盛开的烂漫山花。

楼兰美女们的绰约风姿，把阳光、牧场、毡房和满坡的牛羊舞动成了一幅水墨华滋、气韵生动的大写意国画，这就是我们最古老、最眷恋的家园。

现在的城市生活已经相当发达了，但再坚固的钢筋水泥也无法禁锢人们对游牧生活的向往。我周围的许多人，总是把内心最浪漫的至深怀想寄托给了草原，而且是越原始、越遥远、越憧憬！我想这也是我这本书关于楼兰文化魅惑的最本真解读。人们对小河公主的怀念和对她容颜姣好的惊愕，就是对楼兰这片土地上的万物灵长的最崇高敬意。

当所有人看到小河公主的容貌时，都为之惊叹，那眉毛，那脸颊，还有那性感的嘴唇，就跟活着的时候一样。她那漂亮的鹰钩鼻、微张的薄嘴唇和微露的牙齿，更为后人留下了一个永恒的微笑。

这位神秘微笑的公主已经在云卷云舒中经历了几乎全部人类编年史，花开花落，惯看秋月春风，虽然没有浊酒陪伴，但全身肌肤在奶酪的包裹呵护下，连同一个迷人的笑靥，穿越千年，完美奇妙地展现在我们面前。

楼兰地区早期人种与欧罗巴、高加索人种关系密切，后来亚非人种不断融入并跨洲、跨国、跨人种通婚，楼兰这个地方盛产美女是再正常不过的事情了。西域诸国的那些王者，都把能娶上楼兰美女作为竞风流的一个成功象征，所以打马而来的使者把这个不算大的楼兰城邦挤得水泄不通。

如今这位涂有奶酪的小河公主，见证了丝绸之路的繁华，同时也承受了千年一叹的寂寥。通过对小河公主的进一步研究，人们发现，小河地区的人以肉食为主。因为，小河公主身上涂了一层奶酪，这表明，当地人的主食就是奶制品。楼兰人放牧着自己的牛羊，也放牧着自己的诗意生活。

二

每个人都有一个梦里草原，一旦想起，就会把思绪伸向很远的地方，让人生变得如此辽阔而舒展。哲人们都在强调人生的当下意义，难道生活在生存的梦里就不是当下吗？这是值得商榷的！

当一个人的灵魂长时间在某种自然际遇中驻足，并相互浸染厮磨时，他的血液里是不是就有了与这种环境相适应的某些特质？我想，前世，一定在某个广袤草原的深处，我放牧着我的牛群，也放牧着我的生活。

从草原的野花中穿行而过，淡紫、藤黄、杏红、翠绿，在迎风摇起的弧光中把泪目染成了缤纷奇幻的万花筒，蝴蝶踩着骄阳下的蓝天碧海，曼妙的舞姿把一束束金灿灿的光线揉成了一把把闪着星光的竖琴，那一泓一泓的泉水里藏着岁月悠悠谱出来的感人情歌，任由生活的诗意芬芳在草原上来回游荡。

这是我做了太久远的一个梦。“爱一个人就要爱他的全部。”依此类推，爱一个地方也便爱着她四季的容颜，爱着她身躯内涵纳的一切。这就仿佛一个孩子看着自己的母亲，怎么看，她都是世界上最美丽的女人。而我想念的草原，也真的一如我想念着的母亲，愈是远离，那种独特的源于想象的美便愈发凸显。

“大象无形”，《山海经》里的四海八荒，统摄天下的还是天下第一神山——昆仑山。在天鹅飞过的大地，在楼兰的迷人故乡！我一次次把思绪伸向无限远，去谛听全世界与巴音郭楞相关的声音。静静地、深情地与她对视，将一生的思念与向往通过眼神淋漓尽致地张扬释放。

在这样的怀想中，我无数次想象着自己融入草原的生活：骑一骑雄健的快马，挥鞭扬蹄，向无际的天边飞驰；搭一顶帐篷，在青草和奶茶的香味中，成为一个传统、朴实、厚道的草原男子汉；携一位相知一生的爱人，穷尽一生的时间和想象，去成就一个经典的、传世的、不朽的草原爱情故事……

在巩乃斯浓重的秋色里，我躬身拾起一片霜染的秋叶悉心藏入心底，血液的温度把往事暖热；在九曲十八弯天鹅嬉戏的地方，我把一片白色的羽毛轻轻抚弄，这是爱情的羽毛呀！雄雌天鹅的羽毛一旦触碰便会情定终身，终老一生。

极目天山雪，遥望昆仑山，采天地之灵气而生生不息的巴音郭楞草原，自古就是人类童年的牧歌，在跨入当下后又承载着一个星星相争的伟大时代。在千年一叹的斗转星移里，多少欢欣与忧伤随着草原四季轮回，翻转出一个牧笛声声、高亢激越的时代奏鸣曲，让世界的目光向着巴音郭楞瞭望。

草原的风拂去灵魂的尘埃，又把牧草山花吹袭得劲挺而灿烂。在我会心的笑靥里，白云悠悠，青草又绿，顺着奶香的味道，去和牧童与围着红头巾的挤奶姑娘相会，去相会一场冥冥之中上苍赐予的爱情。

生命的原色，就是我的梦里草原！梦里瑞缘！

三

在万瑞和牧场，入冬的牧草还保留着秋天的丰润，乳牛张开嘴把保鲜的心事一并嚼出了清脆的声音。反刍牧草就是反刍生活，它的眼神里一直在回味那些已经消逝的岁月。鼻息轻轻地吹，那蒸发的热气温暖着草原的寒冷，坚硬的牙齿磨出了细碎的草料慢慢吞食，再把各种菌类在几个胃里轮番搅拌，然后生成了白色的奶。我想没有什么食品会像麦子、水稻和牛奶一样，成为哺育人类的千古绝唱。无论是历史的绵长还是现实的需要，难道还有什么食品可与牛奶和牛肉相比吗?

赤足的挤奶姑娘骑在牛背上翻越山岗，一条毛绳似的小路伸向白云蓝天，牛尾巴撩扫着她光裸地细软的脚背，她用脚跟敲击着牛肚，激起牛群阵阵狂奔，此起彼伏的声浪在如洗的阳光里交错。她们驮着鲜嫩的牛奶，要去万瑞和牛奶小镇。牛乳般白皙的姑娘顺手扯下一片漫天的红霞，把洁白的奶液镀成金黄，就像她灿烂的笑容一样，把一份来自草原的爱愿献给与辽阔草原有瑞缘的人。

在回家路上，有一条蓝得无法呼吸的星河，大水漫过之后牧羊的孩子还能捡拾到从阿尔金山冲下来的白玉。老牛的脊背是最惬意的摇篮。摇着摇着，东方风来满眼春；摇着摇着，梦回楼兰盛世情。我不是牧童，但看着看着，我就闻到了母亲的味道。

我走过很多地方，没有见过瑞缘这样的奶源地：小河公主从历史的纵深处走来，阳光灿烂的巴音布鲁克草原，天鹅铺满了整个天地；天赐富硒的焉耆盆地，紫色的微澜倒映着成群的牛羊；博斯腾湖、台特马湖波光返照的苇子里，只听得牛群啃嚼牧草的声音；阿尔金山的高原牧场上，临风而立的挤奶少女把红头巾摇成了一道彩虹；塔河岸边的胡杨深处，牛群在奔腾的追逐中把尘埃席卷成了一幅云烟缭绕的水墨画；梨花盛开的广阔原野，挤奶姑娘把情话一并融入了活色生香的呲呲奶声中。这就是瑞缘奶业的奶源地呀！一个把天和地融合相生、历史与现实有机结合一方水土，滋生出来的必定是我们所渴望和憧憬新生活方式。

忽如一夜春风来，千树万树梨花开。梨城的夜晚火树银花，楼兰的月色牛乳般清澈。敞开圈栏，解开了束缚手脚的缰绳，在城市季风扫掠的田野，你就让这些可爱的牛羊撒撒欢吧！奋蹄行空，蹄子把大地山河踏得咚咚直响，一步一个蹄印，清晰地记录了年轮变化和新时代的来临。

四

奶酪也叫奶屹塔。我们游牧民族的祖先在高山原野转山转水，奶屹塔就是维系他们生命的基本原动力。几千年的薪火相传呀！多少波澜壮阔、你死我活的生命故事，成全了人类在这个星球上的伟大创造和悲欣交集。

没有一种食品能像奶屹塔这样浓缩能量，蕴含丰盈。在它的诗意嬗变中散射出了太多的史诗故事，让我们缅怀不已。当我们面对这种食物的时候，多少都会有某种敬畏之心。

蒙古国的创建者铁木真，即元太祖成吉思汗，一生东征西战，最后创建了一个亘古未有、领土横跨欧亚的大帝国。史料记载，铁木真部在连续征战的过程中，兵士们骁勇善战，常常无往不利，而兵士们骁勇的原因，当然不是神仙相助，而是和他们日常所吃的食物奶屹塔密切相关。

奶屹塔何止能维系生命，它还赋予了生命一种非凡的阳刚之美，就是把男人的雄性和彪悍发挥到了极致。这样的生命力面对羸弱与矫情，被横扫也就是再正常不过的事情了。

在长期的征战中铁木真的部队可以做到几天不下马连续作战，就以随身携带的奶屹塔随时补充营养，它所滋养出来的命运力量，激发铺展开的就是一袭征战路上的所向披靡和万丈豪情。

这里的奶屹塔是矫健、征服、胜利的象征，人们称为“铁木真的干粮”。作为精、气、神的源头活水，瑞缘奶业一直把这一传统蒙古奶食进行探索和传承，研发创新走在了全国奶业的前列，成为新疆时代传统奶业的一个鲜明特色。

五

奶酪是一种具有广泛世界意义的食品。在欧洲，人们对奶酪的认知依存度从某种意义上要比咱们高得多。瑞缘人穿越历史时空追寻到了我国奶酪的源头是楼兰文化的一个重要组成部分，传播和发扬奶酪就是重振楼兰雄风。

奶酪就是奶屹塔，又名干酪，是一种发酵的近似固体的牛奶制品。说到奶酪，一定会有人想到动画片《猫和老鼠》，其经典桥段就是老鼠杰瑞总是与黄色孔状奶酪一同出现，一起嬉戏。动画片中的奶酪就是瑞士最有名的埃文达奶酪。

单说奶酪的名字，就组成了一个缤纷的世界：切达奶酪、赤郡奶酪、埃曼塔奶酪、马士卡彭奶酪、帕尔玛奶酪、红列斯特奶酪、萨罗普蓝纹干酪、萨默塞特奶酪、斯蒂尔顿奶酪、文斯勒德奶酪……不一而足，不胜枚举。而瑞缘在奶酪研发方面的着眼点放在融合中国人的饮食习惯与传统的蒙古奶食古老工艺上，把当地特色农产品与巴音布鲁克大草原上特有的纯牛乳相结合，诞生了具有现代意义的奶酪——铁木真的干粮！“瑞缘”牌奶屹塔目前有原味、无糖、红番素、红枣、花生、黑谷物、紫薯、南瓜等多种口味上市。无论从科技、营养还是口感方面，都让“铁木真干粮”与时俱进，演进成了一道新时代乳品文化的靓丽风景。

看看奶酪是怎样炼成的：把鲜奶倒入筒中，经过翻搅提取奶油后，将纯奶放置在热处，使其发酵。当鲜奶有了酸味后，再倒入锅中煮熬，待酸奶呈现出豆腐形状时，将其舀进纱布里，挤压除去水分。然后，把奶渣放进模具或木盘中，或挤压成形，或用刀划成方块，生奶酪便制作成功了。

熟奶酪的做法要经过如下过程：制作奶源、消毒除菌、温度控制、发酵剂和凝乳酶发酵阶段。如果你有足够耐心，并希望永远地爱这种完美食物。那就耐心地去准备，不要希望一下就成功，恒心更加重要。曾经有一位意大利厨师为学会三种奶酪的制作方法，用了整整九年的时间。就像我们一些传统美食，同样需要岁月来沉淀它的独特品性。瑞缘的拳拳之心通过一款款精美绝伦的作品，把消费者的舌尖体验拓展出了一个新的境界。凭借自身的执着和海纳百川的胸襟，在奶业的丛林里竖起了自己独特的旗，在海浪翻卷的一轮红日下显得熠熠生辉、光彩夺目。

奶酪是具有极高营养价值的乳制品，每公斤奶酪制品都是由十公斤纯鲜牛奶提炼牛奶浓缩而成，所以其营养价值要比牛奶高。同样道理，奶酪的营养价值也比同属于发酵奶制品的酸奶高。奶酪根据其品性，又分得很细：新鲜奶酪、白霉奶酪、蓝纹奶酪、硬质未熟奶酪、硬质成熟奶酪。

现在，奶酪的种类和食用方法越来越丰富。除了制作西式菜肴，奶酪还可以切成小块，配上红酒直接食用，也可以夹在馒头、面包、饼干、汉堡里一起吃，或与色拉、面条拌食。全球化意味着全球范围内各国各色美食共享，在全球融合的过程中中国奶业以及各种奶制品也在以惊人的速度迅速提升。如果说楼兰文化是一个具有世界意义的中华文明符号，那么当如今巴音郭楞蒙古自治州境内的奶业发展秉承了草原文化传统，正在显示出更加灿烂的时代之光。

六

追溯瑞缘的源头，三十年前，于瑞红女士在库尔勒的中心地带创办了一家名叫“聚福楼”的烤鸭店。三十年，半个甲子，就像北京人心中的“全聚德”和杭州人心中的“楼外楼”，一家老店，不仅是舌尖上的体验，而且成为每个人心中的陪伴，只要是有些仪式感的日子就会在“聚福楼”把情感的温度加热，再把这些日子收藏在记忆深处的底版上，以备作往昔岁月纪念。

其实餐饮就是一个人人格外化的切入口，性格决定命运的箴言用在于瑞红女士身上再贴切不过了。后来转型奶业只是她使命感的一个自然过程或者说性格的延伸。

瑞源·瑞缘，来自巴音布鲁克草原的问候！生命的轻轻呼吸，妈妈的纯真味道！后来瑞缘人又把自古西域屯田就种植的小麦与牛奶进行了最完美的匹配发酵，制成了一款嚼着喝的酸奶！

二十年的峥嵘岁月，精勤一如往昔。瑞源人也在默默耕耘中收获了众多荣誉——国家级农业产业化龙头企业、国家学生奶定点企业、全国食品示范基地、国家级绿色工厂、高新技术企业等，上百个荣誉见证了这个天山脚下民族特色乳业探索和壮大的历程。

瑞源的产业模式是目前国内乳品行业产业链延伸较长的，这和新疆的路很像，特别是在沙漠、高山逶迤而过时，那震撼人心的美感直抵心扉，就像生命在奔流。

所有的不可思议，一定是因为超出了常规逻辑，但又是凡人创造的。瑞源创造的中国奶业，属于附加值最高的科技型、创新型企业模式。这一模式为什么会诞生在新疆？来过瑞缘的人都会被瑞缘人的励精图治的精神所感动，多少人把久违了的感动给了瑞缘。他们发现这家企业产值高出同等规模的传统乳品企业二点五倍，这使得瑞源具备了难以模仿的核心竞争优势。

二〇一七年，瑞缘投资三千八百万元，引进了国内最先进的利乐全自动化设备，使企业的工业化生产由自动化迈向智能化，进一步提升了产品的产量及品质，实现了产品可追溯。

时代发展又催生牛奶小镇。瑞缘顺势而为，在巴音布鲁克草原绵延下来的农区规划出六千亩地的文化旅游 + 养殖业大型综合体，已经把新西兰花白奶牛引入小镇，第一波乳牛即将分娩。

该项目是一个以生态开发为宗旨，集科研、种植、养殖、旅游休闲、生产加工、精准扶贫为一体的绿色生态园，将标准化有机养殖与奶酪加工、饲草种植，以及观光休闲有机结合，延长产业链，实现融合发展模式。

“有爱、有缘、有瑞源”。新疆瑞源乳业有限公司目前的发展形成了从纯奶至酸奶至奶酪、乳清酒、乳清醋等产品，成就了牛奶的完美跨越，开创了绿色生态产业链的可持续发展模式；产业链完整，产品技术先进、附加值高，适合我国环保要求、循环经济发展和市场需求，符合国家产业政策等产业特点。同时公司借助科技的引领作用，积极采取具有国内先进水平的工艺和装备，保证了产品的高质量和低成本。产品适销对路，市场广阔，具有较好的经济效益和社会生态效益。公司的乳制品深加工项目不仅可以带动巴州乃至新疆乳品加工行业发展，而且可以促进农村劳动力转移、增加就业岗位，缓解就业压力。获得较好的经济效益和社会效益，符合当地经济发展的需要。在今后的发展中，公司将持续开展产品升级，积极开发有机奶酪，通过进一步的产学研结合，实现乳清酒、乳清醋、乳酸等乳清产品的系列开发，提高资源有效利用率，进一步降低排放，实现低碳环保发展，建设资源节约型和环境友好型乳制品加工企业，实现快速增长、和谐发展。

新疆万瑞和生态有机体验观牧场，集有休闲垂钓、花卉种植基地、铁木真干粮生产基地，打造奶牛小镇回归自然的乐趣。

在西方人眼里，火鸡是一道大餐。中国人在吃火鸡方面，并未形成气候。于瑞红原本就是一个敢于第一个吃螃蟹的人，她组织团队在不断地开发这道美食，为她的这边风景再添一道美丽的霞光。三年内，她要把火鸡养到二十万只，这样中国又有一批人有口福了！

占地一百二十五亩的库尔勒香梨馕产业园，初步搭建起制馕、馕文化展示、乡村旅游、休闲餐饮等馕产业综合体框架，统筹发展农副产品精深加工，力争将其打造成为库尔勒市具有地域特色的优势产业之一。

上苍把戈壁荒漠交给新疆的同时，也把昼夜温差大和日照时间长恩赐给了新疆，这就让新疆的林果畜牧业得天独厚，新疆产的美食新浪潮正在席卷全国，就像一个上档次高品位的果品品鉴活动不可能库尔勒香梨缺席一样，奶业方面当属瑞缘。凭借着于瑞红女士在餐饮业几十年的深耕经验，在新疆馕产业发展的大势下，把馕与香梨有机结合打造产业园，这在库尔勒已经初具规模，而在运营方面将由于瑞红女士领衔，中国餐饮业的目光自然会移向这边风景。真可谓：忽如一夜春风来，千树万树梨花开。在库尔勒，就是一个盛大的节日。

太阳照在昆仑山上，阳光地带灿如夏花

新能源发展是世界趋势、国家战略。国家电力投资集团遥指西部，昆仑山下天高地阔，日照充足。

新能源发展是世界趋势、国家战略。国家电力投资集团遥指西部，昆仑山下天高地阔，日照充足。中国第一大县若羌县发展新能源得天独厚。她义无反顾、主动请缨：“我去若羌！”

二〇一九年七月的一天，正午的阳光把乌鲁木齐一家医院病房镀上了一层金色，正在照顾住院的孩子的她收到了参加年中工作会议的通知。她决定参会的同时，也担心孩子没人照料而忐忑不安。正在发高烧的孩子看出了母亲的担心，叮嘱她一定去参会。她抚摸着孩子的头，一阵酸楚涌上心头，背过脸去抹了一把泪，接着露出了宽慰的笑靥。最后她把孩子交给了护工，匆匆忙忙离开了病房。

国家电投新疆公司董事长在公司年中工作会议上宏论世界新能源发展趋势与个人在其中的作用，以及若羌县发展新能源得天独厚的优势。最后掷地有声地说："愿意到巴州若羌县开疆拓土的干部职工可以主动报名！"年中工作会还没有结束，董事长便收到一条言真意切的"我要去若羌"的信息。董事长回复："我们会认真研究的。"这个人就是公务员身份转变不久、时任国家电投新疆公司总经理助理的阿达来提·阿布都热西提。

让她率队走进新能源战略第一线，挑起发展新能源的重任，一方面是因为她就来自阳光富集地天山以南。南疆的水土养育了她，她出生在新疆龟兹故里库车县，党的阳光和家乡的水土哺育了她，以优异成绩考取了大学，从读书到走上工作岗位，她心念党恩，不负韶华，从最底层一步步做起，辗转了多个工作岗位，在担任了库车县副县长、县委常委后，到阿克苏地区任食品药品监督管理局局长，在局长岗位上被选派到央企挂职锻炼。中央企业也需要这样的少数民族干部，于是她被留在了国家电投新疆公司担任总经理助理。

在国家电投机关的经历使她的眼界进一步开阔，对国家新能源发展的客观必然性和相关政策有了进一步了解。也就是在这个时候，她回到基层的欲念更加强烈。只有那无边无际的阳光地带，才能让自己的人生价值得到最充分的体现。

就个人生活而言，此时她的大儿子在上大学，小儿子正面临中考，丈夫在南疆工作。她这一走，一个家被分隔在了四个地方。况且小儿子是最需要母亲的时候，但她深知自己的使命和责任要远远大于小家的困难。若羌就是古代楼兰，自古就是有志向的中华儿女建功立业的地方。当一个人的生命绽放和历史的厚重与不朽联系在一起的时候，所获得的有尊严的高贵体验就会凝结为最宝贵的精神财富。

她在学习研究国家经济趋势的过程中，深深领悟到发展新能源的意义和前景。在机关的日子里固然舒适，但南疆那片高天厚土更让自己接地气，更能体现自己的价值。机遇总是留给有准备的人，作为一名党多年培养起来的少数民族女干部，党和国家的需要就是自己人生的最高理想。她用自己的行动践行着自己的人生信仰，就像历史上的张骞、班超，他们从中原历经千辛万苦来到西域那样，作为一个土生土长、党一手培养出来的维吾尔族干部，回到故乡、回到基层，为祖国担当责任。

乾元为天道伊始，万物复苏之意。丝路乾元公司，一个不可思议的名字在中国最具新能源发展潜力的若羌县应运而生，她带领它以这样一个名字，在这样一片土地上起航，梦想照进现实还会远吗？

国家电力投资公司聚集新疆若羌当然是国家战略，建成风光水储核为一体化大型新能源基地，规划装机两千万千瓦级的核能、新能源项目在若羌沉雄推进。丝路乾元公司担纲，维吾尔族女性阿达来提领衔主演，意料之外又在情理之中，看起来不可能只能在愚人的字典里才会找到。鸿蒙开篇以来的昆仑山阳光，将裂变出怎样的灿烂辉煌。

走出舒适区，从城市来到旷野，与炽热的阳光和山野的风共舞，在能量转化的过程中实现人生价值。

当我和阿达来提在没有生命迹象的罗布泊相遇时，她浑身扑上了一层荒漠粉尘，而眼睛显得格外明亮，我一下想起了楼兰博物馆正面高墙上的那幅浮雕，思绪把我带到了遥远的楼兰文化繁盛时期，眼前的阿达来提更是这方水土上复活的楼兰美女。

从她的容颜看，真还有明显的欧陆风情，虽然罗布泊繁华散尽，但楼兰文化一直在延伸着，就算是千年沉寂，我们的楼兰文化从人们的心目剔除了吗？显然没有，为什么在世界范围内只要人们一提起楼兰总是感慨万千，更与何人说。试想一下阿达来提，她奋不顾身来到楼兰腹地，在罗布泊中央播下新经济的希望。中华文明的伟岸就在于总是能够站在世界文明发展的潮头把历史和自然，人与自然圆融在一起，让不朽的古老文明再生，让太阳下的荒凉焕发出新的希望。阿达来提身披华彩，风雨兼程，一次次把睿智的思想和诗一般的激情绽放在铺洒着阳光的广阔原野上。

最初来到阿尔金山时，高山反应让她头疼欲裂、耿耿难眠。高原的紫外线和高原的风，立即让她肌肤变黑而布满皱纹。她懂得，这样的锤炼让自己得以提升，如果在恶劣的环境面前不能从容生活，怎么能让新能源在自己手中完成转化呢！她暗自庆幸自己获得了这样一个艰难磨砺的过程，也就是说，在困境中一步步成长。

她懂得细节决定成败的道理，一切归零，不懂就问，举一反三。多少个长夜和黎明，独自一人在新能源知识的长路上探求；又和同事们一起游弋在新能源知识的海洋里。通过行政、行业、政策和市场等各方的资源和信息梳理，知行合一，慢慢找到了精准的工作突破口。

有志者事竟成，破釜沉舟，百二秦关终属楚。项目终于在巴州赢下一局，一旦跨出这一步，自然会有第二步、第三步。

如果仅仅是循规蹈矩的日子，阿达来提在机关已经从容不迫，游刃有余，很优雅地扮演了自己的角色。而新能源离不开阳光和土地，旷野无人区才是最适合新能源转化的地方。每当想到这些，阿达来提的内心总有一股暖流涌动，她准确无误地知道，那才是她生命绽放光彩的地方。

在机关，她只是一个螺丝钉，守着一张桌子；而到了若羌，她就是一个决策人，面对一片布满金色阳光的无边旷野。围绕新能源，她潜心从若羌历史、现状和未来中权衡出一个火力突破口。她回过头来在逝去的岁月里找寻重生的机会，结果把别的地区因各种条件不具备而搁置的指标，通过自己的说服能力化腐朽为神奇，在同事们都觉得不可能的情况下变成了可能。

恰好在这一时期，她的孩子要参加中考，家里又没有人照顾，而她几个月不着家。面对朋友和同事的关切和询问，她说：当家与国发生冲突时，当然要以国家建设发展需要为重。家里有困难，想办法总是可以克服的。我既然到了巴州，必须有项目落地才行，今年是电力行业历史上最后一次补贴项目，这个项目无论如何必须争取到。如果一个人的价值能切入国家的需要，那就是最幸运最幸福的事了！

精诚所至，金石为开。项目终于获批，在国家电投新疆公司系统内创下了史无前例的“既变更项目业主，又变更建设场址”的纪录。国家电投若羌一期两万千瓦光伏电站的顺利并网发电、投入运营，标志着该电站全力保证月末两条回路的清洁电力送出目标的实现，也圆了她的光伏梦，在现场协调指挥的她流下了激动的泪水。该项目结束了公司在巴州没有项目的历史，弥补了国家电投新疆公司没有在巴州布局项目的空白。

万山之祖昆仑山上的阳光地带，通过她的努力终于可以转化为新能源了！阿达来提的笑靥灿如夏花，炽烈地开在高山之巅。

“要履行央企的社会责任，国家电投无偿给中国距离县城最远的乡祁曼塔格乡无电村援建离网型储能光伏项目，彻底解决农牧民供电供暖难题。”阿达来提束起了一头华发，捋起袖子与专家和技术人员一道，悉心收集各项第一手数据，为这座遥远的光伏电站作出最科学的抉择。

人们曾经有疑问：这里生活着藏野驴、藏羚羊、白肩雕、野牦牛等珍稀野生动物，光伏施工会不会对这里的生态造成不利影响？国家电投将之上升到国家层面，经过了缜密的论证，实施了一系列科学的环保措施，对保护区的生态不会有任何负面影响。而清洁电能将有效解决祁曼塔格乡群众服务中心及周边牧民供暖和用电、取水等问题。同时，清洁供电供暖，对保护当地环境起到积极作用，从此阿尔金山国家级自然保护区又多了一个“绿色守护者”。

虽然刚开工又遇到新疆疫情暴发，但她守在工地与工人一起，仅用三十一天时间就在海拔四千二百米的阿尔金山山脉中段，使一排排光伏板反射出来的光焰比阳光本身还耀目。有了这些“金太阳”，距离巴州若羌县城五百多公里的祁曼塔格乡彻底告别了没有电的日子，圆了农牧民的“通电梦”。告别有史以来“牛粪炉取暖，酥油灯照明”的日子。

心很暖，如沐秋日暖阳。魂醉了，一任热血奔流！国家电投等央企在昆仑山下履行社会责任的脚步还将继续，阿达来提的使命也才是小荷才露尖尖角，就像博斯腾湖上的睡莲，接天莲叶无穷碧，映日荷花别样红。

罗布泊是一个人们的常识难以估量、难以抵达的地方，古老文明和现代国防工业神奇地叠加在一起，而今，国家核工院又将在这里写下神奇的一笔。

国家核电战略西移，阿达来提与国家这个行业的顶级专家风尘仆仆践行。在中国的第一大县，在常人无法企及的高山和原野，他们卷起的尘埃如同一缕青烟，不一会儿就在旷野中消散。就这样，他们悄悄拉开了全疆第一个内陆核电项目的序幕。就像当年原子弹爆炸选址一样，静悄悄地书写当下的历史，终将有一天会以不朽的方式告诉未来。我们这个民族是怎样站起来的，中华文明为什么生生不息五千年，就是因为这些奉献者的奔流热血和艰辛足迹。

我的如梦江山

“古今之成大事业、大学问者，必经过三种之境界。‘昨夜西风凋碧树，独上高楼，望尽天涯路’，此第一境也。”

一

“古今之成大事业、大学问者，必经过三种之境界。‘昨夜西风凋碧树，独上高楼，望尽天涯路’，此第一境也；‘衣带渐宽终不悔，为伊消得人憔悴’，此第二境也；‘众里寻他千百度，回头蓦见，那人正在灯火阑珊处’，此第三境也。”王国维先生引用先贤名句概括的人生三种境界，一直砥砺我走过漫漫人生。

记得我刚参加工作，在大西北一个群山环抱的边境小城，给报纸征文投稿时曾引用过这段话。何曾想到本书断断续续写了一年，将要封笔的时候，心境居然和几十年前一样。只不过那时是一种求索人生的心态，而这时候是为了我的梦里江山——楼兰。

二〇二〇年这一年里，每天都在关注全世界的疫情播报，在这场旷日持久的人与病毒的博弈中，就自己的价值实现而言，能拿出来说的一件事就是写成了本书。书是要截稿了，但总感觉意犹未尽，内心有太多关于楼兰的情思蕴藉于胸，难以割舍。也可能因为楼兰的历史过于绵长，也可能因为沉寂得太久，太需要一种洪荒伟力，太需要一次沉雄崛起。习近平总书记文化润疆思想如潮汐涌动一般，一定能唤起全社会的广泛共识，将楼兰文化的兴盛、楼兰故里的重现汇入中华民族伟大复兴的中国梦。

在楼兰大地上转山转水转时光，看天看地看文化，纵到底、横到边，涌进心头不断发酵的就是一个真英雄的复活——新时代的楼兰。楼兰是一张世界名片，每个人心中都有一个楼兰。也许在楼兰的语境里浸泡太久了，曾记否楼兰是怎样的一番繁华胜景。多少个蹁思跹想的不眠之夜，多少个曙光在前的疲惫清晨，梦想照进现实，复活出一个新时代的楼兰故里。

楼兰，就像自己的梦中情人，一会儿在云中飘逸，一会儿在温柔之乡。一次次地搁笔而思，一回回辗转反侧，必须诉诸笔端，以文字将其固化下来，以此告慰楼兰的前世今生，也为已经吹起楼兰雄风鼓与呼。也许楼兰的消失，就是为了今天的重生，我为自己有这样一个梦里江山而欣然不已。

如果生命是一场漫旅，那么，谁为我们敲响生命之钟？在楼兰的边塞诗里，奔腾的铁蹄和闪着寒光的刀刃浑响着如雷的鼓角和英雄的呐喊，把沉寂万年的戈壁黄沙席卷成了一部狂飙突进的英雄史诗。其实无论战胜还是战败，流芳百世的还是人性中不屈的灵魂绝响。这不就是楼兰文化最有价值的集中体现吗？如果我们准确提取了楼兰文化的精髓，汇聚全社会的正能量，让一切艺术形式都在这一宝贵的魂魄上闪光，我们的楼兰光焰还会比任何文化现象逊色吗？

二

习近平总书记指出："举精神之旗、立精神支柱建精神家园，都离不开文艺。当高楼大厦在我国大地上遍地林立时，中华民族精神大厦也应该巍然屹立。"重现一个新时代的楼兰，重现一个人类命运共同体的袖珍版，一个文化润疆的典范，一个荟萃卓越艺术家的丛林。

楼兰太需要一股雄健的力量，来把我们的艺术生命演绎得如火如荼了。王羲之是右军将军，颜真卿是唐朝名臣，李柏是西域长史，他们在中国书法史上高山仰止的高度与他们军中任职、生命里的血性有直接关系。在产生过《李柏文书》和"有翼天使"的地方，一座文化高峰正在以磅礴的态势屹立生成。生命一旦在这片雄性的土地上淬了火，采天地之灵气，性情豪迈成就遒劲书法，灵魂外化铸成长篇小说，泼洒浓墨落纸云烟就是中国大写意国画的最高境界。难道还有什么地方比昆仑山更辽阔更适合放歌吗?

楼兰应该打造真正能够触动游客“身心灵”的体系。在这里可以体验、收获、感知、触动和记忆，让游客体验一场精神上的旅行盛宴。楼兰故里，因为是以楼兰的名义，首先要成为中国最有艺术格调的荟萃艺术家的心灵故乡，匍匐在还乡的路上，获取的显然是文学艺术灵感的源头活水。楼兰故里话沧桑，不废江河万古流。

“身心灵”的体系如何构建，怎么切入?首先需要结合项目最核心文化资源，推演出最符合项目自身文化内涵的“魂”。

楼兰故里的顶端设计首先应该提纯一个与灵魂共舞的理念。无论是从多元文化的交汇融合还是从爱国主义的精神高度；从丝绸之路的显赫位置再到神秘莫测的消失之谜；从自然与历史的深厚蕴含再到今日若羌腾飞崛起……风起云涌的当下，楼兰就是应该在构建人类命运共同体的国家使命中，再一次地把楼兰之旗高高举起。

这里有中华民族古老的文化遗存。对历史的追问越深，越能提炼出最有当代思想价值、精神价值和文化价值的闪光点，使之在新时代焕发出新的活力。

思路决定出路，性格决定成败。我们的文化灵魂在哪里?要从历史的长河中去参透楼兰文化生命力的基因。为什么任何力量都不能将之击倒，为什么在历史长河的文化交错中始终处于引领的位置，为什么就是外族专权也要接受中华文明的庇荫？一个思想的楼兰、学术的楼兰、文化的楼兰、经济的楼兰、如沐春风的楼兰，纷披历史画卷沉淀的精气神，正在昆仑山下向我们走来！

三

楼兰不缺故事，缺的是会讲楼兰故事的人。文化润疆大战略需要感人至深的真、善、美的故事来实现。

其实我们祖先留下的废墟，就是我们生命升华的元素。大自然的纯真本貌并不像城市文明那样，会让人慢慢丢失掉自然属性，所以奔向荒原成了众多人的内心渴望。

楼兰不缺故事，问题在于怎样推陈出新。从根本上说，还是要把一批批会讲故事的人汇聚到楼兰来。挖掘也好，创作也罢，都需要从楼兰找到一条返璞归真的道路。

以文化为引领，把新一代文旅目的地——楼兰故里打造成真正有灵魂、有内涵、有产业的人文精神家园。

挖掘出具有地方代表性的文化故事，或者结合当地特色资源创作出具有乡土气息的文化故事，以此为基础，开发现代文创产品，作为文旅项目的文化产业支撑，使其具备造血功能。依托地方的气候、资源等优势，培育具有地方特色的现代农业、大健康、中医药等产业，壮大地方经济。只有将古今传承发展同现代产业相结合，才能建立可持续发展的文旅生态新体系。

回归初心，深度挖掘出项目的人文精神价值，聚焦在如何营造好中国的人文精神家园，能够让游客产生情感上共鸣和心流体验，也许是破题的新思路。

作为全世界唯一延续至今的文明古国，中国千年文化的积淀、传承和发展，所沉淀的家国情怀和人文精神，拥有巨大的价值，亟待进一步挖掘和发扬光大。

中国的传统文化不能仅停留在博览这个阶段，应该通过不断演绎，衍生出具有新时代的文化内涵，传承与演绎并举，才是文化产业可持续发展的不竭动力。目前国内的文化创新，还停留在声、光、电层面，很少沉淀出真正具有文化内涵的产物。如何演绎好楼兰文化内涵？当我们前进的那一刻，也许已经意识到了这是一段艰辛的历程。奔向楼兰，这个艰辛的过程让我们收获许多。

四

江南春雨固然美丽，但是对艺术而言，楼兰的苍茫与粗犷具有更高的审美意义，更能体现一个人上升的境界。人们在向往城市生活的同时，也有走向荒原的至深渴望，楼兰故里就是应该满足这部分人的需求，符合供给侧结构性改革的要求。

在项目策划上，首先从文态上挖掘基地最具核心的文化价值，找到唯一性，认知文化，将文化生活化、产业化；生态上，将楼兰故里同周边的山、水、林、田等自然资源在空间上打通，更好地承载项目；产态上，融入现代产业，打通产业链条；业态上，注重创新，找到文化 IP，观光、休闲、文化体验融合发展。

站在世界的范围来看，楼兰故居都是区域独特文化基因和人文积淀的重要载体。围绕楼兰故里进行的文旅项目开发，要避免单一景点观光的传统思维模式，达到综合博览动态体验阶段。

五

我们已经进入新时代，要用全新的理念来策划楼兰、规划楼兰、设计楼兰。楼兰佛塔和三间房是楼兰的象征性遗存，但这个地方我们已经很难回去了。因为这里是军事禁区，是死亡之海，是重点文物保护单位。这些难以逾越的设置，让我们不得不考虑重新选址，重建楼兰故里。

还原楼兰故里，不可能在原址上重建，自然要重新选址，或可作为若羌县城市建设的一个重要组成部分来考量。一定要考虑楼兰故里的特殊性、唯一性和排他性。

楼兰故里要由中外最优秀的有楼兰情怀的策划师策划、规划师规划、设计师设计，要有强大的把楼兰文化元素还原为新时代楼兰文化元素的能力，既要在理念上与楼兰的核心理念一脉相承，又要让楼兰这张古老的名片具有强烈的时代感。

整个楼兰故里设计应当体现汉魏风骨，这一时期是楼兰文化的鼎盛时期。西汉名将陈汤“明犯强汉者，虽远必诛”的名言，受到民族意识的浸润，体现了一种深远的政治襟怀与战略视野，显示了博大宏远的气度。刘邦《大风歌》“大风起兮云飞扬，安得猛士兮守四方”直抒胸臆，雄浑豪迈，王者之气跃然纸上。再到傅介子计斩楼兰王，这一惊险的历史大剧不仅让楼兰归附汉朝，唐代诗人王昌龄“不破楼兰终不还”的诗句直接来源于傅介子斩楼兰王的故事。这一精神特征不仅影响了整个唐朝，而且凝聚成了中华民族生生不息、任何力量也摧不垮的精神长城。在楼兰这方迷梦一般的水土上还原楼兰故里，自然要体现这一理念。

它可以是一个文旅小镇，也可以理解为一座影视城；可以是一个魏晋风格文人居住地，也可以做成一个类似北京宋庄、深圳大芬村一般的画家村，要秉承原创理念，优势在于若羌境内的自然历史文化资源；可以是一个房地产项目，更应该导入顶级的精神，舞得密不透风；当然要把吃、住、行、游、购、娱都置入这个古城里，但每一项都要有楼兰的文化底蕴；既要对当地原有居民产生巨大的迁入新居诱惑，又要吸引一二线城市的年轻人到这里来创业定居；它可以建在一个人烟稀少的独幽处，但必须让它互联网化。它应该成为一个向世界展示楼兰的窗口，俗话说，物以类聚，人以群分，能把与楼兰有缘的人，与楼兰文化价值观一脉相承的人聚集起来，就能建一座了不起的文旅小镇。

我不是策划、规划、设计大师，更不是风水、投资、建设大鳄，但我相信精神和文化的力量才是化腐朽为神奇的根本力量所在。我走过许多地方，对于每一个中国人来说，虽然解读不尽相同，但都有一个楼兰梦。如果说无形资产也是价值的话，试想一下，一旦汇聚起来将是怎样的一番波涛汹涌，怎样一股浩荡长风。

我们用什么来承载我们的楼兰梦想？如果我们用人类命运共同体和文化润疆思想作为思考问题的出发点，理智会告诉我们，唯一的突围之路就是以非凡的勇气胆识再造一个楼兰故里。虽然我们不可能回到古代，但是在这个伟大的时代把这条文脉接续起来，汇成浩荡长河，让世界的目光再一次聚焦到这片曾经创造过无比辉煌的一方水土。人们把当今罗布泊钾盐誉为中国的钾盐航母是当之无愧的，而与之对应的就是楼兰这艘文化航母，虽然还在沉睡，但距离站起来的日子已经不远了。

伴随着游客对旅游资源需求和体验的不断升级，国内旅游业发展已经从观光、休闲阶段走到了心灵感触新阶段，“主题化、特色化、参与化”成为现阶段游客体验的内在诉求。楼兰旅游应当精准地回应这一诉求。

文明的先进性在于它的包容性，楼兰故里重建要把人类历史上最古老的几大文明元素融合进来，包括楼兰美女或有翼天使，其中就包含了欧洲人种或西方文明的元素。为什么不呢？融合体现了中华文明的博大精深，只有践行文化润疆思想，才能把新时代楼兰故里建设成为人类最美好的精神家园。

六

有个睿智的品牌老师说过，如果有一天可口可乐在全世界的地面店全部消失，只要这个品牌在，也就是全世界的消费者对这个品牌的认知在，世界各地的银行都会乐意给可口可乐贷款，可口可乐很快就可以重建恢复生产。楼兰是一张世界名片，当然也是一个世界品牌。上千年了，它就在这里，它沉睡得已经太久了，一旦醒来，凭借它深刻的内涵与外延，可以理解为一个品牌，同样可以轰动全世界。

克孜尔石窟有一条小径，通到最幽处有一个崖壁，千百年来一直在滴水，这里产生过一个关于宫廷、公主、英雄的爱情故事，总是让来人川流不息。心要抵达，路远还算事吗！横看成岭侧成峰，远近高低各不同。不识庐山真面目，只缘身在此山中。庐山的文化灵魂和影响力与苏轼这首诗直接相关，西湖的苏堤也得益于苏轼任杭州知州时疏浚西湖而成并闻名天下。安徽有一汪桃花潭水，我看它的深度不足十尺，就是因为李白的《赠汪伦》而扬名天下！北京近郊有一个农庄，由意大利人经营，生意很好！美国的快餐品牌肯德基推出油条、豆浆、稀饭，也在跟随消费者的口味，汉堡和炸鸡腿照样火爆如初！北极旅游已经成为一种时尚，不怕山高路远，就怕不能入心！

品牌是什么？其实就是消费者内心对产品的认知度、依恋度和关联度。人们对楼兰的认知和依恋度是有的，但关联度弱，这和楼兰的现状有直接的关系。交通不便，进入体验难，所以大多时候只能是停留在梦里。捕捉到一些与楼兰相关的影像，在梦里浮想联翩。

我们就是要以品牌的力量凝聚楼兰，要成为楼兰故里被世界认知的一种策略，在奔流不息的生命绵延中，举起双臂，光荣绽放，舞动起楼兰这根当空的彩练，把东方神韵演绎得精彩绝伦，共享一曲激越高亢，心醉神迷的精神欢歌。

当务之急，若羌需要着力建造一座文化旅游主题酒店，使之成为楼兰文化的象征。它的高度应该把若羌的建筑天际线提高一百米以上，就像北京的中国尊、上海的东方明珠、广州的小蛮腰和迪拜的帆船酒店一样。它的建筑外观要把楼兰的理念和视觉元素充分体现出来，也可以理解为楼兰品牌的一个标志。这座楼兰文化旅游综合体的内饰就应该是一座艺术宫殿，应该把楼兰文化通过不同的文学艺术样式呈现出来。其实所谓的星级概念可以忽略不计。

七

楼兰故里传承楼兰文化，不仅要演绎楼兰文化内涵，更要担当起发展新的产业形态的使命，只有与时俱进的文化产业发展，才能带来新的产业人群，才能促进地方文化旅游经济的发展。

新一代文旅目的地，在产业发展上不能停留在传统产业层面，要结合地方传统文化特征和现代人的需求特征，发展现代新兴产业，吸引产业人群，同时要关注“文旅 + 文创”的创新，从老故事里梳理出新的产业链条。

楼兰的基本盘在若羌。尽管很多地方也在打楼兰牌，我想若羌的地域优势和历史沉淀是任何地方也比拟不了的。全人类对楼兰的心向往之就是若羌崛起、若羌腾飞的强劲动力。遵循心的指引，只要虔诚，再远的路也会抵达。

八

楼兰需要一个爆发点，太需要借助首都北京这座历史文化名城的力量，一方面融入，另一方面释放，把楼兰文化彰显为一颗文化明珠和精神高地、一个投资热点和新经济风口，一座崛起的新城和宜居家园、一个“一带一路”上的重要节点和中巴经济走廊承载地、一个生命重生的文化旅游胜地。为什么不呢！楼兰有这个优势和条件。

楼兰季风轻轻吹袭，以楼兰的名义把思想界、学术界这座富矿挖掘出来，通过各种文化艺术形式，汇聚成新时代文化润疆的惠风和畅，在中华民族的昂扬奋进中释放出迷人的万道霞光，把整个的西部天幕炫丽成彩虹，让一道道靓丽的风景线结成同心圆和中国结，去把昆仑山点燃，把阿尔金山照亮。高山原野沸腾，隆隆脚步铿锵，一个多么恢宏的楼兰，壮美的西部呀！中华儿女建功立业，更待何时！

九

杰克·伦敦在他的小说《白牙》里，把人与动物的关系描绘得惊心动魄、惟妙惟肖，实际上在一个很高的层次上极大拓展了人的精神世界。梭罗在他的《瓦尔登湖》里写尽了人与纯真自然的关系，告诉人们大美在什么地方，生命终将要追求什么。在楼兰这方水土上，重构一种人与自然、人与动物的关系就变得非常有可能了！

文学成就地域的故事在中华大地上比比皆是、不胜枚举。云南的香格里拉、中国的几大名山都与文学作品直接关系。山高人为峰，楼兰故里还原的关键在人，在于高屋建瓴的决策者，在于入住楼兰、观览楼兰的人。为什么西域对唐朝文人有那么大的吸引力，边塞诗就是那个时代壮写西域的结晶。中国历史上关于楼兰的诗章，每一首都是用热血和生命雕刻的纪念碑。我们重建楼兰故里，就是要为中国有远大抱负的一代人打造这样一个精神高地，让他们在这片横无际涯的神性土地上，修行灵魂，倾吐才情，把几千年的深厚蕴藏转化为新时代中华儿女的不竭动力，成就激情豪迈的大写人生。

十

安徽宏村以其典型的徽派建筑风景，每天都吸引着世界各地的艺术家来这里写生。若羌的艺术资源可谓世界独有，从某种意义上说，现代生活不一定是艺术家的追求，反而是那些沉淀着人与自然岁月斑痕遗迹，才是艺术家寄托情思和愿意着力表现的地方。又有什么地方可与楼兰相比呢？

一个画家，其实就是希望在一个有特质的地方，就像美国的著名画家怀斯一样，在一个小村打一口深井。文学又何尝不是如此呢？肖洛霍夫笔下静静的顿河，莫言的高密东北乡，陈忠实的白鹿原，都是这样一片迷人的原野。若羌入画的素材很多，具备这样的气质和条件。而以优秀的原创艺术作品来提升地域的文化价值又是一个水到渠成的过程。试想一下，如果卢浮宫没有《蒙娜丽莎》，没有大卫雕像，没有贝聿铭的设计，巴黎将会怎样？若羌本身就是一个让艺术家放飞梦想的地方，楼兰故里当然应该给艺术家创造这样的条件，产生流芳百世的作品。

中国传统绘画在题材方面需要拓展，楼兰这个地方有着得天独厚的资源。如阿尔金山的各类野生动物就是中国大写意花鸟画的最好素材，要建立把画家吸引进来，把作品留下来的机制，建设画家村。

长期坚持艺术家深入生活、体验生活，围绕楼兰文化，创作出有鲜明特色的艺术作品，出名作、出佳作，组织作品进京展览、各地巡展，扩大若羌及各种文化旅游形态的知名度。有了艺术家就会有原创作品，要使若羌的博物馆、美术馆以及很多的公共空间都有原创文化艺术作品的陈列，使之成为新的看点，新的经典。

若羌是中国最大的县，可不可以成为中国最大的写生基地？阿尔金山上纯真而欢腾的生命感，就是一个艺术家一生一世的追求。中国大写意花鸟程式化的老路已经沿袭了几千年，我感觉楼兰的蕴涵，特别是阿尔金山的野生动物，一定是突破程式化的艺术原动力。

在楼兰故里有很多挑高的画室、画廊，在罗布泊、阿尔金山、瓦石峡、台特玛湖有星星点点的画家在写生。以这样的方式度过人生，将是怎样的一种享受呢？

十一

数年前，我在和保利文化的一位高管谈到文化产业的时候，他就提出东有横店西有楼兰的想法。楼兰的历史上无论有多少文化遗存被世人称道，但那毕竟是历史，在一个伟大的文艺复兴年代，楼兰这样有深厚文化沉淀的地方一定具备产生优秀作品的土壤。楼兰走向现代，更大程度上要依凭它的历史文化宝藏，那么电影、电视剧就是一个最好的传播路径。美国的好莱坞是世界电影的高地，最初也是由影视爱好者发现的，后来吸引了一批批小的电影公司而一步步发展起来的。

张贤亮先生当年在宁夏建成镇北堡西部影视城，以苍凉、悲壮、残旧的风格成为中国三大影视城之一，拍过一百四十余部电影电视剧。他说过一句很经典的话：我把黄土卖成钱！

二〇一九年冬天，我在北京电影学院和王长久导演相聚时，他拿着一部几十万字的《黄继光》剧本告诉我说，这四年一直在四川黄继光的家乡，一边写剧本一边建影视城，实际上就是一个旅游景点。影视城建起来了，电视剧也可以开机了。电视剧拍完播完了，也就可以接待游客了。

政府支持，主创执着，资本方有眼光，投资文化就像养闺女，要养出贵气，自身就要高贵。如果有一部楼兰的电影和电视剧与楼兰故里的策划和建设同步进行，应该也是一个很好的策略。

在规划建设楼兰故里的同时，要组织剧本创作。有了好的剧本，也就有了上座率和收视率保证，资本市场也会跟进投资。拍一部好电影，留下一座影视城，成为游客趋之若鹜的旅游景点，这样的案例全国有多处，何况我们握有楼兰这样的世界品牌。预留管线，借力发力，争取实现社会效益与经济效益双赢。

十二

对于纪录片来说，楼兰还是一片处女地。整个若羌都可以看作是一个纪录片的创作基地。问题是，我们准备好了吗？首先是要把第一流的头脑引进来，在这个搞笑文化盛行的碎片化年代，真正潜心艺术的精英应该会来若羌完成自己的心愿。譬如说野骆驼自然保护区、玉石之路等，我们记录的镜头似乎还没有在这里交汇过。用纪实镜头雕刻、记录若羌时光，应该成为一个时代的记录。

十三

随着当今中国文旅融合和消费升级的不断深入，旅游产业已经步入调整、变革和跨越的新阶段。许多传统文旅目的地凭借稀缺资源迅速兴起，但在新文旅时代却出现增长瓶颈，甚至走向没落；大批新兴目的地在首轮开发后也陷入后续增长乏力的困局；二〇二〇年疫情突发，更使整个旅游界遭受重创，后疫情时期，文旅项目未来如何发展变得扑朔迷离。

在国内大循环加速形成的大背景下，楼兰就是一款最优质的文创产品。楼兰只和现代科技相遇，才能擦出炫目的火花，相信具有号召力的打卡项目正在呼之欲出。用市场去配置资源，把整个世界的活力激发出来，以促进优秀传统文化的传承发展，创新文化的激情迸发。

十四

和田人卖玉用手机在网上直接交易，那个浩大的人群，已经形成了商业潮！

楼兰故里要融入互联网思维。只有互联互通，才能在互联网时代乘风破浪，要加大新媒体、年轻化传播。互联网深刻改变着文化产品的生产和消费，在提高效率的同时，重构商业模式和组织形式。楼兰文化价值链的深度重组，由单一的管道模式变为多样的网络模式。

楼兰既然是世界的，当下要走向世界已经不比从前了，斯文·赫定那些人从有企图心到抵达楼兰花了几年的时间。而今天楼兰再次走向世界的路径就在于捆绑互联网，如果能在网上把楼兰世界精细化推出，世界的目光才有可能再一次聚焦楼兰，楼兰火起来也就是顺理成章的事了。把楼兰文化作为一个与时俱进的文化高地来打造，互联网是一个必须融入其中的考量。

适者生存。唯有开放思想，广泛合作，才能开创共赢之路，放大文化影响力。

十五

楼兰故里还原，一个重要的因素在于这样的文化旅游项目是否能得到资本市场的认可，能否得到资本市场兴风作浪。这也是一个交汇、整合、博弈的过程。资本是逐利的，但也是有担当和情怀的。机遇属于有准备的头脑，从投资文化实现永恒的意义上，已经有一批有志于楼兰文化振兴，有志于站在文明制高点战略投资者在研究楼兰，走进楼兰，大资本的进入已经在路上。

文化消费和普通消费最大的区别直指精神和心灵，用什么样的产品来满足这一批人的需求，这是需要有数据和文化底蕴来支撑的。

我的如梦江山，是对楼兰文化活态化展示的一种方式，既可以让楼兰肩负起当代的使命，又可以延续文化精神的血脉，我们应高度珍视人类遗留下来的各种精神文化现象，并不断演绎出新的文化内涵。

楼兰故里开发，在观光的基础上融入了新的功能和元素，通过设置博物馆、展览馆、楼兰大讲坛等形式，展示楼兰的历史及取得的成就，以供游客体验。

楼兰，让短视的商人走开，有精神高度和楼兰情怀的人才会成为这里的主人。

十六

作为华夏第一州，本身就是一个伟大的传奇。楼兰的面积足够大，再也没有一片净土能像楼兰那样适合人类迁徙。在天鹅飞过的大地，最是人类栖息的美丽家园。

若羌正在实施一项前所未有的人口增长计划，而楼兰故里应该成为若羌新增人口的最佳承载地。如果你要引来艺术家，就必须有一个艺术的高度供他攀爬，有一口艺术深井供他掬起一把水。当然，无论是谁，还要让他们赚上钱，能过上相对优越的生活。

若羌是中国最大的县，如果广泛地散射着旅游路线和景点可能是件力不从心的事。总会有一些新的行业与若羌资源匹配，使全域旅游成为若羌县的新经济与社会发展增长极。楼兰、罗布泊、阿尔金山等是非常优质的低空飞行旅游资源，在若羌发展低空飞行旅游并与民宿托管、房车旅游、自驾旅游、体验旅游、度假旅游结合起来。线上线下、地面空中，形成多元立体的旅游格局。

就若羌的文化旅游资源而言，对世界有影响力，也有诱惑力和吸引力！美国西海岸的丹麦小镇、云南的丽江、深圳的大芬村、北京的798艺术区等，都是通过制定更加宽松优惠的政策，为艺术人才创造生活和创作条件而留住了人才，留住了艺术作品，使一批艺术家成为长住居民，也成为一道靓丽的旅游风景，也就逐步形成了以文化为核心的旅游目的地。

十七

楼兰故里要让当地居民能长久住得进来，无论从任何方面都要优于从前的故乡，让他们感受到是一次生活品质的提升和华丽转身。每个入住楼兰故里的人对楼兰故里的内心勃发出来的宁喜和安适，就是楼兰文化旅游的生命力和生产力。其实创造历史的还是我们自己，我们的决策者们，从一开始就要有这样的胆识和魄力，重新延续文脉，重新创造一页楼兰不朽的历史。

以当地居民“原汁原味”生活方式为吸引点，以有机特色农产品为利益点，以周边的山水林田自然资源为卖点，以历史文化遗产、遗迹等物质和非物质文化遗产为活化点，整合若羌境内的特色资源，将其同项目的开发结合起来，打造具有灵魂的、接地气的人文精神家园。

通过当地民俗风情的融入，一方面可以赋予楼兰故里地域文化内涵体验价值，提升楼兰故里的活力和体验性，另一方面能够促进地方村民的城镇化发展，解决部分村民的就业问题，在取得楼兰故里繁荣的同时，也可以为地方实现乡村振兴的目标作出贡献。

要把当地的民俗文化还原到楼兰故里来，核心在人。当地居民的生活方式和生存状态对游客而言就是体验旅游、目的地旅游和深度旅游最有价值和魅力的地方。世界上很多旅游胜地，就是让游客来了不想走。游客反客为主，融入楼兰故里，成为楼兰故里文化旅游主体和新生活的主人。

十八

今天的北京已发展成为一座现代化的国际大都市，在北二环的现代化建筑旁边就是著名藏传佛教寺院雍和宫，不远处中国古代的最高学府国子监与孔庙相邻。各种看似完全不同文化形态的差异化更显现出多样化的魅力！身披袈裟也好，西装革履而罢，都可以带来多元文化碰撞的喜悦与快感！

我在想，楼兰故里的区块链布局，功能区划分，同样也可以把各种文明形态有机地呈现出来，既可以穿汉服，也可以穿西装，各种思想和信仰、语言和习俗都可以在楼兰故里和谐相处，融合出一种超越文化的高级文明，引领时代的发展。

世界上没有什么力量比得上文明多样性对人的心灵和情感有着更为深刻的影响和吸引力了。游客的川流不息，或许就是为了遵循心的指引，寻找文明的多样化给心灵带来的慰藉。

十九

把空间和时间的束缚打破，让抵达楼兰成为每个人心中的至深渴望。

人们外出旅游，除了赏景览胜，更希望收获吃、住、行，游、购、娱的参与感和体验感。楼兰的文化沉淀只要提取组合得当，完全可以让旅游在每一个环节上都能充满惊喜与收获，获得全程的兴奋感和满足感。

楼兰文化的一个显著特征就是多元文化的融合，多样性也就意味着丰富性，历史上的楼兰是这样，今天的楼兰文化传承同样也可以是这样。以海纳百川的胸襟，站在中华文明的制高点上，把世界上最优秀的文化形态和创新成果都融合进来，使之成为新时代楼兰文化旅游胜地，给世界一个惊喜！

斯巴达是一个体育加军事的户外体验旅游项目，很受青少年喜爱。在北京，我的爱人带着女儿依依就参加了这个项目，她们那欢欣惬意的神情让我深感费解，为什么这个项目有着那么大的吸引力。二〇一九年，在巴州与设计团队交往时，北京巅峰智业的王卓越女士和弘石设计的规划师吕冰女士不约而同地都谈到了这个项目，并对内容和模式进行了深入解构。以她们专业的眼光，项目自带流量，完全可以引入楼兰旅游项目中来。由此想到，这个项目明显带有欧洲文化特点，融入楼兰不就是新时代现代层面的文化融合吗？楼兰故里有这个条件，也有这个需求。

楼兰文化的容纳性就是把所有的文化形态都能包容进来，在这个交汇的过程中不断优化。重建以后的楼兰故里是社会发展到新时代的产物，并不是孤立的。文旅目的地的打造如何体现出区域空间的有机更新、人口的自然延展，是现阶段需要重点思考的地方。形成文旅目的地既有景区又有镇区，还要有共建区，通过两者的结合，可以形成不同的区域。

二十

若羌城中央有一条若羌河，也就有了一个城市的灵魂。楼兰故里是新时代人文精神的家园，自然要把生态与文化结合起来。如果在有原地住民的土地上重建，当然要传承当地民风民俗，立足保护自然景观、体现良好的生态性，使民俗文化发扬光大，以实现可持续发展，达到经济效益、社会效益、环境效益和文化发展的有机统一。

二十一

楼兰故里在重塑产业的过程中，要进行社区的全息化营造，乡村风貌也得以保持与延续。根据低密度开发的原则，游客接待应以特色民宿为主，让楼兰这个元素在民宿里也随处可见，宛若一个楼兰王国。这种主题鲜明且气氛活跃的全息化社区营造方式，同时给楼兰故里的乡村风貌保护带来与众不同的特色。

今日楼兰，羌笛无须怨杨柳，春风一度玉门关。东方风来，新疆的门户就是若羌，万亿级的资源正在苏醒，昆仑山上的璀璨阳光已经在大规模地转化为新能源向东传送。一个人口大迁徙的序幕已经徐徐拉开。毛主席《浣溪沙》词里那个万方乐奏的地方，仿佛就是我梦境中的楼兰故里，我的如梦江山。

后记

一

《楼兰吟》一书在库尔勒结稿以后，元宵节之前回到北京，在如释重负的徜徉中把注意力转向了书法和绘画，接续我的天鹅、天山、胡杨、楼兰的冥想、构思与创作。在为画作题款过程中震惊地发现，心性和笔力和从前不大一样了！如果书法反映的是一个人的格调与修为，那么《楼兰吟》一书的写作过程就是命运给予我的恩赐与馈赠，让我如醉如痴地怀抱文学艺术梦想，成为一个追梦人，一直奔向天边的云彩！

恰在这一时期，《楼兰吟》一书策划人、中国大百科全书出版社的刘嘉女士又一次来电话说：“为了不留遗憾，您看看围绕这本书还有什么话要说。”这一下触动了我的交感神经，就像一个孩子经过十月怀胎到了分娩之前，再给你机会让你说说这个孩子的孕育过程。这个比喻可能不是很恰当，但对于《楼兰吟》这个将要出生的婴儿来讲，最大的爱愿就是希望这个孩子健康成长，得到越来越多读者的品读、分享。在读者和作者之间形成理智和情感的纽带，一同来感受若羌的美丽，楼兰的芬芳！于是就有了这篇后记，说说《楼兰吟》背面的故事，对于一本书的写作来说，可能有立体呈现、洞见肺腑的意味在里面。对于丰富读者的阅读感受，也许是一件非常有趣而有意思的事情。

认识刘嘉是一年前的事了。2020 年初，保利集团在北京开年会，广东保利的副总李广勇先生说是给我约了个朋友一定要来见一下，就这样在保利大厦附近的天下粮仓一个涮火锅的店里结识了中国大百科全书出版社的刘嘉女士。她给我们带了一本由她策划的畅销书和一些很精美的文创产品。广勇是我多年来的挚交，他说：“以后再写书就交给刘嘉得了！”仅凭我个人的阅历和经验去权衡出版行业的优劣，我是没有这个专业眼光的，而广勇这句掷地有声的话，就有了我和刘嘉之间的最初承诺和默契，我也就踏上了与出版社合作写《楼兰吟》这本书的征途。

二

事实上在谋篇布局散文集《天鹅飞过大地》一书时，内容是从覆盖巴州全境来考虑的，楼兰自然会作为一个重要内容来写。而我有一个坚持，就是必须要去一下若羌，实地到楼兰那些古遗址去深度体验一下。试想一下，还有什么诱惑比置身楼兰更令人梦缠魂绕呢！

在库尔勒一次相聚中认识了若羌县常务副县长周文辉，我的这种表达得到了他的欣然允诺和支持。但通往楼兰的路并不是那么一帆风顺。第一次去，订了机票却因为沙尘暴天气原因而航班取消。第二次去，行前文辉告诉我：他们县的两个一把手都在库尔勒开会，于是不得已又把机票取消了。开会间隙，当时的县委书记宋学斌和县长艾山江约我在巴州的老字号名店聚福楼相聚，楼兰画卷徐徐展开，若羌魅力令人神往。

后来因为一个意外不得不赶回北京，那一时段关于楼兰的采风与写作只得中断。无奈之下，便把约定的书稿交到中国文史出版社的责编江上月手里，因为内容稍显单薄，又把几篇过去写的艺术随笔补了进去。

《天鹅飞过大地》出版之后，感觉对楼兰是有愧和有欠的，因为写和静和焉耆都有三篇文章，而若羌只有一篇。这种还愿和负疚心理不时发酵，还有什么比心灵的指引力量更强大呢！我在楼兰的世界里行走、升腾、遨游，为深情的西部游吟。

三

若羌新任县委书记李绍忠风华正茂，知行合一，把楼兰历史文化作为文化润疆、发展若羌文化旅游产业的核心内容，通过文化引领，在不太长的时间里已经把若羌的经济与社会发展全面推向了快车道。

在写作《楼兰吟》的过程中，我把部分书稿发给了他，不曾想他不但认真阅读，而且提出了具体意见，希望写出楼兰历史文化的当下意义和故事性。这样，我在写作过程中有意识地加强了本书的故事性挖掘和发展若羌文化旅游产业的一些思考，甚至还考量把文学的基础夯实再来延伸出影视或其他作品，通过文学艺术的力量带动若羌文化产业发展。

在《楼兰吟》一书的采风过程中，若羌县长艾山江以他在北京中科院读博士的修为和纯熟的汉语表达能力告诉我："写楼兰一定要和万山之祖昆仑山联系起来。"后来我渐渐悟道：他说的是一个文化高度和历史的源头问题，我在这本书的写作过程中也尽量去践行了这一点。

《楼兰吟》的写作主要是在神秘传奇的米兰河水库完成的，文辉代表县委政府多次到水库嘘寒问暖，自始至终关心着本书的写作和出版。特别是在疫情肆虐的那些焦心的日子里，王峰、安达明和郭增喜等水库的朋友，一方面体贴入微地关照了我的生活，同时为写作提供了最宁静宽松的环境。每天黄昏我都沿着米兰河水走一万步，在米兰河水库如梦如幻的山坳里，酿成了《楼兰吟》信马由缰的文字。

若羌县常委、宣传部长刘红，常委司永辉，文化旅游局长杜战伟，书记张根涛以及张志勤、焦迎新、翟鹏甲、韩勇孟、马云、谭仁详、孙光生、孙玉建、孙娟、孙玉丽等若羌的朋友一直给了我最悉心的支持和关爱。无论《楼兰吟》的发行市场是一个怎样的行情，我想若羌人对《楼兰吟》一书的征订是最多的，阅读密度肯定也是最高的。字里行间有你们用心穿梭，作为一个作者，难道还有什么比这更惬意的欢欣吗？

四

书稿交出版社时权且用了“楼兰”作为暂定名，出版社也认为仅用“楼兰”二字似乎不是一个最佳选择。最初考虑过用“楼兰殇”这个名字，但早夭和悲凉的涵义与楼兰雄风的新时代兴盛格调相左。

就差那么一个字，有的时候选择是多么不容易的一件事情呀！

2021 年初在乌鲁木齐与国领相聚，自然讨论起了书名，我把困惑告诉了他。就在这个时候他略有所思、脱口而出：“‘楼兰吟’怎么样？”一个“吟”字，流淌着岁月苍茫，咏叹着龙吟虎啸，如同醍醐灌顶，众里寻他千百度，伊人却在灯火阑珊处。我拿起电话，把名字报给了刘嘉。

三天以后，她告诉我《楼兰吟》这个名字定下来了，同时建议由我自己题写这个书名。说真的，学习书法断断续续也都快三十年了，自己来题写书名真没敢往这方面想，但这个建议由出版社提出来，应该包涵对我书法的认可。

在书法这片水域里的漫长游弋，又在楼兰的历史文化氛围中长时期浸泡，让我来为自己的新书《楼兰吟》写个书名，是一件即惬意又忐忑的事，就像一名沉吟歌者，突然让你登台演出，好在得到了同仁朋友们的认可，刘嘉女士的建议仿佛又为我打开了一扇门。一个图书策划人对作者的综合拉动和提携，就是把作者扶上价值实现的云梯，攀登者的豪迈激情里，浸润着太多的真挚与感谢、感恩、感动！

五

在北京生活快二十年了，今年把户口也迁入北京，但一直行走在文化艺术的边缘，专注于跨界游走，做自己喜欢的那点事，也不敢奢望有什么大的成就。

但是，生活总是有许多意外。就像我连续三年受邀参加保利拍卖一样，得益于广东保利老总张玉文先生的诚挚邀请。他说：“保利需要您！”如果不是他的赏识，我又怎么可能把作品送上那么高的一个拍卖平台呢？是一个接一个的意外成全了我，让我的生命在文化艺术这条长路上光荣绽放。

王蒙先生推荐《楼兰吟》最初是根本不敢想的事，他已经是八十七岁高龄了，要做的事很多，怎么可能去打搅他呢！再说了，偌大一个北京，想打搅也打搅不上呀！

我在巴州写《天鹅飞过大地》时，院振刚先生在巴州政府任副秘书长，调回北京后在中石油任职，我们的了解和接触也多了起来。

他是楼兰文化忠诚的拥趸，听说我在写这本书的时候，他就告诉我与王蒙先生在巴州结下的情谊以及王蒙先生对楼兰文化的神往。2017年初，王蒙先生在巴州采风的日子和我有一面之缘，振刚全程陪同并结下了深厚友谊。

得知我在写《楼兰吟》这本书的时候，振刚就谈到了他与王蒙先生的楼兰情缘并试图影响王蒙先生来支持推荐《楼兰吟》，出版社编辑完成初稿后就发给了振刚，他读了以后倍加赞赏，并由他带着出版社打印的纸质版让王蒙先生审看。不久，出版社收到了共和国人民艺术家王蒙先生的推荐意见，楼兰之幸、若羌之幸，当然也是出版社之幸，作者读者之幸。

六

中国艺术研究院韩子勇院长曾长期在新疆宣传文化单位担任领导，他的评论文章高远的境界和独特的语言一直是我仰慕的一个高度，每每揣摩总是能给我思想和艺术上许多启迪。

他到北京工作以后，虽然也多次相逢与交流，但是让他为《楼兰吟》作序，就我的性格而言无论如果也是开不了这个口的。最终让我下决心的一是新疆人共同的文化情怀和性格里面豪迈的基因，更主要还是挚友张国领先生的鞭策和鼓励，是他帮我约好了韩院长并来电话再三催促。我如约到艺术研究院拜访他时，他欣然允诺撰写序言并针对写作提出了中肯意见。

对于艺术，他站在国家的高度。当时我就在想，如果我接下来再写下一本书，一定要在最初谋划时听听韩院长的意见。站在巨人的肩膀上看山河大地，那种极目楚天舒的感觉是多么让人心旷神怡呀！

《楼兰吟》的出版，也得到了新疆维吾尔自治区党委宣传部审读处王永涛处长和自治区宣传产品鉴定中心各位专家的大力支持，有了他们的政策把关和学术指导，才使得本书更经得起时间的检验。

七

有人说我通过散文和绘画以及散文的新媒体传播宣传了巴州，而我更多的感受是巴州这方人杰地灵的水土成全了我。在一方水土面前，一个人显得太渺小了，我在一篇文章中说过：人活不过一棵树！但是，只要你对土地的情感足够炽热，一方水土也是会反哺你的。古往今来，有多少文人咏叹与山河大地同辉，光耀千秋。

在此要感谢巴州党委政府以及各行各业的朋友们，以不同的方式对我写作的支持鼓励，是他们对楼兰历史文化的真挚情感打动了我，鞭策我不辱使命，写好楼兰。

特别感谢瑞缘乳业的于瑞红女士，在品牌拓展过程中她深谙文化的力量，也就不遗余力地支持纯文学的发展。新疆富迪信息方明先生、华滋奔腾的符树光先生、洪通控股刘洪兵先生、中信环境王正忠先生、卫宁健康肖朝明先生、新疆教育出版鞠力先生、顺德建设王刚先生、中信正业李兴辉先生、浙江名淘控股张强、张行苏及江战先生、佳鑫国华徐正新先生、骏宏控股代斌先生、吕杭支先生、何文宝先生、薛文平先生、梁平先生、汪文权先生、楼兰文化研究院吕炯墨女士、世纪博湾石家溶女士、麻金萍女士、海心环保马英江先生、国家电投林华先生及阿达莱提女士、扬帆地产张垒先生，有的是我几十年的老朋友，有的缘于若羌深厚的历史文化底蕴和旅游事业发展，他们对文化的深情眷顾和对发展楼兰文化旅游的拳拳之心是我写好这本书的直接动力。有了他们的砥砺，才让《楼兰吟》顺利与读者见面。

八

跨入新时代的楼兰，无论从历史文化的任何一个方位透视，都在显示出勃然生机和无穷魅力。

文化润疆的浪潮已经兴起，谁持彩练当空舞？我仿佛看到了楼兰文化云蒸霞蔚迷人景象。如果《楼兰吟》能够汇入这一宏大的新时代交响，成为一个独特而响亮的音符，那就是我生命最有价值的一种呈现。一个人独上高楼的勇气和胆识诚然可贵，但更需要把全社会的正能量汇聚在一起，手拉着手，肩并着肩，在新时代的拱门上留下我们共同奋斗的倩影。

《楼兰吟》就像自己的孩子将离我而去，相信读者的眷顾，在激越高亢的楼兰交响中，荡起一叶扁舟，载着如歌的梦想，把一缕缕阳光编织成彩练，舞动出这个时代最炫目的落英缤纷！

无论前路是苍茫还是芬芳，荒凉还是繁盛，我将无问西东，去寻找那一块生命的绿色丛林，站在高高的枝头观览人生，那将是多少惬意的一件事情呀！正如中国艺术研究院韩子勇院长所说："他在天山以南那片雄浑苍茫土地上的坎坷经历，铸成了他生命意识的基本原色和人格特征，他用自己的思辨和语言对楼兰文化作了一番精彩诠释。他在北京定居也快二十年了，但回环在生命深处的还是南疆岁月的奔流不息！饱含着对这片土地的深深眷恋。他又在筹谋下一本书，应该还会继续他的南疆故事。"

周烈夫

2021 年 8 月于北京

行吟楼兰，信马由缰

今日立春，烈夫兄通过微信传来了中国大百科全书出版社签署出版的《楼兰吟》一书的合约。三十余篇散文，二十多万字的文稿，即将结集出版，这是来自春天的喜讯，可喜可贺！2020年，这个人类历史上多灾多难的特殊年份，竟成了烈夫先生文学生涯中里程碑式的重要纪年。

2019年，烈夫先生的散文集《天鹅飞过大地》一书出版，以其独特的思辨和奇瑰的语言，超拔的想象和激越的才情，深深憾动了读者的心灵，引起共鸣一片，好评如潮。新疆巴州旅游也借势真正火了一把。

近些年，他的书法绘画技艺随着他人生境界的提升而日臻大成，不断有佳作问世。特别是在 2020 年疫情之下的成都保利拍卖会上，三幅作品以不菲的价格落槌，这对他作品的艺术价值来说是一个进一步的肯定。

烈夫先生是一个跨界游吟的行者，心中一直怀揣一个梦想，就是谋划再写一本关于楼兰的书。烈夫先生并不是专门研究楼兰文化的学者，也没有从事过和楼兰文化相关的工作。虽然他已经定居北京近二十年了，但他始终认为自己是一个土生土长的新疆人，他的两部长篇小说《风浪》和《红痣》写的也是新疆的事情。他对这片土地爱得深沉，孩童时期他就被充满传奇色彩的文章典籍引入到古老的楼兰古国，自此心中就种下了一个诗意般的楼兰梦！多年来，他在多个领域深耕细作，也已经很从容地在北京扎根，但孩童时期的楼兰梦在心中愈发强烈清晰，心中更是时常牵挂着新疆，牵挂着他的楼兰！

梭罗在《瓦尔登湖》中说：“我愿意深深地扎入生活，吮尽生活的骨髓，过得扎实、简单，把一切不属于生活的内容剔除得干净利落。”这些箴言总是在冥冥中指引着烈夫先生，指引着他的生活态度。在我与烈夫先生的交流中，他多次说起，写作过程就是对自己的极致施压和挑战。他通过拜访学者、查阅资料，两年多时间里翻阅了几百万字的楼兰相关的文章典籍，整理了几十万字的笔记。从

2020年3月起，蛰居在若羌县米兰河一个卧在山湾里的水库，这里距离米兰古城不到十公里。他望着一汪湖水，面对满眼黄沙，冒着三伏酷暑，顶着肆虐狂风，远离尘嚣，静心写作，一呆就是半年多。他说:“我的体会是心要特别静，如果能找到一种深刻的安静状态，理智和情感才能投入进去。一旦静下心来写作，深潜进纯粹的精神世界，就会收到意想不到的效果，有时候写着写着把自己也感动了。”其间，我不断收到烈夫先生从大漠深处发来的一篇篇大作，故事激越跌宕，结构纵横捭阖，思维信马由缰，文字思辨宏阔，语言极具张力，就像他的书法和大写意绘画一样彰显出鲜明的周氏风格。

烈夫先生在书中写道:“在楼兰大地上转山转水转时光，看天看地看文化，纵到底，横到边，涌进心头的就是一个真英雄的复活，新时代的楼兰。唐代七绝圣手王昌龄有《从军行》七首，其四为:青海长云暗雪山，孤城遥望玉门关。黄沙百战穿金甲，不破楼兰终不还。这首千古绝唱一下把整个唐代的边塞诗抬升到了一个令人叹为观止的高度。它的意义完全超越了艺术范畴，成为中华儿女的一个精神指向，吹响了最具有爱国主义内涵的激越号角。他和那个时代的李白、杜甫、岑参等诗人一道，在谱写中华文明的庞大叙事中把热血洒向了边塞的雄浑乐章。”。我以为，全书不只是在写楼兰的故事，而是通过楼兰文化现象印证楼兰文明是中华文明的重要组成部分，是中华文明爱国主义本质特征的具体体现。

信马由缰的想象是构架《楼兰吟》的一个显著特征。首先，他把楼兰放在全宇宙这样一个宏大的时空中来观照。如果没有情怀，就不可能有这种力量。他在追溯人类文明源头的过程中，通过对历史与自然的透析，令人信服地感受到了中华文明的先进性和生生不息的客观必然性。

《楼兰吟》的语言比较生动地契合了他的思辨特质和想象力。那种开合自如的逍遥感和跌宕状，如果没有宽广的襟怀是不可能实现的。近些年来他一直在世界各地行走沉吟，可能就是为了书写心中的楼兰。语言这个东西，仅仅靠刻苦是学不来的，功夫在诗外，当然与生俱来的天性和岁月的磨砺也是一个重要的方面。作家张炜说过一段话：写作训练是漫长的。通常讲，如果没有五六百万字以上的训练，一支笔是不会听话的，无法累积出基本的书写体验。

随着这本书的出版，烈夫已经写了四本书了。他说一切都只是刚刚开始，那个梦中的绿色丛林还不知道要翻过多少座山才能抵达，但在他看来，人生就是一个行走的过程，当有一天能够攀上高高的枝头观览人生，将是多么惬意的一件事情呀！

楼兰是一张具有世界影响力的文化名片。楼兰之名始见《史记》的记载。公元前176年匈奴冒顿单于给汉文帝刘恒的信时楼兰归属匈奴。楼兰是古丝绸之路上的重镇，而如今却是一座淹没在漫漫黄沙之下、充满神秘和传说的古城。

古往今来，多少名人雅士写楼兰，书楼兰，如今历史画卷在作者笔下生动再现。面对烟波浩渺的大楼兰，如何用笔尖勾描出心中的图景，的确不是一件易事。遗迹古存中回荡着文明的回声，是否有足够的能力聆听文明的回响，成为摆在作者面前的一道难题。一个学者曾经说过，人民与土地感情的深度，决定了中华文化的情感强度。中华文化是立足大地的文化，这使其极具凝聚力和向心力。烈夫先生用他炙热的情感，陆续写出了——《楼兰，一个中华烟云的梦》《万千风情于一身的楼兰美女》《鹰一样的普尔热瓦尔斯基》《小姑娘一样的橘瑞超》《罗布泊》《美丽的巴音郭楞，新时代雄浑的浪漫交响》等动人心魄的篇章。古今中外，历史现代，经济文化，人文风俗，林林总总，包罗万象。字里行间处处体现出了作者的博学多才、独到的视角和浓烈到醉人的新疆情结。

牛年岁初，我和烈夫先生相聚在漫天大雪的乌鲁木齐，举杯相庆新书的顺利完稿。谈起书名，起初他暂定《楼兰》，文稿出来后又觉得这个名字还不能完全表达这本书所蕴含的浑厚情感。也曾想过用《楼兰殇》这个名字，又觉得过于悲情。征询我的意见，我脱口而出，建议用《楼兰吟》这个名字如何？吟，始见于《说文》小篆，本义为有节奏的吟咏、吟诵。《庄子·德充符》“倚树而吟，据槁梧而瞑”中就表达了有节奏的吟咏之意。作者的每一篇文章，每一行文字都诗意般地表现着对这片土地深沉的热爱，吟唱着对楼兰文明兴衰的嗟叹。他当即应允，并得到了出版社认可。

当下的新疆，天山南北各族儿女乘着文化润疆、富民兴疆的东风，正在奋力书写新时代文明发展的新篇章，烈夫先生《楼兰吟》一书的出版，必将为建设文化新疆增添浓墨重彩的一笔！

张国领

（作者系中共新疆维吾尔自治区党委宣传部文改办主任）

阿尔金山